Monika Schrader
Epische Kurzformen

Scriptor Taschenbücher S 151
Literatur + Sprache + Didaktik

Herausgegeben von:
Barbara Kochan · Detlef C. Kochan
Harro Müller-Michaels

Monika Schrader

EPISCHE KURZFORMEN

Theorie und Didaktik

Scriptor
1980

Meiner Mutter

CIP-Kurztitelaufnahme der Deutschen Bibliothek

Schrader, Monika:
Epische Kurzformen: Theorie und Didaktik /
Monika Schrader. – Königstein/Ts.: Scriptor,
1980.
(Scriptor-Taschenbücher: S 151: Literatur
u. Sprache u. Didaktik)
ISBN 3-589-20735-3

© Scriptor Verlag GmbH
Wissenschaftliche Veröffentlichungen
Königstein/Ts. 1980
Gesamtherstellung: Friedrich Pustet, Regensburg
Printed in Germany
ISBN 3-589-20735-3

Inhalt

1 Einleitung 9

1.1 Probleme gattungstheoretischer Klassifizierung 15
1.2 Basiselemente narrativer Texte 17
1.3 Volkspoetische Formen als Forschungsproblem 20

2 Sage 29

2.0 Begriff 29

2.1 Einteilung der Sagen 30
2.1.1 Thematik 30
2.1.1.1 Dämonologische Sagen 31
2.1.1.2 Geschichtliche Sagen 32
2.1.2 Entstehung 33
2.1.3 Verbreitung 34
2.1.4 Alter 35

2.2 Genese der Sage als Erzählform 36

2.3 Die Sage als Erzählform 36
2.3.1 Die Sage als Erzähltext (vorliterarische, volkspoetische Form) 38
2.3.2 Die Sage als mimetische Form des Erzählens 39
2.3.2.1 Figurendarstellung 41
2.3.2.2 Zeitdarstellung 42
2.3.2.3 Raumdarstellung 43
2.3.3 Funktion der Sage 44

2.4 Sage und Märchen 45

2.5 Richtungen der Sagenforschung 46

2.6 Die Sage im Literaturunterricht 50

3 Märchen 55

3.0 Name und Begriff 55

3.1 Probleme der Märchenforschung 56

3.2 Geschichte des Märchens 58

3.3 Typen des Märchens 60

3.4 Das Märchen als Erzählform 61
3.4.1 Das Märchen als narrativer Text 63
3.4.2 Das Märchen als volkspoetische Form 64
3.4.3 Das Märchen als Kurzform 65
3.4.4 Das Märchen als amimetische Form des Erzählens 65
3.4.4.1 Figurendarstellung 66
3.4.4.2 Zeit- und Raumdarstellung 68
3.4.5 Das Märchen als Form symbolischer Rede 69
3.4.6 Funktion und Publikumsbezug des Märchens 72

3.5 Richtungen der Märchenforschung 74

3.6 Die pädagogische Bedeutung des Märchens 78

3.7 Das Märchen im Literaturunterricht 82

4 Schwank 91

4.0 Name und Begriff 91

4.1 Geschichte des Schwanks 92

4.2 Der Schwank als Erzählform 95
4.2.1 Der Schwank als volkspoetische Form 97
4.2.2 Der Schwank als Erzähltext 98
4.2.3 Der Schwank als mimetische Form des Erzählens 100
4.2.3.1 Figuren-, Zeit- und Raumdarstellung 101
4.2.4 Der Schwank als Sprachform der Komik 102
4.2.5 Funktion und Publikumsbezug 104

4.3 Der Schwank im Literaturunterricht 105

5 Fabel 109

5.0 Name und Begriff 109

5.1 Geschichte der Fabel 109

5.2 Die Fabel als Erzählform 112
5.2.1 Die Fabel als Erzähltext 113
5.2.2 Die Fabel als Kurzform 115
5.2.3 Die Fabel als amimetische Form des Erzählens 115
5.2.3.1 Akteure der Fabel 116
5.2.3.2 Zeit- und Raumdarstellung 117
5.2.4 Die Fabel als „allegorische Erzählung" 118
5.2.4.1 Stilebenen der Fabel als „allegorischer Erzählung" 119
5.2.4.2 Die Funktion allegorischer Rede 121
5.2.5 Fabelstruktur und Leserbezug 122

5.3 Abgrenzung der Fabel von verwandten literarischen Formen . . 125

5.4 Fabel und Schule 127
5.4.1 Die Fabel im modernen Literaturunterricht 128
5.4.2 Die Adressaten der Fabel 130
5.4.3 Altersfrage 131
5.4.4 Überlegungen zum Umgang mit Fabeln 132

6 Parabel 139

6.0 Name und Begriff 139

6.1 Zur Geschichte der Parabel 140

6.2 Die Parabel als literarische Form 142
6.2.1 Die Parabel als Erzähltext 143
6.2.2 Die Parabel als Kurzform 144
6.2.3 Die Parabel als amimetische Form des Erzählens 144
6.2.3.1 Figurendarstellung 146
6.2.3.2 Zeit- und Raumdarstellung 147
6.2.4 Die Parabel als allegorische Sprachform 147
6.2.5 Die Funktion der Parabel als „allegorischer Erzählung" 148
6.2.6 Publikumsbezug der Parabel 149

6.3 Die Parabel im Literaturunterricht 150

7 Anekdote 155

7.0 Name und Begriff 155

7.1 Geschichte der Anekdote 156

7.2 Die Anekdote als Erzählform 159
7.2.1 Die Anekdote als Erzähltext 162
7.2.2 Die Anekdote als Einfache Form 163
7.2.3 Die Anekdote als Kurzform 163
7.2.4 Die Anekdote als mimetische Form des Erzählens 164
7.2.5 Die Anekdote als Sprachform der Charakteristik 164
7.2.5.1 Figurendarstellung 165
7.2.5.2 Zeit- und Raumdarstellung 167
7.2.6 Die Funktion der Anekdote 167
7.2.7 Der Publikumsbezug der Anekdote 168

7.3 Typen der Anekdote 168

7.4 Abgrenzung der Anekdote von benachbarten Prosaformen . . . 169

7.5 Die Anekdote im Literaturunterricht 172

Die epischen Kurzformen als Modelle der Literarisierung primärer
Wirklichkeitserfahrungen (Tabelle) 179

Anmerkungen 183

Anhang
G. E. Lessing, Von einem besonderen Nutzen der Fabeln in den
Schulen 207

Literatur 213

1. Einleitung

Unter dem Begriff ‚Kurzepik' werden vorliterarische und literarische Formen epischer Kurzprosa zusammengefaßt. Als vorliterarische Formen gelten seit Jolles die sog. Einfachen Formen: „Legende, Sage, Mythe, Rätsel, Spruch, Kasus, Memorabile, Märchen, Witz"[1]. Zu ergänzen sind die Anekdote (Memorabile) und der Schwank.[2] Zu den literarischen Erzählformen gehören Kunstmärchen, Heldensage, Kurzgeschichte, Kunstanekdoten und Geschichten. Die Grenzen zwischen volkstümlichen und literarischen Erzählformen sind fließend. So werden Fabel und Parabel einerseits als volkstümliche, andererseits als literarische Erzählformen bezeichnet.[3] Die Abgrenzung zwischen den Einfachen Formen und den Kunstformen ist insgesamt strittig. Innerhalb der Forschung wird immer wieder betont, daß bereits bei Jolles nicht alle Formen „alle gleich ‚einfach'" sind, sondern daß „es sich teils um vorliterarische, teils aber auch um entschieden literarisch geprägte Formen handelt".[4]

Den Unterschied zwischen Einfachen Formen und Kunstformen kennzeichnet Ranke im Anschluß an Jolles wie folgt: „Diese Einfachen Formen sind im Gegensatz zu den Kunstformen der Dichtung keine individuellen Schöpfungen, sondern sie entsteigen unmittelbar dem Lebensbereich . . . Damit ist also die alte Grimmsche These vom Gegensatz zwischen Natur- und Kunstpoesie in die neue Terminologie des Gegensatzes zwischen den Einfachen Formen und den Kunstformen der Literatur umgesetzt worden".[5]

Von einem der strukturalen Linguistik entlehnten Gesichtspunkt her differenziert Roman Jakobson[6] die vorliterarischen und literarischen Erzählformen. Das Verhältnis von Einfacher Form (Folklore) und Kunstform beschreibt Jakobson analog dem Verhältnis von langue und parole. „Ein wesentlicher Unterschied zwischen der Folklore und der Literatur besteht darin, daß für die erstere die Einstellung auf die *langue*, für die letztere die auf die *parole* spezifisch ist".[7] Diese Definition ist eine Variante zur bekannten Deutung der Einfachen Form als Kollektivdichtung und der Kunstform als Individualdichtung. „Gleich der langue ist das Folklore-Werk außerpersönlich und führt nur eine potenzielle Existenz, es ist nur ein Komplex bestimmter Normen und Impulse, ein Canevas aktueller Tradition, die die Vortragenden durch die Verzierungen des individuellen Schaffens beleben, gleich wie es die Erzeuger der parole gegenüber der langue tun".[8] Im Gegensatz dazu ist das „Literaturwerk . . . objektiviert, es existiert konkret, unabhängig vom Leser und jeder nachfolgende Leser wendet sich unmittelbar an das Werk . . . Für den Verfasser eines Literaturwerks erscheint ein solches als Tatsache der parole; es ist nicht apriori gegeben, sondern unterliegt einer individuellen Verwirklichung".[9]

Im folgenden Überblick über epische Kurzprosa werden vor allem die volkspoetischen Formen behandelt; sie bilden den Kern der Kurzepik und sind zugleich Voraussetzung für das Verständnis literarischer Erzählformen. Die Kunstformen assimilieren jeweils Stoff-, Motiv- und Formelemente der Einfachen Formen und deuten sie je nach individueller Autorintention, Wirkungsabsicht und historisch-poetologischem Kontext um.

Die Anzahl der Einzelveröffentlichungen zu den epischen Kurzformen ist fast unübersehbar. Bereits 1963 schreibt L. Schmidt in Anknüpfung an das Bild vom Knaben, der mit einem Löffel das Meer ausschöpfen will:

„Wir machen uns auch die kleinen Gruben unserer Sagen- und Märchensammlungen, unserer Legenden- und Schwankstudien und versuchen nun, mit den wahrhaftig recht kleinen Löffeln unserer Forschungsmethoden das unendliche Meer der Volkserzählungen auszuschöpfen . . .".[10]

Die Volkserzählungen sind Forschungsgegenstand der Volkskunde, der allgemeinen Literaturwissenschaft, der Germanistik, der Psychologie, der Literaturdidaktik. Trotz der Fülle von Einzeluntersuchungen gibt es seit dem Gesamtüberblick von A. Jolles bis heute keine am gegenwärtigen Diskussionsstand orientierte Gesamtdarstellung. Aus diesem Defizit ergeben sich besonders für die Literaturdidaktik Forschungs- und Vermittlungsprobleme.[11] Die Formen der Kurzprosa sind seit den Anfängen des Deutschunterrichts ein wesentlicher Bestandteil des Literaturunterrichts. Es ist bis heute kaum gelungen, übergreifende didaktische Perspektiven für ein integratives Konzept der Behandlung epischer Kurzformen zu entwikkeln. Die Frage, wie am Beispiel der Kurzprosa ästhetische Erziehung geleistet werden kann, ist bisher jeweils nur in bezug auf einzelne Literaturformen gestellt worden. Das führt dazu, daß einzelne Formen und Texte isoliert nebeneinander behandelt werden. Die isolierende Betrachtungsweise birgt das Problem einer Formalisierung der Literaturrezeption in sich. Die oft beklagte Konsequenz besteht darin, daß es zwar eine Fülle methodischer Konzeptionen zum Umgang mit Kurzprosa gibt, kaum aber didaktische Begründungsmodelle, die die Zusammenhänge zwischen Literatur und Leben und damit die lebensweltliche Bedeutung der Formen einsehbar werden lassen könnten.

Die vorliegende Untersuchung ist als Überblick über ausgewählte Formen epischer Kurzprosa gedacht. Die jeweilige epische Kurzform wird im Gesamtzusammenhang ihrer Entstehung, Texthaftigkeit und Rezeption beschrieben. Fragen der geschichtlichen Entwicklung, der literarischen

Struktur, der Funktionsbezüge und der didaktischen Relevanz werden am Beispiel der einzelnen Formen erörtert. Die Untersuchung wird synchronische und diachronische Aspekte verknüpfen.

Die einzelnen Kurzformen sollen nicht isoliert nebeneinander betrachtet werden. Im Hinblick auf die Erfordernisse einer Didaktik der Kurzprosa geht es darum, Perspektiven zu entwickeln, die es ermöglichen, die Vielheit der Formen zugleich unter dem Gesichtspunkt ihrer Vergleichbarkeit zu begreifen. So sollen die geschichtlichen und textuellen Elemente der Formen zunächst jeweils für sich analysiert werden, gleichzeitig aber werden die einzelnen narrativen Formen als Modelle epischer Realitätsgestaltung charakterisiert, so daß der Überblick über die Kurzprosa zugleich als Überblick über differente Weisen literarischer „Weltgestaltung" erscheint.

In diesem Zusammenhang ist an die literaturtheoretischen Beschreibungsmodelle von A. Jolles und an neuere kommunikationstheoretische Gattungskonzepte, die teilweise auf Jolles zurückgreifen, anzuknüpfen.

Seit Jolles gelten die volkstümlichen oder *Einfachen Formen* als „Grundformen" dichterischer „Weltgestaltung" überhaupt. In den Einfachen Formen aktualisiert sich die primäre Ordnungsfunktion der Sprache, wie sie einen „Haufen von Einzelheiten"[12] nach bestimmten Erfahrungen „anordnend, umordnend"[13] zur literarischen Form verdichtet. „Der Mensch greift ein in das Wirrsal der Welt; vertiefend . . . faßt er das Zusammengehörige zusammen . . . Auslegend und einengend dringt er zu den Grundformen durch . . . Wo nun die Sprache bei der Bildung einer solchen Form beteiligt ist, wo sie anordnend, umordnend in eine solche Form eingreift, sie von sich aus noch einmal gestaltet – da können wir von literarischen Formen sprechen"[14]. Das Prinzip, das die sprachlichen Gesten zur Einfachen Form verdichtet, nennt Jolles „Geistesbeschäftigung". Mit diesem Begriff ist eine bestimmte Form der Welterfahrung gemeint. Jede einzelne Form repräsentiert im Sinne von Jolles eine bestimmte „Geistesbeschäftigung", die die sprachlichen Einzelheiten zur Einheit einer „gestaltbildenden" „Kraft" organisiert. So ist die Legende durch die „Geistesbeschäftigung" der „imitatio"[15] zu kennzeichnen, das Märchen durch die der „naiven Moral"[16], die Sage verdeutlicht das Prinzip, nach dem sich die „Welt als Familie"[17] aufbaut usw.

Die Deutung der Einfachen Formen als Grundformen dichterischer Wirklichkeitseinstellungen kehrt in variierter Weise in der volkskundlichen Forschung immer wieder. So werden die Einfachen Formen als „ontologische Gattungs-Archetypen"[18] bezeichnet oder als anthropologisch bedingte Erzählformen, die den elementarsten ‚Grundbedürfnissen' menschlichen Wesens entspringen, oder sie werden als Form der Befriedigung ‚psychomentaler Gegebenheiten' gedeutet.[19] „. . . jede dieser Gattungen (enthält) ... eine verbindliche, spontane Aussage des Menschen über seine jeweils besonders situierte Auseinandersetzung mit der Welt in ihm und um ihn ...".[20] Einige Prämissen[21] der Jolleschen Theorie (seine Sprachkonzeption und seine Terminologie) gelten innerhalb der gegenwärtigen Erzählforschung zwar als problematisch, weil sie wesentlich nur vom historischen Kontext der Entstehungszeit des Buches verstehbar sind. Dennoch ist das Konzept von Jolles gerade für neuere Erzähltheorie wieder wichtig geworden[22]. Der fruchtbare Gedanke seiner Theorie der Einfachen Formen liegt in der Darstellung des Zusammenhangs von Textkonstitution und Textpragmatik. Die Einfache Form wird nicht in ihrer bloßen Texthaftigkeit beschrieben, sondern als sprachliche Realisation von Erfahrungen und Wirklichkeitseinstellungen begriffen. Jolles bestimmt die Einfachen Formen als diejenigen „Formen, die weder von der Stilistik, noch von der Rhetorik, noch von der Poetik, ja vielleicht nicht einmal von der „Schrift" erfaßt werden, die, obwohl sie zur Kunst gehören, nicht eigentlich zum Kunstwerk werden, die wenn auch Dichtung, so doch keine Gedichte darstellen ...".[23] Die Einfachen Formen sind damit vorliterarische Erzählungen, die den Prozeß der Literarisierung lebensweltlicher Funktionen und Erfahrungen unmittelbar anschaubar werden lassen. Für das Unterscheidende der einzelnen Form ist wichtig, welche lebensweltliche Funktion die sprachlichen Elemente jeweils zur Einheit einer Erzählung organisiert.

Im Sinne kommunikationstheoretischer Gattungskonzeption[24] beschreibt Jolles am Beispiel der Einfachen Formen ein literarisches Kommunikationssystem in statu nascendi[25]. Ersetzt man den ideologischen[26], ungeschichtlichen Begriff der Geistesbeschäftigung durch den Begriff der ‚kommunikativen Norm' und begreift die literarische Gattung als je verschieden realisierte Einheit von Sprecher, Sprechsituation, Text und Rezipienten, so realisiert sich die einzelne Form in kommunikationstheoretischer Terminologie als Verwirklichung einer kommunikativen Situation. Das Unterscheidende der einzelnen Form liegt in der Weise, wie der narrative Zusammenhang jeweils aus einer unterschiedlichen kommunikativen Absicht hergestellt wird. So kann die kommunikative Situation entweder bestimmt sein durch die Absicht der Illusionsbildung (Märchen) oder der Erkenntnisvermittlung (Fabel) oder der Geschichtsdeutung (Sage) usw. Die Vielzahl der volkspoetischen Formen repräsentiert somit die Vielzahl möglicher kommunikativer Absichten, die in ihrer Verschiedenheit zugleich Teil eines partiellen Systems literarischer Kommunikation sind. Jede Form verwirklicht zwar für sich eine bestimmte kommunikative Situation, der Stellenwert der einzelnen Form wird jedoch erst im Kontext der durch die anderen Formen gestalteten Kommunikationsmöglichkeiten deutlich. Erst der Vergleich der Formen ermöglicht einen Überblick über unterschiedliche sprachliche Zugriffe auf Wirklichkeit.

In der Forschung gelten die volkspoetischen Formen als Ausgangspunkt für eine Analyse elementarer kommunikativer Funktionen des Erzählens. Sie ermöglichen einen Zugang zu jenen Prinzipien, nach denen bestimmte Alltagserfahrungen thematisiert und erzählerisch bewältigt werden. So hat die Forschung vor allem der letzten Jahre den volkspoetischen Formen den Status „heuristischer Kategorien"[27] zugewiesen, da in jeder Form ein „Urtypus unserer Realitätserfahrung" ästhetisch gestaltet ist. Nach dieser Auffassung gibt es eine „Art, die Welt märchenhaft, d. h. in mythisch-heroischer Erhöhung zu bewältigen . . . es gibt eine Art, die Welt sagenhaft, d. h. in erschütternder Ungelöstheit und Tragik zu erleben . . . es gibt eine Art, der Welt lächelnd, d. h. im erlösenden Gelächter über ihre Anfälligkeiten zu widerstehen . . .".[28]

Die Geltung der volkspoetischen Formen für das moderne Bewußtsein ist seit den sechziger Jahren wiederholt angezweifelt worden. Mit der Bestimmung dieser Formen als „Urformen menschlicher Aussage"[29] kann ihre Bedeutung gerechtfertigt werden. „Methodisch gesehen läßt sich der für uns heute zumeist nicht mehr selbstverständliche Erfahrungshorizont der einfachen Formen ästhetischer Erfahrung mit Hilfe der Hermeneutik von Frage und Antwort rekonstruieren . . . So antwortet das Märchen auf die Frage: ‚Wie wäre die Welt, in der sich unsere Wünsche erfüllen?' . . . die Fabel: ‚Was gehe ich ein, wenn ich diese Rolle übernehme?' . . . der Schwank: ‚Wo kann sich der Vorgang von der heiteren Seite zeigen?' . . .".[30]

Die folgende Untersuchung wird die einzelnen epischen Kurzformen in diesem Sinn als je verschiedene Modelle der Literarisierung primärer lebensweltlicher Funktionen analysieren. Dabei wird zugleich deutlich werden, daß die in den einzelnen Kurzformen gegebenen differenten Einstellungen auf Wirklichkeit verschiedene Formen der Rede erfordern. Denn je nachdem, unter welcher Perspektive die ‚Welt' dargestellt wird, ändert sich der sprachliche Zugriff. So resultiert aus der Form der Geschichtsdeutung in der Sage die mythisierende Erzählweise, aus der Intention der Erkenntnisvermittlung in Fabel und Parabel die allegorische Sprachform, aus der Absicht der Illusionsbildung im Märchen die symbolische Rede usw. In einer Übersichtstabelle am Schluß der Analysen soll das durch die epischen Kurzformen repräsentierte literarische Kommunikationssystem zusammenfassend verdeutlicht werden.

Eine Didaktik der Kurzprosa kann sinnvoll an die skizzierte Gegenstandsstruktur der Einfachen Formen anschließen. Den Volkserzählungen kommt im Prozeß literarischer Erziehung eine besondere Stellung zu. Als Formen der literarischen Gestaltung von primären Wirklichkeitseinstellungen sind sie geeignet, den Zusammenhang von Literatur und Leben zu veranschaulichen. Sie können literarische Kategorien der Wirklichkeitsbewältigung deutlich werden lassen und damit einen Einblick in die Sinnhaftigkeit von Literatur vermitteln. Dies ist umso wichtiger, als die epischen Kurzformen diejenigen Formen sind, an denen die Schüler ihre ersten Erfahrungen und Kenntnisse darüber gewinnen, was Literatur ist und leisten kann. Insofern die Kenntnis elementarer Funktionen literarischer Aussage eine wesentliche Voraussetzung für Literaturverstehen überhaupt ist, ist die Behandlung epischer Kurzformen zugleich unter der Perspektive einer Propädeutik literarischer Erziehung zu sehen. Der Umgang mit epischen Kurzformen kann Aufschluß geben über literarische Strukturen und ihre jeweilige kommunikative Absicht. Da das in den einzelnen Formen gegebene Modell der Realitätsdeutung adäquat nur unter der Perspektive der sprachlichen Vermittlung verstanden werden kann, ist literarische Erziehung in diesem Sinn zugleich Spracherziehung. Die epischen Kurzformen verdeutlichen differenten Formen und Möglichkeiten sprachlicher Transformation von Erfahrungen.

Die modellbildende Funktion der Einfachen Formen kann jedoch nicht durch einseitige Orientierung an inhaltlichen, formalen, historischen oder ideologischen Elementen der Texte verstehbar werden. Die Sinnstruktur ergibt sich im Blick auf die Erzählform als eines Ganzen von thematischen und formalen Gegebenheiten, die je nach Gattung unter einer bestimmten lebensweltlichen Perspektive zur Einheit einer Erzählung gestaltet sind. Die Methodik im Umgang mit den epischen Kurzformen hat diesen Zusammenhang zwischen der jeweiligen kommunikativen Situation der einzelnen Formen und ihrer sprachlich-literarischen Verwirklichung in den Blick zu rücken. Insofern jede Form eine spezifische Realitätserfahrung figuriert, erfordert jede Gattung ihre eigene Methodik. So ist die Methodik der Märchenbehandlung vorrangig zu orientieren an der phantastischen Bildhaftigkeit dieser Erzählform, die Methodik des Schwanks hat die Formen der Realitätsgestaltung unter der Perspektive der Komik zu thematisieren, die Methodik von Fabel und Parabel wird Bedeutung und Funktion allegorischer Rede einsehbar werden lassen usw. Durch die Ausrichtung der Methodik an der jeweiligen kommunikativen Situation der Texte wird es möglich, die in der gegenwärtigen Praxis des Literaturunterrichts gegebene Gefahr einer Formalisierung der Literaturbetrachtung zu verhindern. Der Text kann als je eigenes Modell ästhetischer Wirklichkeitsdeutung verstehbar werden. Ebenso wird das Isolierungsdenken, auf Grund dessen Texte nach ihren formalen Aufbaustrukturen oder inhaltlichen Gegebenheiten jeweils für sich betrachtet werden, aufhebbar. Unter der übergeordneten Perspektive sprachlicher Bewältigung primärer Wirklichkeitseinstellungen werden die einzelnen Formen vergleichbar. Zwar verwirklicht jede Form die ihr eigene kommunikative Grundkonstellation und ist als solche für sich verstehbar. Indem die einzelnen Formen jedoch als grundsätzliche Gestaltungsmöglichkeiten ästhetischer Erfahrung[31] begriffen werden können, wird ihr Stellenwert erst im Gesamtzusammenhang des durch sie repräsentierten spezifischen literarischen Kommunikationssystems deutlich.

1.1 Probleme gattungstheoretischer Klassifizierung

Die geplante Übersicht über ausgewählte Formen epischer Kurzprosa hat zunächst die Frage nach den Kriterien der Klassifizierung der einzelnen Formen zu klären. Das ‚Kategorienproblem der Volksprosa‘[32] ist ein immer wieder erörtertes Forschungsproblem. Denn die volkstümlichen Formen sind in erster Linie keine festen Gattungstypen, sondern „verschiedene Möglichkeiten der Auseinandersetzung mit der Welt und der Verarbeitung von Geschehenem und Erdachtem".[33] Wie in dem Wort ‚maere‘ als einem Oberbegriff ursprünglich die verschiedenen Erzählformen – Sage, Märchen, Fabel, Schwank usw. – zusammengefaßt waren und sich erst in der geschichtlichen Überlieferung, vor allem durch die Brüder Grimm, zu eigenen Formtypen entwickelten, so gibt es auch heute zahlreiche Mischtypen, in denen die Übergänge zwischen den Formen fließend sind. Kurt Ranke hat die ‚Grenzsituationen des volkstümlichen Erzählguts‘[34] untersucht und gezeigt, wie durch räumliche Wanderungen und historische Entwicklungen Märchen zur Sage oder zum Schwank bzw. umgekehrt geworden sind. „Natürlich gibt es Übergangs- und Mischformen, es gibt Märchenschwänke und Schwanklegenden, die Tiergeschichten können bald Fabel, bald Aitiologie, bald Schwank und vieles andere mehr sein . . . Sagen können auf ihrer Wanderung zum Märchen werden, weil etwa eine andere ethnische Gruppe den ursprünglichen dämonischen Charakter nicht mehr versteht oder auch nicht erträgt".[35] Dennoch wird das Gegebensein der „reinen Formen" von Ranke nicht angezweifelt. „Die Dinge sind doch existent! Es gibt doch das Märchen, die Sage, den Schwank, die Legende . . .".[36] In jedem Fall verdichtet sich „die Summe der tatsächlich vorhandenen reinen Formen notwendig zur jeweils entsprechenden Gattung . . .".[37] Die Mischtypen sprechen nicht gegen eine Möglichkeit der Unterscheidung. Denn jede Form verwirklicht eine ihr eigne kommunikative Situation, die sich in der Mischung nicht aufhebt, sondern eher bestätigt wird.

Die Einteilung der verschiedenen Erzählarten soll deshalb nicht als

unveränderbares System gedacht sein, sondern als Orientierungsmöglich-
keit über bestimmte konstitutive Grundbedingungen, die die kommunikative Struktur der einzelnen Formen ausmachen und die Unverwechselbarkeit des Märchens oder der Sage oder des Schwanks usw. begründen.

Es gibt innerhalb der Forschung verschiedene Kriterien der Einteilung
volkspoetischer Formen. Die gängigsten Unterscheidungsprinzipien sind
die einer Differenzierung nach dem Grad der Glaubwürdigkeit und Wirklichkeitsbezogenheit der Stoffe und Motive der einzelnen Volkserzählungen[38]. Beide Einteilungskriterien sind kritisiert worden, weil Glaubwürdigkeit und Wirklichkeitsbezug der Stoffe und Motive je nach ethnischem
oder kulturellem Kontext unterschiedlich beurteilt werden. Was für bestimmte Völker und Zeitepochen glaubhaft und wirklichkeitsorientiert ist,
kann unter veränderten Zeitumständen und Kulturbedingungen unglaub-
haft und phantastisch sein. Andere Einteilungsprinzipien sind Form,
Struktur, Stilmerkmale, „soziales Eingebettetsein in regionale Gegebenheiten"[39] usw. Alle diese Kriterien werden von der Forschung als bloß
akzidentell in ihrer Anwendbarkeit bezweifelt.

Entsprechend dem gegenwärtigen Diskussionsstand gattungstheoretischer Reflexion muß die Bestimmung der einzelnen Gattungen einerseits
genügend weit gefaßt sein, um die historisch-individuellen Besonderheiten
der Formen berücksichtigen zu können, andererseits muß das gattungshaft
Allgemeine der einzelnen Genres, das die Unterscheidung der Formen
ermöglicht, deutlich werden.[40]

Bereits J. J. Engel[41] hat in seiner Poetik 1783 ein Beschreibungsmodell
entwickelt, das es zuläßt, die vielfältigen historisch gegebenen Texte einer
Textart zu erfassen und gleichzeitig das Gattungshafte des jeweiligen
Textes beschreibbar werden zu lassen. Am Beispiel der Gattungsanalyse
von Fabeln unterscheidet Engel ‚notwendige' Elemente, die konstitutiv für
die Textart Fabel sind und deshalb in allen Fabeln nachweisbar sind, und
‚zufällige', Textelemente[41a], die je nach Fabeltyp und literarhistorischem
Kontext variieren können.

In veränderter Terminologie findet sich dieses Beschreibungsmodell in
neuerer, strukturalistisch orientierter Gattungstheorie wieder. So differenziert Hempfer in Anlehnung an Piaget und Chomsky zwischen Konstanten
und Variablen innerhalb der Textstruktur.[42] Es wird unterschieden zwischen „relativ oder absolut konstanten Tiefenstrukturen und den sich
wandelnden historischen Transformationen, in denen sich die Tiefenstrukturen konkretisieren".[43] Der Text ist gedacht als Struktur, die sich je nach
Formtyp als eine auf verschiedene Weise geregelte Beziehung zwischen
einzelnen Textelementen – wie Handlungsaufbau, Figurenkonstellation,
Zeit- und Raumgestaltung usw. – realisiert. Das strukturalistische Gat-

tungskonzept hat den Vorteil, daß „Konstanten und Variable nicht auf einer Ebene angesiedelt werden, sondern daß zwischen einer konkreten, historisch bedingten und historisch zu erklärenden Oberfläche und allgemeinen Relationen, die diese Oberfläche in spezifischer Weise realisiert, differenziert wird".⁴⁴ Nach diesem Modell sind die verschiedenen Formtypen beschreibbar als Gattungen, in denen das Verhältnis von Konstanten und Variablen jeweils verschieden geregelt ist. Zudem ermöglicht strukturalistisch orientierte Gattungstheorie es, die einzelnen Formen nicht bloß auf Grund des Vorhandenseins bestimmter Elemente als Gattungen zu definieren. Es kann vielmehr unterschieden werden zwischen historisch-individuellen Besonderheiten der Erzählformen und ihrer gattungshaft allgemeinen Struktur.

Die genauere Differenzierung der epischen Kurzformen soll in Anlehnung an das skizzierte Beschreibungsmodell erfolgen. Dadurch können einerseits die konstanten Elemente einer Erzählform bestimmt, und anderseits kann der Geschichtlichkeit und Variabilität der Formen Rechnung getragen werden.

Ausgangspunkt der Klassifikation der volkspoetischen Formen soll im vorliegenden Überblick der Typ der jeweils implizierten Kommunikationssituation sein. Es soll untersucht werden, welches Modell der ‚Weltdeutung' sich in den einzelnen Formen verwirklicht. Die kommunikative Situation der Gattungen wird danach bestimmt, in welcher Weise das Verhältnis konstitutiver Textelemente geregelt ist und welche Aussagestruktur sich aus dem Zusammenspiel der Textelemente ergibt. Die epischen Kurzformen werden unter dem Gesichtspunkt differenziert, ob das Verhältnis der Textelemente auf eine „Suggestion des Realen"⁴⁵ oder auf Illusionsbildung abzielt. Im ersten Fall werden die Gattungen als mimetische, im zweiten als amimetische bezeichnet. Mimetische Formen des Erzählens sind – durch die Art der Situierung der Textelemente – auf Wirklichkeitsdarstellung gerichtet, amimetische auf Verfremdung des Realen. So sind Märchen, Fabel und Parabel amimetische Formen des Erzählens; Sage, Anekdote und Schwank dagegen mimetische Gattungen.

1.2 Basiselemente narrativer Texte

In der folgenden Untersuchung werden die einzelnen Textarten als verschieden organisierte Einheiten einzelner Textstrukturen gekennzeichnet. Zuvor sei ein kurzer Überblick über die Basiselemente des narrativen Textes gegeben, die als Universalien den Aufbau der Texte bestimmen und in verschiedener Strukturierung und Organisation die Gattungshaftigkeit begründen.[46]

Als narrativ werden solche Texte definiert, die „einen Stoff bzw. Erzählgegenstand in einen besonders strukturierten Geschehens- und Handlungszusammenhang ‚übersetzen'...".[47] Das Grundmuster narrativer Texte ist durch vier Modalitäten[48] bestimmbar, die von den einzelnen Textarten verschieden besetzt werden. Diese Modalitäten sind die Autor-Text-Relation, die Formen der Darstellung (modus dicendi), Aufbau und Ebenen des Dargestellten, die Arten der Rezeption bzw. Funktion der Texte (modus recipiendi). Die vier Modalitäten lassen sich in vielfältige feinere Bestimmungen differenzieren.

I Autor-Text-Relation:

1.1 Der Autor tritt hinter dem Text zurück

Die Autor-Text-Relation ist innerhalb der volkstümlichen Erzählformen auf bestimmte Weise geregelt: der Autor tritt hinter dem Text zurück. Das Geschehen scheint sich von selbst zu erzählen. Die volkspoetischen Formen kennen keinen individuellen Erzähler, der sich als Organisationselement der erzählten Vorgänge zu erkennen gäbe. Das Erzählte ist durch kollektive Muster des Erzählablaufs bestimmt.

1.2 Der Autor tritt als Erzähler hinter dem Stoff hervor

In den Kunstformen ist der Erzähler Träger des epischen Diskurses. Er gibt sich auf verschiedene Weise, z. B. durch Erzählereingriffe, als Konstitutionselement des Erzählten zu erkennen.

II Formen der Darstellung (Modus dicendi):

Formen der Darstellung innerhalb volkstümlicher Erzählformen können sein:
1.1 Vers oder Prosa (vgl. versifizierte Fabeln)
2.1 schriftlich oder schriftlos (zum Hören oder Lesen bestimmt)
3.1 (Länge oder) Kürze
4.1 Abgeschlossenheit oder Unabgeschlossenheit (als gerundete Erzählung vorgetragen (Fabel, Parabel, Märchen)) oder beliebig variierbar (Anekdote, Schwank, Märchen).

III Aufbau und Ebenen des Dargestellten:

Elemente des Erzähltextes sind Handlungen, Figuren, Zeit und Raum

1. Handlung: Handlung in erzähltheoretischem Sinn umfaßt: Figurenhandeln und Ereignisse; der Begriff des Geschehens umfaßt beides.
Handlung selbst wird definiert als Menge semantischer Einheiten innerhalb eines Textes, die
„1. auf der Basis einer Konfiguration konstituiert sind,
2. nach dem Verfahren von ‚vorher-nachher‘ in eine ... lineare ... Serie zeitlicher Sukzession eingeordnet werden können ...".[49]
Kriterien[50] für die Analyse des Geschehens können sein:
– Abgeschlossenheit, Beziehung zwischen Anfang und Ende
– Gliederung in Teilgeschehen (Anfang, Wendepunkt, Höhepunkt, Schluß)
– Verknüpfung von Teilgeschehen (linear, kausal, mosaikartig, nebenordnend usw.)
– Beziehung: Figur – Geschehen (Dominanz der Figur oder des Geschehens)
Zeit – Geschehen (Arten der Situierung)
Raum – Geschehen

2. Figuren: Erzähltheoretisch meint der Begriff der Figur die „Gesamtheit der in einer erzählten Welt vorkommenden menschlichen und nichtmenschlichen Beteiligten am erzählten Geschehen".[51] In den Figuren verwirklichen sich die dargestellten Bedeutungen eines Textes. Figuren und Figurenkonstellationen dienen dazu, „ein geordnetes Weltmodell"[52] zu entwerfen. Die Figuren sind, wie die dargestellte Wirklichkeit insgesamt, „Medium der Mitteilungsabsicht des ... Erzählers".[53]
Kriterien der Analyse von Figuren[54] sind:
– Figur als Träger von Bedeutung
– Art der Figurengruppierung (Figurenkonstellation)
– Anordnung der Figuren (Hauptfiguren, Nebenfiguren, Widersacher, Helfer, Kontrahenten)
– Art der Identifikation der Figur (Namensgebung: bestimmt, unbestimmt; alt, jung; menschlich-nichtmenschlich usw.)
– sozialer Status

3. Zeit: Als Kategorie narrativer Texte ist die Zeit[55] ein Faktor der Organisation des erzählten Geschehens. Zeit fungiert
– als Gliederungsprinzip der erzählten Vorgänge (vorher, nachher, gleichzeitig usw.)
– als Bewußtseinsinhalt der dargestellten Figuren (Formen der Erfahrung der Zeit als ewig, vergänglich, kurz, augenblickshaft usf.)
– als erzählte Zeit (zeitliche Situierung des Geschehens z. B. als gegenwärtig, als vergangen, als dauernd, als zeitlos usf.)
Kriterien der Analyse:
– Erstreckung zwischen Anfang und Ende

          – Gegliedertheit in Zeitphasen (Formen der Zeitgestaltung, Dehnung, Raffung, Vorausdeutung, Rückblenden usf.)
          – chronologisches bzw. nicht-chronologisches Erzählen
          – Arten der Zeiterfahrung (Zeit als Bewußtseinsinhalt der Figuren)
          – Zeitkonzepte (Zeit als reale, als symbolische, als Erlebnis usf.)

4. Raum: Raum als Kategorie narrativer Texte ist – wie die Zeit – ein Organisationsprinzip des Erzählten. Der Raum ist die Voraussetzung für das Erzählte.

          Raum erscheint als
          – Erzählraum (Voraussetzung für die Situierung des Erzählten)
          – erzählter Raum (dargestellte Landschaften, Außenräume, Innenräume usw.)
          Kriterien für die Analyse des Raumes[56]
          – Lokalisierung des Geschehens (Einheit des Raumes, Vielheit von Räumen, Stadt, Land, Innenraum, Außenraum, usf., reale Räume, irreale Räume)
          – Arten der Raumerfahrung
          – Raumkonzepte (Abgeschlossenheit, Offenheit der Räume, Raum als realer Raum, als Raum des Erlebens usf.)
          – Raum als Strukturierungselement für die erzählten Konstellationen (z. B. Gang in die Unterwelt: Dimension des Gelingens oder Scheiterns usf.)

IV Rezeptionsweisen und Funktionen des Dargestellten:

Die ästhetische Strukturierung der Texte bewirkt unterschiedliche Rezeptionsformen und Funktionen. Innerhalb der volkspoetischen Formen ist der Publikumsbezug ein integrativer Faktor des Erzählten. Alle Formen sind durch ihren ‚Sitz im Leben‘ bestimmt, so daß jede Form durch ‚Erwartungsnormen‘ konstituiert wird.

Rezeptionsweisen: z. B. – Erkenntnisvermittlung (Fabel, Parabel)
                     – Vergnügen (Schwank, Märchen)
                     – Belehrung (Anekdote, Parabel, Fabel)

Funktionen: z. B. – Geschichtsdeutung (Sage, Anekdote)
                     – Wahrheitssuche (Parabel)
                     – Deutung gesellschaftlichen Rollenverhaltens (Fabel)
                     – Wirklichkeit als Gegenstand des Lachens (Schwank)
                     – ‚Geschehen unter dem Prinzip des Wunderbaren‘[57]

1.3 Volkspoetische Formen als Forschungsproblem

Da in der vorliegenden Untersuchung vor allem die Formen der Volkspoesie behandelt werden, seien knapp grundlegende Forschungsprobleme[58] dieser Erzählform skizziert. Seit der Entstehung der Theorie der Volkspoesie bei Herder und den Brüdern Grimm sind es im wesentlichen die gleichen Fragen, die innerhalb der Forschung diskutiert werden: wie ist die

Volkspoesie entstanden, wo ist sie entstanden, wie alt ist sie, wie ist sie verbreitet und tradiert worden, sind volkspoetische Formen ‚Naturprodukte' oder spezifische Formen der Literatur, sind sie ‚von selbst' entstanden oder Individualdichtung usw.

Der Begriff Volkspoesie erweckt den Eindruck, als ob diese Erzählformen zum ältesten und ursprünglichsten Bestand der Dichtung überhaupt gehören. Die Bezeichnungen Volksdichtung und Volkspoesie treten erstmalig zwischen 1760 und 1780 auf, im deutschen Raum bei Herder. Herder ist durch die englischen Vorlagen von James Macpherson (1736–1796) „Fragments of Ancient Poetry, collected in the Highlands of Scotland and translated from the Gaelic or Erse Language" (1760) (Ossian) und Thomas Percy (1729–1811) „Reliques of Ancient English Poetry. ." (1765), sowie durch die Schriften Hamanns beeinflußt. In den zahlreichen Aufsätzen Herders sind die englischen Einflüsse nachweisbar, wie z. B. in der Schrift „Über Ossian und die Lieder alter Völker" (1771) oder „Von deutscher Art und Kunst" (1773) usw.

Die Herdersche Konzeption hat die spätere Auffassung vom Wesen der Volkspoesie nachhaltig beeinflußt und sei deshalb kurz ausgeführt. Herders Begriff ist vielschichtig und umfaßt mehrere Bedeutungselemente[59]: a) ‚Volk' ist als ethnische Kategorie verstanden; Volksdichtung ist eine Dichtungsform, die wesentlich durch Eigenart und Charakter des Volkes geprägt ist und deshalb je nach Volksart differiert. b) In soziologischem Sinn meint der Begriff ‚Volk' die unteren Bevölkerungsschichten. Volkspoesie ist Dichtung, die von den unteren Schichten getragen und überliefert wird. c) Diese Gebundenheit an eine bestimmte Bevölkerungsgruppe ist in typologischem Sinn Ausdruck für eine besondere Qualität der Volksdichtung: sie ist echte, ursprüngliche, natürliche Dichtung schlechthin. d) Anknüpfend an diese letzte Deutung beinhaltet der Begriff Volksdichtung ein poetologisches Konzept. Die Volkspoesie stellt einen Beitrag zur Poetik dar und zwar im Sinne einer Anti-Poetik. Die Prinzipien der Volksdichtung gründen nicht in Regeltreue; sie sind nicht Produkt des Verstandes, sondern wurzeln in „Phantasie und Leidenschaft"[60].Dieses Poesie-Konzept ist im Sturm und Drang und in der Romantik aufgegriffen und zum Maßstab auch für die Hochliteratur erhoben worden.

Ohne in diesem Zusammenhang auf die einzelnen Stationen der Diskussion um die Volksdichtung[61] eingehen zu können, soll kurz die Theorie der Brüder Grimm zu Entstehung und Wesen der Volkspoesie verdeutlicht werden. Die Grimmsche Theorie der Volkspoesie als der reinen ‚Naturpoesie'[62] geht auf Herder zurück. Mit diesem Konzept der Naturpoesie sind eine Reihe von Axiomen verknüpft, die das Verständnis der Volksdichtung bis in die Gegenwart prägen, innerhalb der Forschung jedoch höchst umstritten sind. Den Begriff der ,Naturpoesie' bei den Brüdern Grimm impliziert, daß die Volksdichtung „von selbst"[63] entstanden ist, d. h. nicht an einen individuellen Autor gebunden ist. Mit dieser Auffassung der „nicht-individuellen Entstehung" ist eine Mythisierung und Enthistorisierung der Volkspoesie verknüpft, Volksdichtung wird von den Brüdern Grimm als „Naturprodukt" verstanden. Über der Naturpoesie „liegt der Schleier eines Geheimnisses, an das man Glauben haben soll".[65] In dem romantischen Konzept der Naturpoesie klingt der alte Topos vom Buch der Natur[66] (liber naturae), das Gott aufgeschlagen hat, an: in der Natur ist bereits alles, was Menschengeist erdichten kann, in Buchstaben vorgezeichnet. Wahre Dichtung ist in diesem Sinn nichts anderes als ein rechtes Lesen der Zeichen in der Natur. Die Volkspoesie ist für die Brüder Grimm wie für Herder die Dichtung schlechthin.

Bereits am Ende des 18. Jahrhunderts, bevor die Brüder Grimm ihre ,Kinder- und Hausmärchen' herausgaben, ist die These von der naturhaften Existenz der Volkspoesie kritisiert worden. Nicolai versteht das Interesse an der Volkspoesie als bloße Zeitmode bzw. als eine Art gesellschaftliches ,Rollenspiel'.[67] August Wilhelm Schlegel betont, daß jede Form der Volksdichtung nicht bloßes Naturprodukt, sondern zugleich „schöpferische Fiktion" Einzelner ist. „Was man an Zeitaltern und Völkern rühmt, löst sich bei näherer Betrachtung in die Eigenschaften und Handlungen einzelner Menschen auf".[68] Die These von der Volkspoesie als einem reinen Naturprodukt ist sogar innerhalb der Heidelberger Romantik, zu der die Brüder Grimm gehören, Gegenstand der Auseinandersetzung. Die Kontroversen zwischen den Grimm und Brentano, Arnim, de la Motte Fouqué und sogar zwischen Wilhelm und Jakob Grimm belegen das.[69]

In der späteren Forschung ist die Frage, ob Volksdichtung Individual- oder Kollektivdichtung ist, immer erneut diskutiert worden. Weitgehend akzeptiert ist die These H. Naumanns[70], daß Volkspoesie „gesunkenes Kulturgut"[71] sei. Inhalt dieser These ist, daß Volksdichtung zwar ursprünglich Individualdichtung ist, auch wenn die Verfasser unbekannt oder anonym geblieben sind, dann aber vom Volk rezipiert und überliefert wurde. Nach Naumann ist die Volkskultur somit eine abgesunkene Form der Hochkultur: „Volksgut wird in der Oberschicht gemacht".[72] Die Genese der Volkskultur wird wie folgt beschrieben: „Was uns aber als Volkskultur vor Augen steht, ist im allgemeinen nicht etwa die Blüte, die unmittelbar aus diesem Boden herauswächst, sondern ist das Ergebnis eines Kreislaufs: ausgeprägte Individualkultur zieht ihre Kräfte aus dem „Mutterboden" und vermittelt ihre Güter dann an die unteren Schichten".[73] Bereits 1903/06 haben die Schweizer E. Hoffmann-Krayer und

John Meier die Auffassung vertreten, daß Volksdichtung popularisierte Kunstdichtung ist. „Die Volksseele produziert nicht, sie reproduziert"[74].

Das Problem der Entstehung der Volksdichtung ist für Roman Jakobson[75] weniger von der Genese als von der Art der Rezeption her lösbar. So stimmt er zwar prinzipiell mit der These vom ‚gesunkenen Kulturgut' überein: „. . . Kunstwerke, die durch die Volksdichtung von den höheren sozialen Schichten entlehnt werden, können an und für sich typische Erzeugnisse einer persönlichen Initiative und eines individuellen Schaffens sein".[76] Doch Wesen und Form der Volksdichtung sind nach Jakobson nicht durch die Art der Entstehung bestimmt, sondern durch das Gesetz der kollektiven Rezeption. „Für die Folklorewissenschaft ist wesentlich nicht das außerhalb der Folklore liegende Entstehen und Sein der Quellen, sondern die Funktion des Entlehnens, die Auswahl und die Transformation des entlehnten Stoffes"[77] je nach Geschmack und Bedürfnis einer Gemeinschaftskultur. Im Sinne Jakobsons wird Volksdichtung nicht „von einem einzelnen Individuum, sondern immer von einem „Kollektiv" getragen",[78] sie ist ein „Eigenbereich kollektiver Prägung".[79] Während sog. Hochliteratur aus der Einmaligkeit und Authentizität des Textes lebt, wird Volksdichtung jeweils neu durch die Erfordernisse kollektiver Gemeinschaftsvorstellungen aktualisiert und kann je nach Zeit und Kulturkreis umgestaltet werden. Volksdichtung ist somit nicht in dem Sinn Kollektivdichtung, daß sie aus kollektiver Schöpfung hervorgegangen ist, sondern in dem Sinn, daß sie auf „intersubjektive Nachfrage"[80] hin geschaffen wird. Diesem Wesen der Volksdichtung entspricht ihre Form: Volksdichtung erscheint nicht als einmalig geprägte feste Gestalt, sondern sie ist variabel. Ähnliche Motive und Stoffe können je nach Volk und Kulturkreis in verschiedener Weise kombiniert und zur Form gefügt werden. Es erhalten sich nur solche Formen und Motive, „die sich für die gegebene Gesellschaft funktionell bewähren".[81] Wieder eine andere Theorie der Entstehung beinhaltet die gegenwärtig wieder viel beachtete Konzeption der Einfachen Formen von A. Jolles.[82] Wie die Romantiker geht auch Jolles von der These der „nicht-individuellen Entstehung" der Volkspoesie aus. Für Jolles sind die Formen der Volkspoesie „vorliterarische Formen", die sich „sozusagen ohne Zutun eines Dichters in der Sprache selbst ereignen".[83] In den Einfachen Formen wird die primäre Ordnungsfunktion der Sprache erkennbar, wie sie einen „Haufen von Einzelheiten"[84] der Wirklichkeitserfahrung nach bestimmten Vorstellungen „anordnend, umordnend" zur literarischen Form verdichtet. Die mythologische Entstehungstheorie der Romantik ist durch eine Art sprachtheoretischer Begründung der Genese Einfacher Formen ersetzt. In der

Volksdichtung kristallisieren sich sprachliche Möglichkeiten, die Grundeinstellungen zur Wirklichkeit verbalisieren und als „vorgängige Erfahrung" „schon mit dem Erlernen der Muttersprache übernommen werden . . .".[85]

In diesem Zusammenhang muß dieser knappe Abriß des Problems der Genese der Volksdichtung genügen. Zur Kritik der einzelnen Entstehungstheorien sind u. a. Bausinger[86], Jauß[87] und Ranke[88] zu vergleichen.

Eng verknüpft mit der Frage der Entstehung ist das Problem der mündlichen bzw. schriftlichen Tradierung. Die Brüder Grimm legten mit ihrer Konzeption der Naturpoesie die Annahme ungebrochener mündlicher Tradition der Volksdichtung nahe. Dennoch zeigen bereits die ‚Kinder- und Hausmärchen‘ (KHM) ein enges Ineinander von mündlicher und literarischer Tradition. Obwohl die Brüder Grimm die Treue gegenüber der mündlichen Überlieferung als wesentliches Prinzip für Auswahl und Edition der ‚Kinder- und Hausmärchen‘ formulierten, sind die Märchen und Sagen keineswegs nur aus dem Volksmund übernommen. W. Schoof[89], Bolte-Polivka[90] und die Arbeiten der finnischen Schule[91] haben die literarischen Quellen der KHM nachgewiesen. Von Beginn der Märchenforschung an ist der Gedanke von der oralen Kontinuität der Volksdichtung fragwürdig[92], obwohl der Topos vom dichtenden Volksgeist bis in die Gegenwart verbreitet ist. Wie vielfach gezeigt, haben die Brüder Grimm ihre Märchen und Sagen bewußt im Sinn ihrer Auffassung von der Naturpoesie stilisiert und individuell geformt. „Die Buchausgabe rundet ab . . . bringt . . . Zusätze – etwa die typisierenden Beiwörter . . . und überhaupt Wendungen, welche die Selbstverständlichkeit, die pflanzenhafte Notwendigkeit des Geschehens betonen: der naive Ton wurde bewußt gesteigert, wurde also sentimentalisch betont".[93] Die behauptete Naturhaftigkeit der Volksdichtung ist seit den Brüdern Grimm Produkt „kunstvoller Naivität".[94]

Die Brüder Grimm haben mit ihrer programmatischen Verschmelzung mündlicher und schriftlicher Quellen die Grenzen zwischen beiden verwischt. Vor allem seit den Arbeiten der finnischen Schule nimmt die Frage nach den literarischen Quellen der Volksdichtung einen wesentlichen Raum innerhalb der Märchenforschung ein. Wie das Verhältnis von Oralität und Literarität zu bestimmen ist, ist strittig. Eine Reihe von Forschern vertritt die These von der wechselseitigen Beeinflussung von mündlichem und schriftlichem Erzählgut. Sie behaupten, daß es „kaum einen Stoff gibt, der nicht in unentwegtem Widerspiel von Geben und Nehmen sowohl literarische wie mündliche Prägungen erfahren hätte".[95] Trotz dieser Assimilation literarischer Stoffe und Motive wird die Eigengesetzlichkeit der Volksdichtung kaum angezweifelt. Denn im Gegensatz zur schriftlich tradierten Hochliteratur zeigt Volksdichtung unverwechselbare Merkmale: das Material der Volkspoesie ist relativ stabil, Stoffe und Motive bleiben konstant, auch wenn im Prozeß des mündlichen Umlaufs ‚Abschleifung‘ und Variantenbildung üblich sind.

Jakobson hält die Frage nach der Genese der Motive letztlich für belanglos. Wesentlich sei nicht die Mündlichkeit oder Schriftlichkeit der Quellen, sondern die Art der Rezeption. Volksdichtung entsteht in diesem Sinn durch produktive Entlehnung, Auswahl und Transformation vorgegebener literarischer Quellen. „Die feststehenden Literaturformen werden nach ihrer Übertragung in die Folklore zum Stoff, der einer Umbildung unterliegt . . .“.[96] In ähnlicher Weise wird die Mündlichkeit der Volksdichtung durch die Vertreter der These vom ‚gesunkenen Kulturgut‘ interpretiert. Der Anteil der mündlichen Tradition an der Volksdichtung wird wesentlich darin gesehen, daß Kunstdichtung vom Volk aufgenommen und mit Variationen mündlich weiter erzählt wurde.[97] So akzeptiert diese These innerhalb der Forschung ist, so schwierig ist es, sie zu beglaubigen. Denn es lassen sich zwar z. T. die literarischen Vorlagen ermitteln, kaum aber die Stationen und Träger der Überlieferung. Auch das Ausmaß und die Art der Veränderung von Motiven und Stoffen sind nur selten belegbar.

Mit den skizzierten Theorien der Volksdichtung als Form der Kollektivdichtung ist die Frage nach der Art des Entstehungsprozesses beantwortet. Es bleibt das Problem der Bestimmung von Ort und Zeit der Entstehung und die Frage der Verbreitung. Bereits bei den Brüdern Grimm[98] finden sich ansatzweise drei Theorien der Entstehung und Verbreitung, die von der Märchenforschung aufgegriffen und differenziert wurden. Alle drei Entstehungstheorien versuchen eine Antwort auf die Frage zu geben, wie das weltweite Vorkommen von Märchen- und Sagenmotiven bzw. von Märchen und Sagen zu erklären ist. Die Entstehungstheorien sind am Beispiel der Märchen entwickelt worden, sie sind jedoch auch auf andere Formen der Volkspoesie übertragbar.

Die von den Brüdern Grimm am entschiedensten vertretene Theorie ist die Mythen- bzw. Erbtheorie. Gemäß dieser Entstehungskonzeption sind die Märchen Reste uralter Mythen, sie lassen sich auf ein gemeinsames mythisches Erbe zurückführen. „Gemeinsam allen Märchen sind die Überreste eines in die älteste Zeit hinaufreichenden Glaubens, der sich in bildlicher Auffassung übersinnlicher Dinge ausspricht. Dies Mythische gleicht kleinen Stücken eines zersprungenen Edelsteins, die auf dem von Gras und Blumen überwachsenen Boden zerstreut liegen und nur von dem schärfer blickenden Auge entdeckt werden“.[99] Die sogenannte Erbtheorie wurde fast ein Jahrhundert später von Carl Wilhelm von Sydow

(1878–1952)[100] mit einigen Variationen erneut vertreten. Außer der Erbtheorie sind Ansätze der Wandertheorie und der Theorie der Polygenese (Elementartheorie) bei den Brüdern Grimm gegeben. Gemäß der Wandertheorie sind die Märchen in einem Land entstanden und von dort in alle Welt verbreitet worden. Vertreter dieser Entstehungskonzeption ist Theodor Benfey (1809–1881). Benfey hielt Indien für das Ursprungsland der Märchen, von dort sei die Wanderung in alle Welt erfolgt. 1859 gibt Benfey eine deutsche Übersetzung der Pancatantra heraus, eine Sammlung märchen- und fabelähnlicher Geschichten aus einem der ersten nachchristlichen Jahrhunderte. Das Pancatantra ist das bedeutendste Werk der indischen Fabelliteratur, das in vielfältiger Weise vom westeuropäischen Kulturkreis adaptiert wurde. Benfey folgert, daß Indien das Entstehungsland der Märchen sein müsse.

Innerhalb der Theorien der Wanderung gibt es verschiedene Auffassungen darüber, wie diese Wanderungen stattgefunden haben. Bausinger[101] unterscheidet die sogenannte Strahlentheorie und die Wellentheorie. Anhänger der Strahlentheorie ist z. B. A. Wesselski[102] (1871–1939). Er nimmt an, daß die Ausbreitung von einer literarischen Vorlage her strahlenförmig erfolgte, so daß vorhandene Märchen Variantenbildungen zu einer Text-Vorlage seien. W. Anderson[103] (1885–1962), ein Vertreter der Wellentheorie, betont dagegen die Kraft der mündlichen Tradition und ist der Ansicht, daß durch mündliches Erzählen eine wellenförmige Verbreitung der Volksdichtung stattgefunden habe.

Eine weitere Entstehungskonzeption, die sogenannte Theorie der Polygenese bzw. Elementartheorie, knüpft an die Ubiquität volkspoetischer Stoffe an. Auf Grund der Tatsache, daß ähnliche Motive, Stoffe und Erzählungen in aller Welt nachzuweisen sind, vertritt eine Reihe von Forschern (Bédier (1893), Tylor (1871), Lang (1885)) die These, daß Volkspoesie überall gleichzeitig entstanden sein müsse. Die Theorie der Polygenese ist im wesentlichen anthropologisch fundiert. Weil Volksdichtung elementare Gegebenheiten menschlichen Denkens und Fühlens gestalte, sei sie ubiquitär und beinhalte überall ähnliche Stoffe und Motive. Bereits die Brüder Grimm hatten den Gedanken formuliert, daß Volksdichtung auf konstante psychische und geistige Gegebenheiten menschlicher Existenz gegründet ist: „Das Göttliche, der Geist der Poesie ... ist bei allen Völkern derselbe ... darum zeigt sich überall ein Gleiches ...".[104].

In diesem Zusammenhang kann nicht auf die differenten ethnographischen, psychologischen, anthropologischen und naturmythischen Varianten dieser Entstehungstheorie eingegangen werden.[105]. Die Gefahr der Theorie der Polygenese liegt in ihrer Ahistorizität. Der Blick auf Konstanten der Volksdichtung verstellt die Möglichkeit, die jeweilige Erzählform zugleich als Produkt historischer, ethnischer, kultureller usw. Besonderheiten des jeweiligen Landes zu sehen.

Die heutige Auffassung von den verschiedenen Entstehungstheorien geht davon aus, daß an allen Konzeptionen „etwas Richtiges"[106] ist. Eine genauere wissenschaftliche Auseinandersetzung mit der Entstehung, Geschichte und Verbreitung volkspoetischer Stoffe ermöglichte die geographisch-historische Forschung der Finnischen Schule seit Beginn dieses Jahrhunderts. Durch die Arbeiten der Finnischen Schule erscheint vor allem die Wandertheorie plausibel, „weil immer wieder erstaunlich weiträumige Querverbindungen entdeckt und erklärt wurden".[107]

Begründet wurde die sog. ‚finnische Schule' von K. Krohn (1863–1933) und A. Aarne (1867–1925). 1910 veröffentlichte A. Aarne ein Typensystem von Märchen, in dem einzelne Märchentypen geographisch und chronologisch geordnet sind. Ziel dieser geographisch-historischen Methode ist es, eine Urform des Märchens zu ermitteln, die jeweiligen Varianten zu erschließen, Heimat und Entstehungszeit festzustellen und die Wanderwege der einzelnen Motive und damit die lokal bedingten Eigentümlichkeiten herauszuarbeiten. Diese Forschungen sind Grundlage internationaler Organisation der Märchen- und Sagenforschung, Voraussetzung von Katalogisierungen, Motivregistern und Monographien. Aufbauend auf den Arbeiten von Aarne hat Thompson die heute gebräuchlichen Typenverzeichnisse entwickelt.[108]

Die Fragen der Entstehung und Verbreitung von Märchen sind nicht nur von wissenschaftsgeschichtlichem Interesse. Es ist für die Bestimmung und Rezeption der Volksdichtung wesentlich, ob Volkspoesie als individuelle Leistung, als nationales Erbe, als anthropologische Grundgegebenheit usw. begriffen wird.

2. Sage

2.0 Begriff

Bis ins achtzehnte Jahrhundert wird das bereits im Althochdeutschen belegte Wort ‚saga‘ (mhd. ‚sage‘) definiert als „kunde von ereignissen der vergangenheit, welche einer historischen beglaubigung entbehrt".[1] In der Gegenwart ist der Begriff ‚Sage‘ ein „Sammelbegriff" für „sehr Verschiedenartiges".[2] Das Wort Sage umgreift so unterschiedliche Formen wie antike mythologische Geschichten, mittelalterliche Heldensagen um Hildebrand, Siegfried, Roland usw. und nicht zuletzt jene volkstümlichen Erzählungen um Hexen und Waldgeister, Zauberer und berühmte Räuber, um Loreley, Rübezahl und den Rattenfänger von Hameln. Seit der Herausgabe der „Deutschen Sagen" (1816/18) durch die Brüder Grimm bezieht sich das Wort ‚Sage‘ nicht mehr nur auf den altbekannten Typ der Heldensage, sondern wird auch für die Gattung der Volkssage als einer ursprünglich mündlich tradierten Erzählform gebraucht. Von der Form des Erzählens her sind Heldensage und Volkssage grundsätzlich zu unterscheiden. Heldensagen sind „greifbar nur als Gegenstände der hohen Dichtung".[3] Sie sind Kunstdichtung und gehören zur Großepik. Volkssagen dagegen gelten als Erzählungen, die als „Wahrheiten" im Volk leben, nicht an die schriftliche Fixierung gebunden sind und zum Bereich der volkstümlichen Formen gerechnet werden. Heldensage und Volkssage sind innerhalb der Forschung nicht immer deutlich unterschieden worden.[4] Beide Formen zeigen zwar Gemeinsamkeiten in Thematik und Motivgebrauch. Während jedoch die Heldensage als „geformtes" Erzählgebilde gilt, das auf Grund fester Erzählschemata zu definieren ist, ist die Frage, ob die Volkssage überhaupt als Form der Literatur bezeichnet werden kann, strittig.

Da es in diesem Zusammenhang vor allem um Formen volkstümlicher Kurzepik geht, beschränkt sich die Untersuchung auf die Darstellung der Volkssage.

Die Erforschung der Sage beginnt bereits mit den Brüdern Grimm. Die eigentliche wissenschaftliche Auseinandersetzung um die Erzählform setzt jedoch erst mit dem Beginn des 20. Jahrhundert ein, also fast 100 Jahre später als die Märchenforschung.[5] Die begriffliche Deutung der Form der Volkssage ist inzwischen innerhalb der Forschung in starkem Maß differenziert worden, so daß eine einheitliche, alle Elemente umgreifende Bestimmung kaum möglich ist.

Von der Etymologie her ist ,Sage' das, was gesagt wird, etwa als Gegenbegriff zur ,Legende' als dem, was zu lesen ist.[6] Im Wort ,Sage' liegt somit die Betonung auf dem Charakter der Mündlichkeit.

Als Kriterien einer möglichen begrifflichen Bestimmung der Form sind bisher genannt worden: 1. Inhalt, 2. Form, 3. Stil, 4. Struktur, 5. Funktion, 6. Verbreitung, 7. Alter, 8. Ursprung.[7] Nach diesen Kriterien wird der ,Oberbegriff' „Sage" in der Forschung in zahlreiche „Unterkategorien"[8] aufgeteilt, je nachdem, welcher Aspekt Ausgangspunkt der Definition ist.

Die gängigsten Typologien dieser Erzählform sind orientiert an Fragen der Thematik, der Verbreitung und der Entstehung. Da die Probleme der Klassifizierung und Differenzierung des vielschichtigen Sagenmaterials innerhalb der Sagenforschung den weitaus größten Anteil ausmachen, soll zunächst ein Überblick über Gesichtspunkte der Einteilung der Sagen, d. h. zugleich über ,Grundfragen der Volkssagenforschung'[9] gegeben werden. Anschließend wird auf die Frage der Bestimmung der Volkssage als Erzählform eingegangen. Definitionsversuche der Volkssage als literarischer Form gelten als zweitrangig, weil die Volkssage im eigentlichen Sinn kaum als Literaturform angesehen wird. In einem weiteren Abschnitt wird untersucht, in welcher Weise die Sage innerhalb der verschiedenen Wissenschaften – Volkskunde, Literaturwissenschaft, Psychologie – thematisch ist.

2.1 Einteilung der Sagen

2.1.1 Thematik

Nach dem Aspekt der Thematik lassen sich grundsätzlich zwei größere Gruppen von Sagentypen unterscheiden: die dämonologischen und die geschichtlichen Sagen. Die dämonologischen Sagen handeln von übernatürlichen Wesen: Teufelssagen, Hexensagen, Riesensagen usw. In den geschichtlichen Sagen sind historische Gestalten oder Ereignisse Anlässe der Sagenbildung.

Beide Sagentypen haben eine unterschiedliche Funktion: die dämonischen Sagen gehören zum Glaubensbereich; in ihnen werden Elemente des Volksglaubens lebendig. Die historischen Sagen zählt man zum Wissensbereich. Geschichtliche Sagen knüpfen in irgendeiner Weise an geschichtliche

Gegebenheiten an, wie z. B. die Sagen um weltliche Herren und Kaiser oder die Sagen um Kriegs- und Notzeiten.

2.1.1.1 Dämonologische Sagen

Wichtige Sagentypen innerhalb der dämonologischen Sagen sind Teufelssagen, Hexensagen, Riesensagen, Zwergensagen und als Sondergruppe Totensagen. Kern der dämonologischen Sagen ist das „Erlebnis eines Menschen mit einem Jenseitigen".[10] Wie schon der Titel dieser Sagen andeutet, steht nicht ein menschlicher Handlungsträger im Mittelpunkt, sondern die dämonische Figur.

Als Höhepunkt der Gestaltung des Numinosen gelten die *Teufelssagen*. Der Teufel kommt fast in allen Gattungen der Volksliteratur vor, in Sage, Märchen, Legende, Schwank. Das Material dieser Volkserzählungen ist in vielfältiger Weise in die Hochliteratur eingegangen (vgl. „Faust"). Teufelssagen wurzeln z. T. in christlichem Vorstellungsgut, z. T. sind sie umgearbeitetes Material ursprünglichen, dämonischen Volksglaubens. Innerhalb der Teufelssage gibt es zwei große Gruppen der Teufelsgestaltung: der Teufel erscheint einerseits als das unheimliche, unbesiegbare dämonische Wesen, dem der Menach, der sich auf ihn einläßt, rettungslos ausgeliefert ist – andererseits als der geprellte Teufel, der überlistet wurde.

Die Motive der Teufelssagen sind vielfältig. Bekannt sind etwa die Motive der Teufelswette, die Geschichten vom Teufelsbündner, die Motive vom gefesselten Teufel, vom Teufel in Hundegestalt, vom Teufel als Baumeister usw. Die Zyklen von Teufelserzählungen sind z. T. bereits monographisch beschrieben worden.[11]

Ein weiterer Typ dämonologischer Sagen sind die *Hexensagen*. In den Hexensagen vermischen sich historische Elemente und Glaubensinhalte des Volkes (vgl. Hexenprozesse im MA). Das Bild der Hexe erscheint in mannigfachen Variationen: neben den Wind- und Wetterhexen, die schuld an Naturkatastrophen sind, gibt es die Milch- und Butterhexe, die mit einem Besenstiel die Milch aus den Ställen abmelkt; es gibt die Hexe als Teufelsbündnerin oder als Zauberwesen. Neuere Sagen kennen vor allem die Hexe als dämonisierte Außenseiterin bzw. als Zauberin. Die Einzeluntersuchungen zur Gestalt der Hexe und zum Hexenglauben in deutschen Volkssagen sind zahlreich.[12]

Auf die *Riesensagen*, die Motivverwandtschaften mit den Teufelssagen aufweisen, und die *Zwergensagen* als weiteren Typen dämonologischer Sagen soll in diesem Zusammenhang nur hingewiesen werden. Der Motivbestand der Zwergensagen ist vielschichtig. Zwerge gelten als die „liebenswürdigsten Gestalten"[13] der Sage. Zu den dämonologischen Sagen gehören außerdem noch Sagen um dämonisierte Naturkräfte, wie z. B. Waldgeistersagen, Wassergeist- und Berggeistsagen, zu denen u. a. die Rübezahlsage zählt.

Wichtig ist ferner die Gruppe der Sagen um *Aufhockerdämonen*, wie sie in allen deutschen Landschaften nachgewiesen wurden. Der Hildesheimer „Huckup"[14], der sogar ein Denkmal erhalten hat, und der schwäbische „Ranzenpuffer"[15] sind die bekanntesten dieser Aufhockerdämonen, die dem Wanderer auf den Rücken springen und sich von diesem unter Ächzen und Stöhnen eine Weile tragen lassen.

Eine weitere, wegen ihrer soziologischen und psychologischen Bedeutung viel diskutierte dämonologische Sagengruppe umfaßt die Sagen um das „Wilde Heer" bzw. die „Wilde Jagd",[16] die als umherjagendes Totenheer oder als umherstreifender Zug von Jägern bzw. anderen Leuten erscheint.

Eine Sondergruppe innerhalb der dämonologischen Sagen bilden die *Totensagen*. Es gibt bereits mehrere Monographien zu dieser verhältnismäßig großen Gruppe von Sagen, so z. B. zum Motiv des „Toten als Gast"[17] oder zur „Sage vom Toten, der seinem eigenen Begräbnis zuschaut".[18] Als Anlässe der Entstehung von Totensagen sind „reale Brauchverhältnisse"[19] nachgewiesen worden. Katalogisierungen und Typenverzeichnisse zu diesem Sagentyp haben konstitutive Handlungselemente und immer wiederkehrende Motive dieser Sagengruppe systematisch aufzuschlüsseln versucht.[20] Das weitaus häufigste Motiv der Totensagen ist eine nicht beglichene Schuld des Toten, die ihn im Grab keine Ruhe finden läßt: die im Leben begangenen Verbrechen oder Fehler müssen erst gesühnt werden, ehe der Tote seine Ruhe finden kann. In diesem Sinn spiegeln die Totensagen zugleich die Rechtsauffassung des Volksglaubens. Motive der Totensagen sind in die sog. Hochliteratur eingegangen – bekannte Beispiele sind Bürgers „Leonore" oder Hebels „Unverhofftes Wiedersehen".

2.1.1.2 Geschichtliche Sagen

Eine zweite große Gruppe neben den dämonologischen Sagen sind die geschichtlichen Sagen. Unter geschichtlichen Sagen versteht man alle Sagen, denen geschichtliche Quellen zugrundeliegen, oder die an historische Ereignisse anknüpfen. Dennoch sind Sagen keine Wirklichkeitsberichte, sondern Erzählungen. „Im Unterschied zum historischen Bericht . . . dokumentiert sie (die Sage) nicht die Faktizität des Geschehenen, sondern wählt aus, subjektiviert und relativiert das Geschehen vor dem Hintergrund der populären und kollektiven Tradition".[21] Trotzdem steckt hinter vielen scheinbar pseudohistorischen Sagen oft ein realer Kern. So weist

Röhrich darauf hin, daß Nachforschungen, die man auf Grund von Schatz-, Königs- oder Burgensagen durchgeführt hat, häufig zu einem positiven Ergebnis geführt haben.[22] Die Stoffe der historischen Sage[23] sind vielfältig. So können einzelne *historische Ereignisse* Ausgangspunkt der Sagenbildung werden, wie z. B. die Sage vom Rattenfänger zu Hameln zeigt, oder es werden allgemeine Vorkommnisse, wie z. B. eine Grenzfestlegung oder eine Burgbelagerung, Anlaß zur Sagenbildung. Bekannte Beispiele in diesem Zusammenhang sind die Sage vom Grenzlauf, die bereits seit dem Altertum bekannt ist und als Wandersage immer wieder neu aktualisiert wurde, oder die Sage von den Weibern zu Weinsberg, die ebenfalls als Wandersage in vielen Städten Deutschlands nachgewiesen ist.

Historische Sagenbildung knüpft ferner an berühmte *historische Persönlichkeiten* an. Es gibt zahlreiche Sagen um Barbarossa, um Karl den Großen, um Napoleon, um den Alten Fritz usw. Die Erzählmuster dieser Sagen sind bestimmt durch Klischeevorstellungen von Mut, Tapferkeit, Großzügigkeit, Klugheit usw. Nicht nur berühmte historische Persönlichkeiten, auch außerordentliche Menschen sind Thema von Sagen. In diesem Zusammenhang sind vor allem die Räubersagen zu nennen, die das Bild des Räubers entweder idealisieren (Schinderhannes) oder diabolisieren (der Räuber Pape Döne[24]).

Eine weitere Gruppe historischer Sagen entwirft *Epochen-* und *Zeitbilder*. Es gibt Sagen über Pestzeiten, Ritterzeiten, über die Schwedenzeit und Franzosenzeit. Anlaß solcher Sagen sind weniger reale Zeitereignisse, sondern einzelne für das Volksbewußtsein bedeutende Vorkommnisse, wie der Verlust eines Schatzes, den man vor den Feinden versteckt hat, oder eine Belagerungsschanze (Schwedenschanze).

Als Sondergruppe innerhalb der geschichtlichen Sagen gelten die *aitiologischen Sagen*.[25] Aitiologische Sagen sind Erklärungssagen, die sich auf auffällige Erscheinungen in Natur und Umwelt beziehen, wie z. B. auf merkwürdige Felsbildungen oder auf sehenswerte Bauten. Um solche Auffälligkeiten aus der Umwelt zu erklären, werden geschichtliche Begebenheiten oder denkwürdige Ereignisse erzählt. Je nach dem Einteilungsprinzip zur Klassifizierung von Sagen werden die aitiologischen Sagen auch als selbständige Gruppe behandelt und zu den Entstehungssagen gerechnet.

2.1.2 Entstehung

Die Entstehungsbedingungen sind ein weiteres Prinzip der Einteilung von Sagen. Innerhalb der Forschung hat man auf die Frage, wie es überhaupt zur Entstehung von Sagen kommt, drei mögliche Anlässe genannt: das

34

Erlebnis, das *Ereignis* und die *Erklärung*.[26] Voraussetzung für Sagenbildung können subjektive Wahrnehmungen oder Erlebnisse eines Menschen sein. Die bekanntesten Beispiele in diesem Zusammenhang sind die Hukkup-Sagen, die die Ängste eines nächtlichen Wanderers schildern, und die Sagen vom ‚Wilden Heer‘, die als Erlebnis eines Epileptikers gedeutet worden sind.[27] Als weitere Gründe für Sagenentstehung gelten denkwürdige Ereignisse und objektive Geschehnisse. In diesem Fall sind geschichtlich bedeutsame Epochenabschnitte, wie z. B. Kriege, Pestzeiten oder Belagerungszeiten Ausgangspunkt der Sagenbildung. Die Interpretation dieser Ereignisse in „vorgegebenen Bildern" formt das jeweilige Ereignis zur Sage.

Eine dritte Voraussetzung der Sagenentstehung ist „eine gegenständliche Realität, welche eine Erklärung herausfordert".[28] Solche „gegenständlichen Realitäten" können seltsame Bildungen in der Natur, Sprichwörter, Sitten und Gebräuche, Namensgebungen usw. sein. Ranke nennt noch einen vierten Entstehungsanlaß von Sagen: die Transformation literarischer Quellen in Sagenstoffe und -motive.[29]

Auf Grund der erstgenannten drei Entstehungsanlässe ergeben sich nach Bausinger drei große Gruppen von Sagentypen: dem Erlebnis wird die dämonologische Sage zugeordnet, dem Ereignis die historische und der zu erklärenden Tatsache die aitiologische oder Erklärungssage.[30] Seine Zuordnung versteht Bausinger nicht als starres Schema. Vielmehr hält er Querverbindungen zwischen den einzelnen Sagengruppen für gegeben. Letztlich bezeichnet er die aitiologischen Sagen nicht als selbständige Gruppe, weil sie sich „im Blick auf ihre Gehalte in die beiden anderen Großgruppen" aufgliedern läßt, denn „entweder zielt die Erklärung auf historische oder dämonische Gegebenheiten".[31] Auch nach dieser Typologie ergeben sich die dämonologischen und die historischen Sagen als die beiden großen Gruppen der Sagen.

2.1.3 Verbreitung

Man hat die Sagen nach ihrer Verbreitung[32] und dem Ort des Vorkommens differenziert.

Es ist ein typischer Wesenszug von Sagen, daß sie lokale Eigentümlichkeiten aufweisen. Sagen sind an bestimmte Orte gebunden. „Die Sage schafft Heimat, das Märchen schafft Welt".[33] Je nach dem Grad der Verbreitung der Sagen hat man verschiedene Sagentypen unterschieden. Es gibt Stadtsagen, Regionalsagen, Lokalsagen, Wandersagen. Wandersagen sind ihrer Motivstruktur nach an vielen Orten nachweisbar, sie sind jedoch nach den jeweiligen lokalen Gegebenheiten hin abgeändert worden und weisen örtliche Bindungen und lokale Eigentümlichkeiten auf. Die Katalogisierung der Sagen nach Städten, Landschaften und Ländern kann wichtige Einsichten in stammes- und völkerpsychologische Besonderheiten vermitteln. Es gibt Sagen, die z. B. typisch alpenländische oder typisch nordländische Bedingtheiten zeigen oder solche, die typisch europäisch oder typisch außereuropäisch sind. Andererseits hat die vergleichende Erzählforschung erwiesen, daß eine „Unzahl von Sagentypen zum Gemeinbesitz vieler Völker gehört".[34] Bausinger folgert daraus, daß der häufigste Typ der Sage die Wandersage ist. „In Wirklichkeit besteht die örtliche Bindung ... überwiegend in der Lokalisierung von Wandermotiven".[35] Sagen sind in diesem Sinn primär keine örtlich gebundenen Erzählungen, sondern Niederschlag allgemeiner Vorstellungsinhalte, sie sind Ausdruck „urtümlicher" „mentaler und emotionaler Möglichkeiten des Menschen".[36]

2.1.4 Alter

Neben Problemen der Entstehung, Verbreitung und Lokalisierung hat sich die Sagenforschung auch mit der Frage nach dem Alter[37] der Sagen auseinandergesetzt. Angesichts der Fülle des Sagenmaterials ist eine Differenzierung der Sagen nach Alter bzw. kulturgeschichtlichen Bezügen sehr schwierig. Die Frage nach dem Alter kann nur beantwortet werden, wenn man die Quellen und die Tradition der einzelnen Sagenmotive untersucht. Das ist angesichts der Vielfalt der Motive und der Spärlichkeit literarischer Zeugnisse ein kaum zu bewältigendes Unterfangen. Es ist bisher nur in bezug auf einzelne Motive (Seelenwanderung, Polyphemmotiv, Motiv des vorherbestimmten Schicksals usw.) gelungen, Einflüsse nachzuweisen.

Die kulturhistorische Sagenforschung hat bisher verschiedene Schichten der Sagenbildung unterschieden: Allgemein-primitive Sagen, die in ihrem Motivbestand auf der ganzen Welt nachzuweisen sind und elementare Vorstellungsinhalte spiegeln; dazu gehören Sagen um den zweiten Leib, Wildgeistersagen, Werwolfsagen, Sagen um die wandernde Seele usw. Andere Sagengeschichten sind die „mittelmeerisch-antike Sagenschicht (z. B. Polyphem, Prokrustes, Schicksalsfrauen, Tod des großen Pan), germanisch-heidnische Sagen (Riesen-, Baumeistersage, Odins Jagd), christlich-mittelalterliche Sagen (Teufel und Teufelsbündner, Glockensagen, Hexensagen), neuzeitliche und schließlich moderne und gegenwärtige Sagenbildungen bis hin zur Zeitungssage".[38]

2.2 Genese der Sage als Erzählform

Sagendichtung ist heterogen. Die verschiedenen Typologien zeigen die Komplexität des Materials, das sich über ein breites Spektrum erstreckt. Das Wort ‚Sage' wird deshalb in einer sehr weiten Bedeutung verwendet. Es gibt verschiedene Versuche, die Sage als eigenständige, abgrenzbare Kategorie der Volksprosa zu definieren. Ein weitgehend akzeptiertes Modell der Bestimmung von Sagen stammt von C. W. von Sydow,[39] der die Genese der Sage als Erzählform beschreibt.

Nach dieser von von Sydow entwickelten Theorie steht die Sage zwischen dem ‚*Memorat*' als einer „Erzählung der Leute über eigne, rein persönliche Erlebnisse"[40] und dem ‚*Fabulat*' als einem „von der Fabulierkunst des Volkes"[41] geformten Erzählgebilde. Kern jeder Sage sind nach von Sydow individuelle Erlebnisse oder Ereignisse innerer bzw. äußerer Art, wie z. B. Nebelerscheinungen, Angst, Halluzinationen, denkwürdige Geschehnisse. Der Prozeß der Sagenbildung vollzieht sich, indem das individuell Erfahrene auf Grund traditioneller Glaubensvorstellungen und Denkinhalte zum Bild umgeformt und zur Erzählung ausgestaltet wird. Faktoren der Genese der Sage sind das Individualerlebnis, die Übernahme von Kollektivgut und das Element epischer Fabulierlust, das die jeweiligen Vorgänge zur Erzählung ausspinnt. Stufen innerhalb der Genese der Sage zur selbständigen Kategorie der Volksprosa sind demnach: das ‚Memorat' als dem ungeformten Bericht eines Erlebnisses oder Ereignisses, das ‚Fabulat' als die „erzählerisch entwickeltere . . . Form"[42] und die Sage als die jeweils überlieferte Erzählform. Die Grenzen zwischen den einzelnen Stufen sind „nicht immer ganz scharf".[43]

2.3 Die Sage als Erzählform

Gegenüber den Problemen der Differenzierung und Klassifizierung des vielfältigen Sagenmaterials hat die Frage der Definition der Sage als selbständiger Erzählform zweitrangige Bedeutung. Das liegt u. a. auch daran, daß die Sage von einigen Forschern nicht als Literaturform gesehen wird, sondern als eine Art „Bericht".[44] Die Fülle des Sagenmaterials bietet eine solche Mannigfaltigkeit von Inhalten und Gestaltungsformen, daß die bisherigen Bestimmungen der Gattung sehr global sind. Teilweise ging man auch davon aus, daß die nähere Kennzeichnung der Form nur auf Grund des Inhalts oder der Funktion möglich ist. Anknüpfend an die

Grimmsche Definition: „Das Märchen ist poetischer, die Sage historischer . . ."[45] beschreiben die meisten Forscher die Form auf Grund ihres
Verhältnisses zur Wirklichkeit. „Volkssagen sind volkläufige Erzählungen
objektiv unwahren, phantasiegeborenen Inhalts, der als tatsächliches Ge-
schehnis in der Form des einfachen Ereignisberichtes erzählt wird . . .".[46]
„Die Sage verlangt ihrem Wesen nach, daß sie geglaubt werde, vom
Erzähler wie vom Hörer; sie will Wirklichkeit geben, Dinge erzählen, die
wirklich geschehen sind".[47] Ähnlich definiert Röhrich: „Die Sage verlangt
ursprünglich vom Erzähler und vom Hörer den Glauben an die Wirklichkeit des Erzählten".[48] Ausgehend von der Annahme, daß auch die Volkssage typische Formstrukturen aufweist, versucht Fr. W. Schmidt[49] nicht nur
den Wirklichkeitscharakter oder die Funktion (Geglaubtwerden) festzuhalten, sondern eigentümliche Stil- und Strukturgesetze zu ermitteln. Er
bestimmt die Volkssage als „Kunstwerk", deren ‚Formmerkmale' sind:
„stilistische, rhythmische Lebendigkeit . . ., Bildlichkeit des sprachlichen
Ausdrucks, Fehlen des rein Begrifflichen, Fehlen verstandesmäßiger Erklärungen, sprunghafte Darstellung . . .".[50]

In Anlehnung an die neuere strukturalistisch orientierte Gattungstheorie[51] soll im Folgenden versucht werden, solche Elemente der Sage zu
ermitteln, die als Dominanten die Gattung „Sage" begründen und sie von
anderen Formen der Volksprosa unterscheidbar werden lassen. Ausgangspunkt der Definition sind nicht einzelne Elemente des Inhalts oder der
Funktion, sondern jene konstanten Textelemente, deren Interrelation das
ausmacht, was Sage genannt wird, und die daher in allen Sagen nachweisbar
sind.

Das Textmaterial, das Basis für eine Definition sein kann, ist sehr diffus.
Es sollen u. a. die Sagensammlung der Brüder Grimm sowie Sammlungen
deutscher Volkssagen aus dem 20. Jahrhundert zugrundegelegt werden.

1) Die Sage ist ein Erzähltext.
2) Die Sage gehört zu den Einfachen Formen. Sie erscheint als mündlich
   überlieferte Sprachform und als literarisches Gebilde. Sie gehört zu den
   Formen der Volkspoesie, die „obwohl sie zur Kunst gehören, nicht
   eigentlich zum Kunstwerk werden".[52] Als Form zwischen oraler und
   literarischer Tradition gestaltet die Sage eine Einheit von Individualerlebnis und Kollektivgut.[53] Als Form der Kollektivdichtung ist sie jedem
   Zugriff eines individuellen Autors voraus.
3) Die Sage ist eine epische Kurzform; sie ist einepisodig und thematisiert
   nur einen einzigen Konflikt.
4) Die Sage ist eine mimetische Form des Erzählens. Sie zielt darauf ab,
   durch die Art der Person-, Zeit und Raumgestaltung den Anschein zu
   erzeugen, als ob die geschilderten Vorgänge tatsächlich geschehen sind.

Die Sage ist als eine Art „Wahrheitsbericht" gemeint, „sie will Wirklichkeit geben, Dinge erzählen, die wirklich geschehen sind . . .".[54]

5) Dennoch ist die Sage kein Tatsachenbericht. Der Realismus der Form ist durch das Interesse für das „Ungewöhnliche", „Außerordentliche", „Rätselhafte"[55] bestimmt. „Die Begegnung mit dem Ungewöhnlichen ist der elementare Anstoß zu erzählen".[56] In solcher Orientierung an nicht-alltäglichen, ungewöhnlichen oder numinosen Ereignissen figuriert die Sage eine „mythische Weltsicht".[57] Sie ist die Sprachform des Mythos.

6) Die Funktion der Sage besteht darin, einen spezifischen Typus „unserer Realitätserfahrung" zu verdeutlichen. Als Form mythisierenden Sprechens läßt sie den vorrationalen Grund von Vorstellung und Realität erkennbar werden, sie thematisiert den Konflikt zwischen der alltäglichen und der „supranaturalen"[58] Wirklichkeit.

7) Die Erzählform der Sage ist durch den skizzierten lebensweltlichen Bezug bestimmt. Die Form- und Stilgesetze sind jeweils Ausdruck der gestalteten Wirklichkeitserfahrung.

8) Der Publikumsbezug der Sage ergibt sich aus ihrem „Sitz im Leben". Durch den Aufweis gewisser, „den geistigen Horizont des Individuums überschreitender Vorgänge"[59] wird die Unfaßbarkeit bzw. das Ungewöhnliche alltäglicher Begebenheiten in den Blick gerückt. Der Sage wohnt die Tendenz zur Belehrung und zur Erklärung inne.

Zusammenfassend kann die Sage als diejenige kurze epische Form der Volkspoesie bestimmt werden, die mit den Mitteln mimetischen Erzählens Wirklichkeit so darstellt, daß zugleich der rätselhafte, mythische Grund des Realen deutlich wird. In dieser Konfrontation von alltäglicher und nicht-alltäglicher Wirklichkeit ist die Sage die Sprachform des Mythos, deren Funktion darin besteht, das „Ganz Andere"[60] zu erklären oder es (belehrend) ansichtig werden zu lassen.

Die skizzierten dominanten Merkmale der Sage sollen im einzelnen näher erläutert werden.

2.3.1 Die Sage als Erzähltext (vorliterarische, volkspoetische Form)

Als Erzähltext realisiert sich die Sage als berichtende Wiedergabe von Ereignissen und Handlungen. Alle im Text vorkommenden Aussagen sind an eine berichtende Instanz, den sogenannten Erzähler gebunden. Es kennzeichnet die volkspoetische Form, daß der Autor der Sage anonym ist. Das Erzählte erscheint nicht als einmalige Fiktion eines individuellen Erzählers, sondern als ‚volkstümliche Weisheit‘.

Als Form der Volkspoesie zeigt die Sage kaum feste Erzählschemata. Die erzählerische Organisation der geschilderten Vorgänge ist relativ formlos.

Die Auffassungen über den Grad der Literarität dieser Erzählform sind innerhalb der Forschung divergent. Eine Reihe von Forschern vertritt die These, daß die Sage weitgehend vom Inhalt her geprägt ist und nicht als ‚literarisches Gebilde'[61] gelten kann. „Im allgemeinen freilich ist die Sage mehr Bericht als künstlerisch geformte Erzählung. Es gibt in der Sage keinen eigentlichen Gattungsstil. Als künstlerische Vorform verläuft sie noch nicht nach epischen Gesetzen . . .".[62] Demgegenüber versucht F. W. Schmidt durch eine genauere Analyse verschiedener Sagen nachzuweisen, daß auch die „Volkssage als Kunstwerk"[63] anzusehen ist und eigentümliche Formgesetze aufweise. Im Blick auf die verschiedenen Formen der Sagenerzählung – „unentwickelte Vorformen, künstlerische Formen und zerfallende und zerfallene Restformen"[64] – wird deutlich, daß die Sage beides sein kann: ‚künstlerische Vorform' und künstlerisch geformte Erzählung. Die Sage steht „mitten inne zwischen Form und Formlosigkeit".[65] Es können deshalb keine allgemeingeltenden Aussagen über Strukturen des Erzählablaufs gemacht werden, sondern nur grundlegende Erzählkonstellationen angedeutet werden, die aus der Erzählsituation der Sage resultieren.

Die Erzählstruktur der Sage ergibt sich aus den jeweiligen Inhalten. „Mit dem Inhalt der Geschichten ist die Form überliefert, die gleichsam von selbst aus diesem herauswächst".[66] Aufbau und Abfolge der Erzählung sind durch das Zentralthema bestimmt: die Konfrontation zwischen alltäglicher und nicht-alltäglicher Wirklichkeit. Die Dominanz dieses Motivs kennzeichnet die Führung der Handlungslinie. Die Grundkonstellation des Erzählten besteht in der Darstellung des ‚Ungewöhnlichen', ‚Rätselhaften' und dem Versuch der Reaktion auf diese Erfahrung. Die Sage hat „eine Vorliebe für Gegenüberstellungen und Gegensätze".[67] Sie ist deshalb als Form der „binären Opposition"[68] bezeichnet worden. Der Erzählablauf ist zentriert um Konstellationen der Spannung und der Gegensätze.[69]

Die Handlung verläuft einepisodig, Nebenhandlungen und -motive fallen fort. Die Kürze ist wesentliches Element der Erzählstruktur. In der Konzentration auf die eine Episode des Konflikts neigt die Sage zum Fragmentarischen[70]. Das Stilmittel der Erzählung ist das der Skizze. In diesem Zusammenhang sprechen die Brüder Grimm von der ‚Armutseligkeit'[71] der Sage. Das Skizzenhafte, die z. T. sprunghafte Darstellung ist unmittelbarer Ausdruck des Inhalts: „Das Tastende der Erzählung ist dem tastenden Vorstoß in eine andere Welt gemäß".[72]

2.3.2 Die Sage als mimetische Form des Erzählens

In der Sage werden Ereignisse und Handlungen so erzählt, als ob wirklich Geschehenes berichtet wird. Das zeigt sich in z. T. genauen Datierungen, in Namensnennungen, in konkreten Ortsangaben und teilweise in der

Fiktion des Selbsterlebten. Das Erzählte soll geglaubt und für wahr gehalten werden. Zwar schildern Sagen eine Fülle phantastischer Begebenheiten: Geisterbegegnungen, Verzauberungen, Seelenwanderungen usw. Dennoch wird diese fiktive Erzählwirklichkeit durch die Bindung an raumzeitliche Kausalität als wahr beglaubigt. Kennzeichen der Sage ist, daß sie „den Glauben an die Wirklichkeit des Erzählten verlangt".[73] Die Realgrundlagen sind in der Forschung immer wieder erneut Gegenstand der Untersuchung. Bereits die Brüder Grimm haben den Wirklichkeitsbezug als das gattungsspezifische Element der Sage bestimmt, und spätere Definitionen knüpfen unmittelbar an diese Deutung an: „Das Märchen ist poetischer, die Sage historischer; jenes steht nur in sich selber fest, in seiner angeborenen Blüte und Vollendung; die Sage, von einer geringeren Mannigfaltigkeit der Farbe, hat noch das Besondere, daß sie an etwas Bekanntem und Bewußtem hafte, an einem Ort oder an einem durch die Geschichte gesicherten Namen".[74]

Die Wirklichkeitsbezogenheit von Sagen zielt nicht auf Abschilderung des Tatsächlichen. Der berichtende Erzählstil impliziert zugleich Deutung. Die erzählten Begebenheiten werden „vor dem Hintergrund der populären und kollektiven Tradition"[75] stilisiert, das Alltägliche zum Bedeutsamen verdichtet. Man hat die Sage die *Sprachform des Mythos* genannt und das mythische Denken als Konstitutionselement der Erzählung bezeichnet. Der Begriff des Mythischen meint eine Denkform, in der empirische Wirklichkeit und subjektive Vorstellungen, Wissenschaft und Wahrheit noch nicht getrennt sind. Für das „mythische Denken und die mythische Erfahrung (besteht) zwischen der Welt des Traumes und der der objektiven Wirklichkeit ein steter schwebender Übergang".[76] Dieses Schweben zwischen der Sphäre des Realen und der des Rätselhaften ist im Erzählstil der Sage unmittelbar deutlich. Stiluntersuchungen haben die ‚sprunghafte' Darstellung und das Fehlen kausaler Erklärungen usw.[77] als auffällige Stilelemente genannt. Ferner ist die Sage als die Sprachform des ‚Fast' oder ‚Beinahe'[78] gekennzeichnet worden, da ein ständiger Wechsel zwischen Bestimmtheit und Unbestimmtheit in Zeit-, Raum- und Wirklichkeitsdarstellung erfolgt.[79] Die Formen des mythisierenden Sprechens in der Sage sind vielfältig. So werden z. B. durch den Vorgang der Personifizierung „ungeachtet eines wissenschaftlichen Weltbildes die Geschehnisse in der Natur ... als Taten persönlicher Wesen und nicht anonymer physikalischer Kräfte interpretiert."[79a] Alle Erscheinungen körperlicher und seelischer Erschöpfung werden als Bedrohung durch ein dämonisches Wesen empfunden (Aufhocker). Die Tücke des Objekts im Haus wird gedeutet als Bedrohung durch einen Kobold; Naturkatastrophen erscheinen als Rache dämonischer Wesen usw.[80] Als weitere Formen mythisierenden Sprechens

können genannt werden: die Dämonisierung alles Fremden oder die Ideali-
sierung alles Glückbringenden, der Prozeß der Schematisierung, durch den
reale Gegebenheiten als Formen eines guten oder bösen Schicksals erfahren
werden usw. Insgesamt sind die Inhalte der Begegnung des Menschen mit
seiner Umwelt „durch eine Art kollektiver Mythologie determiniert, die in
dem glücklichen Zufall ein Wunder und hinter der Anwendung chemischer
oder physikalischer Gesetze Magie sieht."[81] In diesem Sinn sind Sagen
„Berichte, die den Ablauf eines Geschehenen und unter mythischen Denk-
kategorien Gedeuteten wiedergeben."[82] Der Berichtstil der Sage zielt nicht
auf Wirklichkeit, sondern darauf, „den geistigen Horizont des Individuums"[83] in der geschichtlichen Situation erkennbar werden zu lassen. Wak-
kernagel nennt die Sage die „vox populi vox dei über die Geschichte".[84] Sagen sind „Erfahrungsbelege", in denen Mythen des Alltags präsent
und Denkinhalte und Erlebensweisen eines vorrationalen Bewußtseins
deutlich werden.

Die Inhalte der Sage sind durch die Form des Sprechens vorgegeben:
Grundthema ist die Beziehung des Menschen zu einer als ‚rätselhaft'
(numinos) erlebten Wirklichkeit (‚Überwelt'). Die Sage ist die Erzählform,
in der die dauernde Spannung des Menschen im Kampf mit seiner Umwelt
thematisch wird. Diese Spannung realisiert sich in mannigfachen Konstellationen, z. B. als Einbruch der Jenseitigen in den Bereich des Menschen,
als ‚vertragliche Freundschaft', als Kampf, als Rache usw.[85]

Die spezifische Form der Wirklichkeitsdarstellung zeigt sich in der
Figuren-, Zeit- und Raumgestaltung.

2.3.2.1 Figurendarstellung

Die Figurengestaltung[86] der Sage ist konkret und gleichzeitig stilisiert. Die
Handlungsträger sind zugleich Individuen und Typen. Die Individualisierung zeigt sich in der Zuordnung der Figuren zu bestimmten Schichten; die
Handlungsträger stammen häufig aus dem Kreis der arbeitenden Bevölke-
rung: es sind Hirten, Bauern, Bergleute, Schiffer, Handwerker oder
Soldaten usw. Die Figuren sind eingebettet in eine Gemeinschaft, sie sind
nicht isoliert wie im Märchen. Sie sind Angehörige eines sozialen Verbun-
des (Sippe, Familie, Dorf) und als geschichtliche Wesen ihrer Mit- und
Nachwelt verpflichtet. Ein Vergehen belädt nicht nur den Handlungsträger
mit Fluch, sondern die ganze Sippe oder das ganze Dorf.

Der Held der Sage ist nicht nur Element der Geschehensprogression wie
im Märchen. Er ist zugleich ein konkretes Wesen, dessen Reaktionen die
Handlung strukturieren. Die Protagonisten empfinden Angst, Freude,
Neugier, Beklemmungen. Sie können krank oder wahnsinnig werden. Die

„Charaktere der Sage (sind) reicher, gebrochener, realistischer".[87] Dennoch sind die Figuren der Sage keine unverwechselbaren Charaktere. Sie sind typisiert und auswechselbar. Das „ganze Interesse" der Sage „geht auf das phantastische Erlebnis, der Mensch ist ihr nur der beinahe zufällige Träger dieses Erlebnisses".[88] Das Motiv ist nicht an die individuelle Figur gebunden, sondern an den Typus Mensch bzw. an den Typus Bauer, Fischer, Feldherr usw. Das zeigt sich bereits in der Namensgebung: ein Bauer, ein Hirte, ein Fischer.

In historischen Sagen scheint der Held eine einmalige, unverwechselbare, historische Figur – Barbarossa, Karl der Große, der Alte Fritz usw. Aber auch in diesen Sagen wird nicht der tatsächliche Charakter der Herrscher Gegenstand der Erzählung, sondern kollektive Vorstellungsinhalte, die sich mit dem Bild eines guten oder schlechten Herrschers verbinden und deshalb als Wandermotive immer wieder zur Kennzeichnung verschiedener Herrschergestalten auftauchen können. „Nicht der tatsächliche Charakter des Herrschers . . . wird in der historischen Sage beschrieben, sondern das Bild des vom Volk intendierten Herrschers."[89]

Die Figurenkonstellation der Sage ist fast immer die gleiche. Das Handlungsgerüst wird meist von zwei oppositiv zueinander stehenden Aktanten getragen: dem menschlichen Handlungsträger und dem Gegenspieler, meist einem numinosen Wesen (Hexe, Teufel, Zwerg usw.). Die Handlung wird dadurch ausgelöst, daß der Held mit dem Gegenspieler in Berührung kommt, die Grenze der alltäglichen Welt erfährt und zu reagieren gezwungen ist. Die Typisierung der Figuren zeigt sich auch darin, daß die Konstellation der Kontrahenten in der dämonologischen Sage häufig zugunsten des numinosen Wesens, in der historischen Sage zugunsten der historischen Figur gelöst wird. In der dämonologischen Sage bleibt der Held unterlegen, handlungsunfähig, er ist gegenüber dem Wirken der numinosen Mächte machtlos. Der Versuch, das Spannungsverhältnis der Kontrahenten zugunsten des menschlichen Handlungsträgers zu lösen, wird als Verstoß gegen gesetzte Ordnungen bestraft.[90]

2.3.2.2 Zeitdarstellung

Der Wirklichkeitsanspruch der Sage findet seinen Ausdruck in der Bindung der Erzählung an die Zeit.[91] Die Zeit spielt in der Sage eine viel größere Rolle als etwa im Märchen. Das zeigt sich einerseits in den mehr oder minder genauen Datierungen (z. B. ,ums Jahr 1645, ,1284'). Das wird andererseits darin deutlich, daß die Handlungsträger die Zeit als geschichtliche Dimension erleben. Die Helden sind geschichtliche Wesen, die den Vorfahren und Nachfahren verpflichtet sind. Außerdem erfahren die Menschen das Verfließen von Zeit. Die Zeit bleibt nicht stehen wie im

Märchen. Der zwanzig- oder hundertjährige Aufenthalt im Reich der Dämonen bedeutet für den Helden keine ewige Jugend, keine Aufhebung der Zeit. Die Helden altern. Der nach hundert Jahren zurückgekehrte Mönch zerfällt zu Staub und Asche.

Die Zeitgestaltung der Sage ist tiefenhaft. Das geschilderte Geschehen ist selten auf einen Zeitraum lokalisiert, sondern greift in Vergangenheit und Zukunft über. Das wird in Formulierungen wie ,bis auf den heutigen Tag‘, ,heute noch‘, ,seitdem‘, ,seit jener Zeit‘ deutlich.

Die Zeitangaben innerhalb der Sage sind teilweise genau, teilweise bleiben sie vage und unbestimmt oder fehlen ganz (,vor hundert Jahren‘, ,einmal‘, ,vor Jahren‘ usw.). In dieser Mischung von bestimmten und unbestimmten Angaben zeigt sich die mythisierende Tendenz der Sage, die das Konkrete zum Unbestimmten entgrenzt und das Geschehen zwischen Wirklichkeit und Nicht-Wirklichkeit ansiedelt.

Die Neigung zur Psychologisierung in der Sage wird deutlich aus der atmosphärischen Bedeutung der Zeitbestimmungen. Die Jahres- und Tageszeiten haben z. T. die Funktion, das Geschehen atmosphärisch zu verdichten. Angaben wie ,an einem schwülen Sommertag‘, ,mittags‘, ,sonntags‘ dienen der stimmungsmäßigen Situierung des Geschehens.

2.3.2.3 Raumdarstellung

Für die stilistische Bedeutung von Ort und Raum[92] gelten ähnliche Gesetze wie für die Zeitgestaltung. Ortsangaben sind allerdings fast immer gegeben, während die zeitlichen Bestimmungen fehlen können. Die Ortsbezeichnungen sind wirklichkeitsnah. Das entspricht dem Bedürfnis, die erzählten unwahrscheinlichen Begebenheiten zu legitimieren. Vor allem die Sageneingänge enthalten häufig genaue Lokalisierungen: bei Lichtenwalde, in Köln, im unteren Inntal Tirols, in Thüringen usw. Neben den konkreten Ortsangaben finden sich jedoch auch sehr vage Bestimmungen, durch die der konkrete Ort zum allgemeinen entgrenzt wird. So spielt das Geschehen in irgendeinem Dorf, auf irgendeiner Wiese. In der Raumgestaltung verwirklicht sich die zweidimensionale Struktur der Sage: der Raum ist individualisiert, er ist Ort der geschichtlich-gesellschaftlichen Existenz des Menschen; zugleich ist er der Bereich, in den das Unwirkliche, Rätselhafte einbricht. „Die Sage verfremdet das Dorf, die Landschaft. Unvertrautes, Unheimliches wird hineingewoben.“[93] Dieser Zusammenstoß der verschiedenen Dimensionen des Raumes thematisiert die Wirklichkeitsauffassung der Sage: Wirklichkeit ist Ort des konkreten Hier und Jetzt und Bereich des Numinosen, des Schicksals. Das Geschehen spielt meist im nahem Umkreis: im eigenen Haus, auf der angrenzenden Wiese, im Dorf, auf dem Kirchhof. Während der Märchenheld in die Ferne wandert, erlebt der Held der Sage die ungewöhnlichen Begebenheiten inmitten seines Wohnbereichs.[94]

2.3.3 Funktion der Sage

Als volkspoetische Form ist die Sage durch ihren ‚Sitz im Leben‘ gekennzeichnet. Sie ist Produkt einer bestimmten ‚Lebenslage‘.[95] Sagen spiegeln Erfahrungsweisen eines vorrationalen Bewußtseins[96] und schildern die Versuche einer Auseinandersetzung mit widerständiger Realität. Sagen sind Formen der „Weltbeschreibung auf mythischer Bewußtseinsebene, Ausdruck anderer, uns nicht mehr geläufiger Denkprozesse, die den rationalen Denkprozessen des modernen Menschen entgegenstehen, sie aber auch ergänzen".[97] Von ihrem ursprünglichen Publikumsbezug her zielen Sagen auf Erklärung von Ereignissen und Zuständen oder auf Belehrung[98] über richtige oder falsche Verhaltensweisen. Sie enthalten im Sinne Röhrichs eine „Gebrauchslehre des Richtigen und Falschen . . . eine Beispielsammlung von gelungenen und mißlungenen Lösungen in Daseinskonflikten".[99] Seit den Anfängen der Gattung ist die Erklärungs- oder Belehrungsfunktion jedoch angezweifelt und die ideologisierende Tendenz von Sagen betont worden. „Seit Kritias und Aristoteles aber besteht die Meinung, daß es sich in den Mythen und Sagen nur um Erfindungen und Fälschungen von Priestern handle, die mit Hilfe dieses Apparates den Menschen zu beherrschen trachteten."[100] In neueren soziologisch orientierten Sagendeutungen wird die Interpretation der Sage als Herrenmythos wieder aufgegriffen. Sagen sind als Formen der Volkspoesie gesellschaftlich fundierte Erzählformen, deren Funktion im Sinne ideologiekritischer Interpretation in der affirmierenden Stabilisierung gegebener Verhältnisse besteht: „. . . die Verhältnisse werden als unabänderlich . . . suggeriert . . .";[101] „. . . sie berichtet von ‚Unabänderlichem‘ lehrreich derart für den puren Herrenfrieden, Herrennutzen, den die Sage im Unterschied vom allemal rebellischen Märchen stiftet."[102] Es gibt jedoch auch Stimmen, die der Sage eine emanzipatorische und sozialkritische Funktion zuschreiben. Weil Sagen Formen mythischen Bewußtseins sind, können sie Aufschluß geben über vorrationale, mythische Denkformen, die unbewußt individuelles und gesellschaftliches Verhalten bestimmen. Als eine Art Inventar der ‚Mythen des Alltags‘[103] demonstrieren sie im Sinne dieser Interpreten verschiedenste Formen von „geglaubten . . . und faktischen Abhängigkeiten"[104] und sind somit ein Stück Aufklärung.

Das Spektrum der Funktionsbestimmungen ließe sich erweitern. Je nach literarhistorischem und soziokulturellem Kontext ist die Erklärungs- und Belehrungsfunktion der Sage verschieden gedeutet worden: als Sozialisationsmittel, als pädagogisch-moralisches Erziehungsinstrument, als kulturgeschichtliche Wissensvermittlung usw.

2.4 Sage und Märchen

In der Mehrzahl der Forschungsbeiträge zur Sage ist die Form im Vergleich zum Märchen definiert worden.[105] Motive und Stoffe von Sage und Märchen zeigen vielfältige Gemeinsamkeiten. In beiden Formen finden sich die gleichen übernatürlichen Figuren: Hexen, Zwerge, Dämonen, Riesen usw. Beide Formen haben ähnliche Handlungsträger, wie z. B. den Meisterdieb, den starken Mann (Hans, starker Hermel), die kluge Frau (Frauen von Weinsberg, die kluge Bauerntochter) usw. Das Strukturelement des ‚Wunders' spielt in beiden Formen eine wichtige Rolle.

Der Verwendungszusammenhang der Stoffe und Motive in Sage und Märchen ist jedoch durch die jeweilige Form geprägt. So ist z. B. der Bestand an dämonischen Gestalten im Märchen begrenzter. Im Märchen gibt es keinen Vampir, keinen wilden Jäger usw. Die dämonischen Gestalten in der Sage sind je nach regionaler und lokaler Sagengestalt reich differenziert. In der Sage wechseln die Bilder und Funktionen einzelner dämonischer Wesen. Im Märchen ist der Figurenbestand der dämonischen Wesen weitgehend stereotyp und wenig variiert.

Die unterschiedlichen Strukturmerkmale von Märchen und Sage sollen in diesem Zusammenhang nicht im einzelnen ausgeführt werden. Dazu sei auf die Sekundärliteratur verwiesen.[106] Nur grundsätzliche, aus der unterschiedlichen Kommunikationssituation von Sage und Märchen resultierende Unterschiede seien genannt: Die Sage ist eine mimetische Form des Erzählens, das Märchen eine amimetische. Die Sage ist als Wirklichkeitsbericht gemeint, das Märchen entwirft das Bild einer wunderbaren Geschehenswelt. In der Sage dienen lokale und zeitliche Situierungen der Beglaubigung der erzählten Inhalte; Zeit-, Ort- und Figurendarstellung im Märchen sind typisiert und entkonkretisiert. Der Erzählablauf der Sage ist offen, formlos, skizzenhaft; das Märchen ist durch feste Formgesetze bestimmt, der Erzählzusammenhang ist durch stereotype, regelhafte Kompositionsprinzipien begründet.

Der Wirklichkeitsbezug der Sage ist nicht auf bloße Faktizität gerichtet, sondern auf die Darstellung der Einheit von Alltag und Mythos. Die dargestellte Realität in der Sage ist ‚zweidimensional': die Differenz zwischen äußerer Faktizität und mythischer Erfahrung bestimmt die Strukturierung des Erzählten. Die Darstellung des Wirklichen im Märchen ist

‚eindimensional'; es gibt keinen Unterschied zwischen realer und phantastischer Wirklichkeit. Als amimetische Form des Erzählens zielt das Märchen auf die Einheit zwischen Realität und Phantasie. Die Differenz zwischen Realität und Zauber ist aufgehoben. Das Reale ist wunderbar und das Wunderbare real. Den Unterschied der Wirklichkeitsgestaltung in Sage und Märchen bestimmt Wackernagel wie folgt: „Indem die Einbildungskraft das Schöne ... unter Formen der geschichtlichen Wirklichkeit anschaut, kann dabei das Gedächtnis, es kann auch die Phantasie eine vorwaltende Tätigkeit ausüben. Waltet das Gedächtnis vor, so wird zur Form die Anschauung der Sage gewonnen, überwiegt die Phantasie ..., so ... (ergibt) sich ... das Märchen."[107]

2.5 Richtungen der Sagenforschung

Innerhalb der Sagenforschung[108] gibt es verschiedene Richtungen der Sagenanalyse. Einige seien in diesem Zusammenhang knapp charakterisiert.

Volkskundliche bzw. kulturgeschichtliche Sagenforschung:[109] Das stärkste Interesse der Sagenforschung gilt den kulturgeschichtlichen Aspekten dieser Erzählform. Volkskundliche Analyse thematisiert Sagen als kultur- und geistesgeschichtliche Dokumente. Fragen dieser Forschungsrichtung sind Probleme der Entstehung, Verbreitung, Quellenlage, Traditionsvermittlung. Bisher wurden u. a. folgende Themenkreise behandelt: 1) Untersuchungen zum Alter, zum Grad der Verbreitung und geographischen Lokalisierbarkeit von Sagenmotiven und Sagenstoffen. In diesem Zusammenhang sind die kartographischen Arbeiten zu nennen, in denen die Verbreitung und Wanderung einzelner Motive geographisch aufgeschlüsselt sind;[110] 2) Typologisierung und Katalogisierung von Sagen nach einzelnen Motiven, z. B. der Typ der Totensagen, Teufelssagen, Erklärungssagen usw.; 3) Differenzierung verschiedener kultur- und religionsgeschichtlicher Inhalte. Es wird untersucht, inwiefern Sagen durch vorchristliche bzw. christliche Glaubensvorstellungen geprägt sind, um auf diese Weise das Alter und die geistesgeschichtlichen Hintergründe erschließen zu können; 4) Fragen des Zusammenhangs von Denkform und Stil; 5) thematische Grundgegebenheiten der Sage: Rechtsauffassungen, Formen der Naturkonzeption, Formen der Mythisierung usw.[111]

Angesichts des gegenwärtig wachsenden wissenschaftlichen Interesses für Formen des Mythos gewinnen die volkskundlichen Untersuchungen eine aktuelle Bedeutung. Durch die Analyse von Entstehung, Verbreitung und Tradierung von Sagen und Sagenmotiven können Prozesse der Mythenentstehung und -rezeption verdeutlicht werden. Volkskundliche Sagenforschung kann ‚vorrationale' Einstellungen zur Wirklichkeit, die als anthropologische Grundgegebenheiten menschliche Denk- und Erfahrungsmöglichkeit bestimmen, einsehbar werden lassen. In diesem Sinn wird der volkskundlichen Forschung ein heuristischer Wert zugesprochen. Sie wird als ein Stück Aufklärungsgeschichte bezeichnet,[112] insofern sie untersucht, welche Logik vorrationaler Denkweise zugrundeliegt und „wo die sozialgeschichtlichen, geistes- und religionsgeschichtlichen Gründe liegen, die die Sagen auf Jahrhunderte empirischer Rationalität entzogen haben."[113] Volkskundliche Sagenforschung ist nicht nur rückwärts gewandt. Sie kann zugleich Aufschluß über Bedingungen und Formen gegenwärtiger Mythenbildungsprozesse geben. In den Massenmedien, in der Trivialliteratur, in der Werbung, im Film usw. finden sich eine Vielzahl tradierter und z. T. auch abgewandelter Sagen- und Mythenmotive, die ohne Kenntnis der literarischen und kulturgeschichtlichen Hintergründe in ihrer Wirkkraft kaum verstanden werden können (vgl. Motive der Werbung: Weißer Riese, Muntermacher, Supermann; Filme über Hexen, Teufel, Vampire usw.). Es ist immer wieder betont worden, daß „die mythische Weltsicht ... für die Lebensorientierung von Individuen und Kollektiven von wesentlicher Bedeutung" ist und „infolge ihrer Verankerung im emotionalen Bereich das Verhalten ... stärker als intellektuelle Erkenntnis beeinflussen"[114] kann.

Seit Ende der sechziger Jahre stehen funktionalistische Sagendeutungen im Vordergrund, vor allem *sozial- und ideologiekritische*[115] Sagenanalyse. Der funktionalistischen Sagendeutung geht es um das ‚Warum' der Sagengestaltung und Sagenüberlieferung. Diese Frage wird von der kulturgeschichtlichen Sagenforschung im Blick auf die Inhalte der Sage als Spiegel kultureller Gegebenheiten beantwortet, von der sozialgeschichtlichen Sagenanalyse durch eine Untersuchung der Milieu- und Interessendominanz in der Sage aktualisiert und von pädagogischer Sagenbetrachtung als Interpretation der Form als ‚Gebrauchslehre des Richtigen und Falschen'[116] zu lösen versucht. Soziologisch orientierte Sagendeutung ist auf die Frage, inwiefern Sagen als Indikatoren sozialer Verhältnisse zu werten sind, gerichtet. Verschiedene Aspekte spielen in diesem Zusammenhang eine Rolle: die Struktur der Gesellschaftsordnung in der Sage (Sage als Herrenmythos), die Art der Gemeinschafts- und Lebensformen, die Bedeutung sozialer Grundgegebenheiten wie Armut, Reichtum, Arbeit, Lohn; die Frage der sozialen Utopien oder des sozialen Leids (Hexensagen) usw.

Teilweise sind soziologische Sagendeutungen bereits in volkskundlichen bzw. kulturgeschichtlichen Forschungen mit thematisch oder setzen sie voraus.

Psychologische Sagendeutung: Psychologische Sagenforschung[117] steht – etwa im Vergleich zur Psychologie des Märchens – noch in den Anfängen. Die psychologische Sagendeutung versteht Sagen als Ausdruck seelischer Vorgänge. Themenkreise sind u. a. die ‚primären psychologischen Triebkräfte‘[118] der Sagenbildung und der Sagenstoffe, die thematisierten seelischen Verhaltensweisen und der Zusammenhang von Volkscharakter und Psyche. Psychologische und psychoanalytische Untersuchungen zur Sage betreffen ferner die Formen von psychotischen und neurotischen Erlebnissen in der Sage und die thematisierten Symbole aus dem sexuellen Bereich wie z. B. Succubus- und Incubusdarstellungen.[119]

Untersuchungen zu den psychologischen Triebkräften der Sagenentstehung und -verarbeitung gibt es bereits im 19. Jahrhundert.[120] Sie sind als Basis für kulturgeschichtliche und volkskundliche Analysen zu sehen, weil sie durch die Darstellung psychischer Grundgegebenheiten von Sagen Erklärungsmodelle für die Entstehung, Tradierung und Rezeption von Sagenstoffen liefern und den Zusammenhang von Volkscharakter und Sage verdeutlichen. Hilfsdisziplinen psychologischer Sagendeutung in diesem Sinn sind Volkskunde, Ethnologie, Geschichte, Soziologie und Philologie. Von der psychologischen Deutung her kann verstehbar werden, warum bestimmte Sagenmotive stereotyp in allen Völkern wiederkehren, andere dagegen rein lokal oder historisch bedingt sind.

Ein anderer Forschungsansatz betrifft psychoanalytische bzw. psychologische Deutungsversuche einzelner Sagenmotive, wie sie von S. Freud und C. G. Jung unternommen wurden.[121] Für die psychoanalytische Sagenforschung gelten Sagen als Erzählformen, die als Reflex sexueller Symbolik (Freud) oder als Projektion des Unbewußten (Jung) zu verstehen sind. Dieser Deutungsansatz ist von der volkskundlich geprägten Sagenforschung nur sehr zögernd aufgegriffen worden. Gegenwärtig wird nicht mehr bezweifelt, daß es eine Beziehung der dämonologischen Sagen zu psychisch bedingten Erlebnis- und Rauschzuständen bzw. zu Geisteskrankheiten gibt.[122] In diesem Zusammenhang sind u. a. die vielfältigen Figurationen der Angst (Aufhockergestalt, Kobolde usw.), die Motive der Verdoppelung des Selbst (Werwolf) bzw. der zweiten Gestalt (der Tote, der seinem eigenen Begräbnis zuschaut) und die Visionen (Wildes Heer) zu nennen.

Neben diesen psychologischen Analysen ist in der gegenwärtigen Forschung ein verstärktes Interesse für parapsychologische Erscheinungen (Teufelsbeschwörungen, Totenerzählungen usw.) in der Sagenfiguration erkennbar.[123]

Literaturwissenschaftliche Sagenforschung: Gegenstand literaturwissenschaftlicher Sagenbetrachtung[124] ist die Sage als literarische Form. Es gibt bisher verhältnismäßig wenig gattungstheoretische Untersuchungen zur Volkssage, da die Frage, ob Volkssagen überhaupt literarische Gebilde sind, strittig ist. Soweit Volkssagen literaturwissenschaftlich behandelt wurden, versuchte man, jene Stilgesetze zu ermitteln, die Sagen als epische Form kennzeichnen und sie von anderen epischen Kurzformen, wie z. B. dem Märchen, unterscheidbar werden lassen. In diesem Zusammenhang wurden Fragen der Autorintention, des Leserbezugs, der Elemente der erzählten Welt (Figuren-, Zeit-, Raumdarstellung, Handlungskonstellationen) und der soziohistorischen Relevanz der Erzählform erörtert.

Es liegen bisher vereinzelt Arbeiten *strukturalistischer Sagendeutung*[125] vor. Strukturalistische Analysen zielen auf den Aufweis sich wiederholender, typischer Strukturen der Erzählung. Während es auf dem Gebiet der Märchenforschung recht ergiebige Ergebnisse strukturalistischer Forschung gibt, sind diese auf dem Gebiet der Sage noch spärlich, obwohl Sagen stereotype Grundmuster der Themen-, Motiv- und Formgestaltung aufweisen. Es gibt Ansätze für eine strukturalistische Beschreibung der konfliktbildenden Situationen[126] in Sagen. So sind die Formen der Norm- und Tabuverletzung in einer Art strukturalistischer Typologie beschrieben.

Die Gefahr strukturalistischer Forschung liegt jedoch darin, daß die verschiedenen historischen und ethnographischen Hintergründe der einzelnen Sagen mit möglicherweise ähnlichen Strukturen nicht mehr berücksichtigt werden können. So kann der Aufweis stereotyper Strukturen zu einer Enthistorisierung der Sagenstoffe und -motive führen.

Sagenforschung steht in der experimentellen Erprobung der verschiedenen methodischen Fragestellungen noch in den Anfängen. Auf jeden Fall können Sagen als „gesamtheitliches Stück Kulturgeschichte"[127] nicht einseitig aus einer Perspektive her gesehen werden, sondern verlangen einen Methodenpluralismus.

2.6 Die Sage im Literaturunterricht

Die Diskussion um die pädagogisch-didaktische Bedeutung der volkspoetischen Formen ebbt seit dem 19. Jahrhundert nicht ab.[128] Doch hat die Volkssage in didaktischer Hinsicht fast immer im Schatten des Märchens gestanden. Innerhalb der Tradition[129] ist der *didaktische Wert* der Sage verschieden begründet worden. Sagen dienten als Einführung in den Heimatkunde- bzw. Geschichtsunterricht, als Gegenstand sittlicher Erziehung, als Einführung in deutsches Volksgut, als Propädeutik literarischer Bildung und als Gegenstand sozialkundlicher Betrachtung. In der gegenwärtigen Praxis des Literaturunterrichts hat die Mehrzahl dieser Aspekte noch immer Geltung. In der fachdidaktischen Diskussion seit den sechziger Jahren variieren die Zielvorstellungen je nach dem Theoriekonzept der Literaturdidaktik.[130] So gibt es soziologisch-historisch orientierte Sagenbehandlung, formalästhetisch-werkimmanente, rezeptionsästhetische, kommunikationstheoretische und semiotische Beiträge zur Sageninterpretation.

Die didaktische Bedeutung der Sage ergibt sich aus der Struktur und Funktion der Form:[131] Sagen sind Sprachformen des Mythos und als solche bis in die Gegenwart von aktuellem Interesse. In Zusammenhang mit dieser mythisierenden Form des Sprechens entfalten die anderen Aspekte der Sage ihre eigentliche Intentionalität: der volkstümlich-heimatkundliche Bezug, die ästhetische Gestaltung, die anthropologische und die sozio-historische Bedeutung der Sage.

Der *Stellenwert der Sage im Literaturunterricht* ist strittig. „Ihr (der Sage) Wert für das Kind ist umstritten. Wegen des geringen Realitätsgehaltes und der minderen literarischen Gestaltung wird sie abgelehnt, wegen der veranschaulichenden Darstellung heimat- oder volksbezogener Werte und Ereignisse wie als volkskundliche Quelle geschätzt."[132] In neuerer Zeit ist die Sage auch auf Grund ihres fehlenden aktuellen Bezuges z. T. abgelehnt worden. Sagen seien kein geeigneter Gegenstand des Literaturunterrichts, weil sie Stoffe vorindustrieller Wirklichkeit thematisieren und damit bloß ideologisch, pittoresk und wirklichkeitsfremd seien.[133] Andererseits ist gerade die Inkongruenz zwischen der Denkform der Sage und der Erfahrungswirklichkeit des modernen Lesers als die eigentliche Bildungsfunktion dieser Form bezeichnet worden. Die Fremdheit der Sage kann im Sinn dieser Interpreten die Historizität von Texten deutlich werden lassen und das „Verständnis von Zeiten und Menschen"[134] vertiefen. Ein anderes Argument für die didaktische Bedeutung der Sage ist die Affinität zwischen mythischem Denken und der Phantasie des Kindes:

„Dabei gehen wir von der Erfahrung aus, daß die mythische Chiffre geeigneter ist, der ... kindlichen Warum-Frage, der alles durchdringenden Ursprungsfrage, eine Antwort zu geben ...".[135]

Weitgehende Übereinstimmung herrscht in der Frage, für welche *Bildungsstufen* Sagenbehandlung geeignet ist. Die Frage löst sich von der Struktur der Form her. Die mythische Weltsicht, in der sachkundliche Realität und poetische Deutung verschmolzen sind, verhindert ein spontanes, naives Verstehen. Voraussetzung der Analyse sind Geschichtsverständnis und Kenntnis elementarer Prinzipien poetischer Gestaltung. Deshalb ist die vertiefte Auseinandersetzung mit Sagen erst in der Sekundarstufe möglich.

Dennoch können Sagen als Form der Heimatkunde bereits in der Primarstufe vorgelesen oder erzählt werden. In der ersten Begegnung mit Sagen spielt weniger die Struktur oder Funktion der Form eine Rolle, sondern die veranschaulichende Darstellung bekannter heimatlicher oder historischer Begebenheiten. So sind zunächst Sagen mit ausdrücklich regionalem Bezug zu bevorzugen: Sagen von Wahrzeichen, Denkmälern, bekannten Namen, Bauten, Sagen über bekannte Sitten und Gebräuche usw. Dabei kann die Aneignung von Sagen aus dem heimatlichen Bereich allmählich übergehen zum gesamtdeutschen Sagenschatz (Loreley, Weiber von Weinsberg, Rübezahl, Rattenfänger von Hameln, Binger Mäuseturm usw.).[136]

Bei einer Beschäftigung mit der Sage in der Sekundarstufe sind u. a. folgende Aspekte zu erschließen: 1) Die Sage als volkspoetische Form; 2) die Sage als Form mythischer Weltsicht; die Stilgesetze bzw. strukturellen Gegebenheiten der mythisierenden Erzählform; 3) Differenzierung der Sagen nach Themen, Herkunft, Motiven usw.: dämonologische und historische Sagen; bekannte Sagenmotive; 4) kulturelle, soziale und anthropologische Grundgegebenheiten der Sage; 5) Beziehung von Sagen und Sagenstoffen zu anderen Formen der Literatur (Drama, Ballade, Novelle); die Rezeption und Transformation von Sagenstoffen in der Hochliteratur; Sagenparodie; 6) Wirkungsgeschichte der mythisierenden Erzählform: Sagenmotive in den Massenmedien, in der Trivialliteratur, in der Werbung.

Es gibt verschiedene Möglichkeiten der *didaktisch-methodischen Behandlung.* Die wechselnden Betrachtungsweisen sind an die spezifische Gegenstandsstruktur der Gattung anzuschließen: Sagen sind mythisierende Erzählformen. Ist das mythische Sprechen eine ‚Art Metasprache‘, durch die alles Alltägliche zum Bedeutenden stilisiert wird, so kann diese Sprechhaltung am Beispiel der verschiedenen Ebenen der Texte untersucht werden. Solche Analyse der emotionalen, nicht-rationalen Sprachform kann dazu dienen, Zusammenhänge von bestimmten historisch determinierten Bewußtseinsinhalten (in anthropologischer, sozialer, geschichtlicher Hinsicht) und der Sprechhaltung deutlich werden zu lassen. In diesem Sinn kann die Sagenbehandlung zugleich der Aufklärung über eigne Sprachgewohnheiten und Denkformen dienen. „Die Textanalyse muß irrationale, mythische und magische Elemente klar herausarbeiten, jedoch nicht, um sie zu diffamieren, sondern um sie als Ausdruck einer historisch determinierten Weltsicht zu bestimmen. Eine klare Distanzierung zur rationalen Weltsicht ist jedoch notwendig."[137]

Es gibt bereits einige Hinweise für den Umgang mit Sagen im Sinn einer Einführung in mythisierende Sprech- und Denkform. Mythisierendes Erzählen realisiert sich auf allen Ebenen der Sagenfiguration: in der Motiv- und Stoffauswahl (Verknüpfung von sachkundlicher Realität und imaginären Vorstellungsinhalten, von Realem und Numinosem), im Handlungsaufbau (formlos, skizzenhaft, fragmentarisch, Spiel mit magischen Zahlen und Formeln als Progressionselementen der Handlung), in der Zeit- und Raumgestaltung (Nebeneinander von Nähe und Ferne, Bestimmtheit und Unbestimmtheit, Realem und Irrealem), in der Figurengestaltung (Figuren im Spannungsverhältnis von Diesseits und Jenseits, von Gesellschaftlichkeit und Schicksalhaftigkeit), in der Wortwahl (anschauliche, bildkräftige Wörter, Neuschöpfungen, Rhythmisierung, Dialektformen), im Satzbau (sprunghafte Satzfolge, keine logischen Satzzusammenhänge, kurze Sätze usw.).

Sagen sind weitgehend vom Inhalt her geprägt. Die Analyse der mythisierenden Sprechform wird vor allem die jeweiligen Bereiche dargestellter Wirklichkeit thematisieren.[138] Es sind folgende Themenkreise zu unterscheiden:

1. *Arbeitsreihe:* Sagen als Antwort auf anthropologische Grundfragen wie Angst, Haß, Tod, Treue, Liebe, Verzweiflung; Sagen als ‚Gebrauchslehre' richtigen und falschen Verhaltens, als Kanon sittlicher Normen; Erlösungsvorstellungen, Figuration von Schuld und Sühne usw.

2. *Arbeitsreihe:* Sagen als Spiegel sozialer Verhältnisse
– Herrschaftsverhältnisse, soziale Schichten, Formen der Gemeinschaft, soziale Grundgegebenheiten Armut, Reichtum, Arbeit; Tendenzen der Sage – Stabilisierung oder Veränderung; soziale Funktion der Sage.[139]

3. *Arbeitsreihe:* Formen und Typen der dämonologischen Sage
– Figurationen dämonischer Wesen: Teufel, Hexe, Riesen, Kobolde usw.; Menschen mit übernatürlichen Fähigkeiten – verschiedene kulturelle Schichten der Dämonengestaltung.

4. *Arbeitsreihe:* Formen und Inhalte der historischen Sage
– Sagen von historischen Persönlichkeiten; Sagen von Wahrzeichen und

Denkmälern; Sagen von herausragenden Einzelpersönlichkeiten (Räubersagen); historische Ereignisse in der Sage; Sagen mit regionalem Bezug.[140]

5. *Arbeitsreihe:* Neuere und zeitgenössische Versionen von Sagenstoffen, moderne Formen der Sagenbildung: Zeitungssagen, Sagenmotive in der Werbung usw.

6. *Arbeitsreihe:* 1) Sagen als Sprachformen des Mythos: Reflexionen auf die Grundelemente mythisierenden Erzählens – die spezifisch literarische Bedeutung der epischen Kurzform; 2) Sagenbehandlung als Propädeutik ästhetischer Bildung: Formen der Sagenbearbeitung in der Hochliteratur; Sagenparodien; Rezeption und Transformation von Sagenstoffen.[141]

a) Morphologische und strukturelle Elemente der Sage als mythisierende Erzählform (Bildgebrauch, Wortwahl, Satzbau, Handlung, Zeit- und Raumgestaltung, Figurenbestand usw.).

b) Bearbeitungsformen des gleichen Sagenstoffes in Volkssage und Kunstsage (z. B. Weiber von Weinsberg: Volkssage, Chamisso, Brecht; Loreley: Volkssage, Brentano, Heine, Kästner usw.).

c) Bearbeitung des gleichen Sagenstoffes in verschiedenen Literaturformen – Sagenmotive in der Erzählung, im Gedicht, in der Ballade, im Drama, in der Kurzgeschichte usw.; Sagenmotive in klassisch-romantischer Dichtung (Faust, W. Tell, Penthesilea usw.). (Zum Aufsuchen von Bearbeitungsformen der Sagenstoffe in der Hochliteratur ist der fünfbändige Motiv-Index von Stith Thompson heranzuziehen sowie die Stoff- und Motivgeschichte der deutschen Literatur von F. A. Schmitt).

Aus der didaktischen Konzeption der Sagenbehandlung ergeben sich *methodische Konsequenzen.* In textanalytischen, sinnerschließenden Leseübungen sind die einzelnen Elemente nicht für sich zu sehen, sondern in einem Prozeß der ständigen Sinnbildung in Beziehung zueinander zu setzen und auf ihre Bedeutung hin zu betrachten. Rezeptive und kreative Formen des Lesens (kommentieren, paraphrasieren, assoziieren, umstellen usw.) sollten wechselweise den Rezeptionsvorgang bestimmen.

Die genauere Differenzierung der Formen mythischen Sprechens erfordert vergleichende Betrachtungsweise. Die Nuancierungen sprachlicher Gestaltung können am ehesten durch verschiedene Bearbeitungsweisen desselben Themas in verschiedenen Sagen ermittelt werden.

Ein Grundprinzip im Umgang mit Sagen ist die Opposition von berichtendem und erzählendem Stil der Sagen. Sagen basieren häufig auf chronikalischem bzw. historischem Quellenmaterial. Die Gegenüberstellung[142] der historischen Quellen mit den literarischen Sprachformen der Sage lassen Gemeinsamkeiten und Differenzen der verschiedenen Sprech- und

Denkformen deutlich werden. Sagen sind in jedem Fall sinnvoll nur zu behandeln, wenn die thematisierten sachkundlichen Realitäten in Form von biographischen Angaben, Quellentexten, Zeitdokumenten, Landkarten usw. in die Sagenbehandlung einbezogen werden. In diesem Zusammenhang können auch mediale Vergegenwärtigungen – Bilder, Graphiken – herangezogen werden, um die differenten Gestaltungsformen inhaltlicher Gegebenheiten zu veranschaulichen.

Sagen haben vielfache Bezüge auf verschiedene – soziale, religiöse, volkskundliche, historische – Bereiche der Realität. Sie sind deshalb eine Literaturform, die interdisziplinäre Arbeit erfordert. Eine geeignete Methode im Umgang mit Sage ist der Projektunterricht, der eine übergreifende Zusammenarbeit mit anderen Fächern ermöglicht.

Die didaktische Orientierung an der Sage als spezifischer Sprachform hat zur Konsequenz, daß Textrezeption und Textproduktion eine Einheit bilden sollten. Nach der Besprechung der Funktionen und Weisen des Sprachgebrauchs können Schüler selbst Sagenstoffe variieren, parodieren oder erfinden, entweder frei oder nach Vorlage.[143]

Ein geeignetes Verfahren kreativer Textarbeit ist ferner die Sammlung und Analyse mythisierender Sprachformen in alltäglicher Redeweise, in den Massenmedien, in der Werbung usw.

3. Märchen

3.0 Name und Begriff

Das Wort „Märchen" ist eine Verkleinerungsform zu ‚Mär' (ahd. mari, mhd. maere-Kunde, Bericht, Erzählung, Gerücht) und meint ursprünglich eine kurze Erzählung.[1]

Als Bezeichnung für eine bestimmte volkspoetische Form gibt es den Begriff „Märchen" erst seit der Herausgabe der „Kinder- und Hausmärchen" (1812/15) (KHM) durch die Brüder Grimm. In seiner von den Brüdern Grimm festgelegten Bedeutung findet sich das Wort nur im deutschen Bereich. Andere Sprachen besitzen allgemeinere Begriffe (engl. tale, frz. conte, ital. conto, ndld. sprookje, vertellinge usw.), die auch verwandte Gattungen mit einschließen. Wenn im fremdsprachlichen Bereich die Gattung Märchen im Sinn der Brüder Grimm gemeint ist, wird das Wort „Märchen" als Fremdwort übernommen.[2] In der Geschichte des Märchens bis zu den Brüdern Grimm hatte das Wort noch einen allgemeineren, variablen Sinn – es meinte märchenähnliche Erzählungen, Sagen, Kunstmärchen, Feengeschichten, Lügenerzählungen usw.

Begriff und Wesen der volkspoetischen Form „Märchen" sind in grundlegender Weise durch die Brüder Grimm definiert. So löst Jolles die umfangreiche Diskussion um die Frage, was ein Märchen ist, durch den Rekurs auf die Theorie der Brüder Grimm: „Man pflegt ein literarisches Gebilde dann als Märchen anzuerkennen, wenn es . . . mehr oder weniger übereinstimmt mit dem, was in den Grimmschen Kinder- und Hausmärchen zu finden ist."[3] Die Problematik einer solchen Definition liegt allerdings darin, daß der Begriff bei den Brüdern Grimm sehr weit gefaßt ist. Neben Märchen enthalten die KHM auch Schwänke, Fabeln, Legenden u. a. Aus dieser Tatsache haben einige Forscher gefolgert, daß eine gattungsspezifische Unterscheidung der einzelnen volkspoetischen Formen überhaupt sinnlos ist.[4]

Andererseits ist die Märchenforschung seit langem bemüht, auf verschiedenen Wegen zu einer Abgrenzung des Märchens als eigenständiger Erzählform zu kommen. Es wird davon ausgegangen, daß Vorformen, Mischformen, Grenz- und Restformen des Märchens nur dann sinnvoll anzusetzen sind, wenn vorausgesetzt wird, daß es eine ‚Vollform'[5] des Märchens gibt.

3.1 Probleme der Märchenforschung

Neben Problemen der Abgrenzung und Bestimmung des Märchens als spezifischer literarischer Gattung ist die Märchenforschung mit einer Reihe weiterer Fragestellungen befaßt: wie alt sind Märchen, wo sind sie entstanden, wie sind sie tradiert worden, sind es schriftlich oder mündlich weitergegebene Erzählformen, welche Einteilungskriterien für die verschiedenen Typen der Märchen gibt es, wie ist die Wirkungsgeschichte der Märchen usw.[6]

Seit die Brüder Grimm die systematische Erforschung des Märchens begonnen haben, ist es Forschungsgegenstand verschiedenster Disziplinen: der Volkskunde, verschiedener Philologien, der Literaturwissenschaft, der Ethnologie, der Psychologie, Pädagogik und Kulturwissenschaft.

Insgesamt ist die Sekundärliteratur zum Märchen – wie die Märchensammlungen selbst – so angewachsen, daß sie fast unübersehbar geworden sind.[7] Es können in diesem Zusammenhang nur Grundzüge der Diskussion um das Märchen aufgezeigt werden. Bevor auf die Definitionsprobleme des Märchens als Erzählform eingegangen wird, sollen die Grundfragen der Märchenforschung nach dem Alter, der Herkunft und Verbreitung knapp skizziert werden.

Es gibt keine literarischen Zeugnisse darüber, ob es das Märchen in engerem oder weiterem Sinn bereits in vorgeschichtlicher Zeit gab. Die Versuche, diese Frage zu lösen, haben zu verschiedenen Theorien von Alter, Ursprung und Verbreitung dieser Gattung geführt. Wie bereits oben[8] ausgeführt, sind alle Ursprungstheorien ansatzweise bei den Brüdern Grimm angelegt.

In diesem Zusammenhang sollen die oben skizzierten Theorien (Mythische Theorie bzw. Erbtheorie, Theorie der Monogenese, Theorie der Polygenese, Theorie der Wanderung) am Beispiel erläutert werden.

Eines der Beispiele, an dem die Geltung der Ursprungstheorien diskutiert wird, ist das *Dornröschenmärchen*.[9] Gemäß ihrer Theorie vom mythischen Ursprung der Märchen glaubten die Brüder Grimm an eine ursprüngliche Identität von Heldensage, Mythos und Märchen. In diesem Sinn wird das Dornröschenmärchen als Niederschlag des alten Brunhildenmythos gedeutet. Der Zauberschlaf Dornröschens ist als Motiv bereits in der Brunhildensage gegeben: Odin sticht Brunhilde mit einem Schlafdorn und diese fällt darauf in einen Zauberschlaf; auch das Motiv der Verwünschung findet sich sowohl im Volksmärchen wie auch in der nordischen Heldensage. Auf Grund der Affinität der Motive wird das Märchen als

Restform des Mythos (Heldensage) bezeichnet: „In diesem Volksmärchen liegt lauter urdeutscher Mythus, den man für verloren gehalten hat."[10] In der neueren Forschung ist diese Ableitung von Märchen und Märchenmotiven aus dem Mythus deshalb kritisiert worden, weil geschichtlich weit auseinanderliegende Einzelzüge gleichgeschaltet werden und älteste und jüngste Überlieferung nicht getrennt sind. So hat man zwar anerkannt, daß das Motiv der verzauberten Jungfrau sehr alt ist, dennoch gilt heute als weitgehend unbestritten, daß das Dornröschenmärchen aus einer literarischen Quelle als Lehnmärchen aus dem Französischen (Perrault: La belle au bois dormant) übernommen wurde.[11] Den sachlichen Beweis für die mythische Ursprungstheorie fanden die Brüder Grimm in der erstaunlichen Übereinstimmung verschiedenster Märchenvarianten. Aber gerade diese „Über-einstimmung bis in wesenlose Details hinein zwang nun zu dem Zweifel, ob solche ohne kausalen und historischen Zusammenhang immer neu ... aus ... einem nur ideell vorhandenen Urmythus aufquellen könne".[12]

Im Gegenzug gegen die Brüder Grimm vertrat Benfey die These, daß nicht ein ‚Urmythus', sondern ,literarische Verbreitung' der Grund für die Entstehung des Dornröschenmärchens sei (Theorie der Monogenese). So sei das Märchen von Dornröschen zwar volkstümlich, stamme aber nicht aus dem Volk, sondern habe ein literarisches Vorbild (Perrault: La belle au bois dormant) und sei durch literarische Vermittlung nach Deutschland gekommen. Die literarischen Vorbilder von Perrault und Grimm sehen Benfey[13] und seine Schule in der italienischen Märchendichtung des Basile, die ihrerseits auf einer indischen literarischen Quelle beruhe. In diesem Sinn stammt das Märchen vom Dornröschen letztlich aus einer im indischen Raum anzusiedelnden Quelle – dem Pantschatantra. Diese Theorie der Monogenese ist durch den Hinweis auf das Vorkommen literarischer Märchenfassungen im orientalischen Raum widerlegt. Strittig geblieben ist jedoch die Frage nach der literarischen Abhängigkeit der volkspoetischen Formen.

Die Vertreter der Theorie der Polygenese (Tylor/Lang)[14] gehen von der Ubiquität der Märchenstoffe und -motive aus. Sie weisen darauf hin, daß Motive wie im Dornröschenmärchen überall nachzuweisen sind. So gibt es das Motiv des Zauberschlafs bereits in morgenländischen und griechischen Sagen, das von der neidischen Fee erscheint ähnlich in der griechischen Sage (Meleager), das von der bösen Stiefmutter taucht immer wieder auf. Auf diese Weise sind die Motive des Dornröschenmärchens auf der ganzen Welt zu belegen. Das deutet im Sinne der Anhänger der Theorie der Polygenese darauf hin, daß das Dornröschenmärchen überall entstanden sein kann und nicht an einen bestimmten Ort und eine bestimmte literarische Quelle gebunden ist.

Seit die geographisch-historische Forschung der Finnischen Schule die umfassende Inventarisierung und Katalogisierung von Märchen und Märchenmotiven[15] unternommen hat, ist eine wissenschaftliche Methode gegeben, die zeitlichen und örtlichen Ursprünge der (Dornröschen-)Motive zu lokalisieren und die Wege der Verbreitung nachzuzeichnen. Durch diese geographisch-historische Forschung hat sich gezeigt, daß an allen Theorien „etwas Richtiges"[16] ist, insofern je nach Märchen und Märchenmotiv die Frage der Entstehung verschieden zu beantworten ist, entweder durch die Annahme einer einzigen literarischen Quelle oder mehrerer Quellen, die durch Tradierung verbreitet wurden. Durch die Forschungen der Finnischen Schule hat die Wandertheorie gewisse Überzeugungskraft gewonnen, weil immer wieder erstaunliche Querverbindungen festgestellt und – wie auch im Fall des Dornröschenmärchens – durch jene Theorie erklärt werden können.

3.2 Geschichte des Märchens

Wie immer die Frage nach dem Ursprung der Märchen beantwortet wird, als selbständige literarische Gattungsform tritt das Märchen verhältnismäßig spät in Erscheinung.[17]

Im Altertum und Mittelalter gibt es jeweils nur Spuren von Märchen bzw. einzelnen Märchenmotiven. Dabei kann nie eindeutig entschieden werden, ob die Motive aus Märchen oder aus mythischen Erzählungen, Sagen oder anderer romanhafter Literatur stammen.

Im alten Ägypten[18] finden sich Märchenmotive z. B. in der Erzählung um zwei Brüder, Anup und Bata, in der man erste Spuren des Zweibrüdermärchens[19] entdecken kann. Märchenähnliche Züge sind auch im Gilgamesch-Epos enthalten (Motiv des Lebenswassers), im Alten Testament[20] (Geschichten von Moses (Aussetzung im Kästchen), Joseph (Herrschaftsträume, neidische Brüder), Richter Jephta (Versprechen, Gott das erste zu opfern, was ihm aus seiner Haustür entgegentritt)) usw.

In der griechischen und römischen Literatur gibt es Hinweise auf die Existenz von Kinder- und Ammenmärchen, z. B. bei Plato.[21] In griechischen Sagen und Geschichten sind bekannte Märchenmotive nachzuweisen etwa in den Heraklessagen, in den Geschichten um Perseus und in der Argonautensage. Dabei ist unklar, ob es sich tatsächlich um echte ursprüngliche Märchenmotive handelt. Starke Ähnlichkeit zum Märchen vom Tierbräutigam weist die römische Erzählung von Amor und Psyche[22] aus den Metamorphosen des Apuleius (150 n. Chr.) auf.

Die Frage, wieweit mittelalterliche Literatur bereits Elemente enthält, die als Hinweis auf die Existenz von Volksmärchen gelten können, ist unklar. Die Märchenmotive aus den großen Epen (der Edda, der Siegfridsage, der Artusepik usw.) können ebenso gut aus Mythen oder Sagen stammen wie aus Märchen.[23] In den mittelalterlichen Sammlungen von Predigtbeispielen finden sich einige märchenähnliche Motive, wie z. B. der Meisterlügner oder das Schneekind. Wesselski[24] nennt die Version des Märchens vom Tierbräutigam im ‚Asinarius‘ (14. Jh.), das die Brüder Grimm als ‚Das Eselein‘ (KHM 144) in den KHM wiedererzählt haben, das vermutlich erste Märchen in Europa. Orientalische und vor allem keltische Märchen haben die mittelalterliche Literatur beeinflußt.

Für die Brüder Grimm[25] beginnen die eigentlichen Märchensammlungen am Ende des 17. Jh. in Frankreich mit den Märchenerzählungen von Charles Perrault (1628–1703). Die Sammlung Perraults ‚La belle au bois dormant‘ (1697) enthält acht Märchen, von denen sich sieben in den KHM wiederfinden.

A. Jolles[26] sieht die Tradition des Volksmärchens bereits mit den Novellen ‚Decamerone‘ (1349–1353) des Boccacio (1313–1375) beginnen. Die sich an diese Form der Rahmenerzählung anschließenden Geschichten ‚Ergötzliche Nächte‘ (1550) von Straparola enthalten bereits Stoffe der KHM und werden als das „Hauptereignis ... in der Geschichte des Märchens"[27] bezeichnet. In Straparolas Erzählungen finden sich die bekannten Geschichten vom Meisterdieb, vom gestiefelten Kater, vom Drachentöter usw. Insgesamt sind einundzwanzig Märchen unter den dreiundsiebzig Erzählungen des Straparola.

Im 17. Jahrhundert wird die Tradition des publizierten Volksmärchens wiederum in Italien fortgesetzt. 1634/36 erscheint die Märchensammlung des Giambattista Basile (1575–1632) ‚Pentamerone‘ in Neapel. Zu den fünfzig Erzählungen gehören Varianten zu zahlreichen bekannten Märchen, z. B. zum gestiefelten Kater, zum Tischleindeckdich, zum Aschenbrödel, Rapunzel, Dornröschen, König Drosselbart usw. Bei Basile findet sich für einige Märchen die erste nachgewiesene Vollform. Deshalb ist die Sammlung Basiles für die Märchenforschung ein „Dokument ersten Ranges".[28]

Während Perrault seine Märchen noch verhältnismäßig einfach und volkstümlich erzählt, beginnt Ende des 17. Jahrhunderts mit Mme D'Aulnoy (1650–1705) die Reihe der Feenmärchen, deren Stoffe aus orientalischen Erzählungen, heroisch-galanten Romanen und eigenen Phantasien stammen. Diese Feengeschichten sind z. T. sehr weit vom Volksmärchen entfernt. Sie wurden auch in Deutschland rezipiert (Wieland), wo 1761/66 bei Raspe in Nürnberg die erste deutsche Übersetzung erschien.[29]

Wichtiger als die Feenmärchen waren die orientalischen Märchen von 1001 Nacht, die A. Galland 1704–1717 übersetzte und veröffentlichte. Die Feengeschichten und vor allem die orientalischen Märchen hatten in In- und Ausland im 18. Jahrhundert große Wirkung.

Im Gegenzug gegen die Feenmärchen gab Johann Karl August Musäus (1735–1787) die „Volksmärchen der Deutschen" (1782/86), eine Mischung von Sagen und Märchen, heraus.

Mit der Publikation der „Kinder- und Hausmärchen" (1812/15) durch die Brüder Grimm ist das deutsche Volksmärchen im heutigen Sinn geschaffen. Die Brüder Grimm begründeten die Buchfähigkeit des Märchens und leiteten eine bis in die Gegenwart reichende, unerhört rege Forschungs- und Sammeltätigkeit ein. Den Grundstoff[30] der „Kinder- und Hausmärchen" (KHM) bilden mündliche Erzählungen aus Hessen. Gewährsleute waren Mutter Wild aus Kassel mit ihren Töchtern, die alte Marie, Dorothea Viehmann, Annette von Droste-Hülshoff usw. Außerdem basieren die Volksmärchen auf literarischen Quellen aus der Antike, aus dem italienischen, französischen und arabischen Bereich, wie die Grimm in ihren Anmerkungen zu den KHM belegen. Ziel der KHM ist eine „buchstabengetreue Aufzeichnung"[31] mündlichen Erzählguts. Aber gemäß ihrer Theorie von der Volkspoesie als der reinen Naturpoesie sind die Märchen im Sinn archaisierter Einfachheit oder sentimentalischer Darstellung umstilisiert.[32] Zu den vielfältigen, kaum mehr zu übersehenden Sammlungen, die seit dem Erscheinen der KHM in Deutschland und im Ausland erschienen sind, sei auf Lüthi[33] und auf die Bände der Zeitschrift ‚Fabula'[34] verwiesen.

3.3 Typen des Märchens

Innerhalb der Märchenforschung hat man verschiedene Typen des Märchens unterschieden.[35] Kriterien der Einteilung von Märchentypen sind: a) der Inhalt (Zauber- oder Wundermärchen, Brautwerbungsmärchen, Lügenmärchen, Schwankmärchen, Rätselmärchen usw.), b) auftretende Hauptfiguren (Tier-, Riesen-, Teufelsmärchen), c) formale Gesichtspunkte (Ketten-, Rundmärchen), d) Funktionen des Märchens (Predigt-, Warn-, Ammenmärchen). Grundlage der Märchenforschung ist das Typenverzeichnis, das von A. Aarne auf Grund von finnischen, dänischen und deutschen Märchen entwickelt und 1910 erstmalig veröffentlicht wurde. 1928 ist dieses Typenverzeichnis, von Stith Thompson bearbeitet, in der zweiten Auflage erschienen; 1961 wurde es nochmals erheblich erweitert und in dritter Auflage von Stith Thompson herausgegeben. Der Begriff des Märchens ist in einem verhältnismäßig weiten Sinn verstanden. Die Einteilung des Typenverzeichnisses unterscheidet drei Hauptgruppen, die wiederum in zahlreiche Untergruppen aufgeteilt sind: 1) Tiermärchen (1–299), 2) Eigentliche Märchen (300–1199) (Zaubermärchen, legendenartige Märchen, novellenartige Märchen und Märchen vom dummen Teufel oder von Riesen), 3) Schwänke (1200–1999).

Prinzip der Grob- und Feineinteilung ist die Motiv- bzw. Handlungsstruktur des jeweiligen Märchens. Als typische Motivstrukturen innerhalb der Zaubermärchen werden z. B. unterschieden: Märchen mit übernatürlichem Gegner, Märchen mit übernatürlicher Aufgabe, mit übernatürlichem Helfer, mit übernatürlichem Können oder Wissen usw. Ein Typ kann entweder aus einem Motiv oder aus mehreren Motiven (Motivkomplex) bestehen, wobei der jeweilige Motivkomplex sich in der gleichen Konstellation immer wieder findet.[36]

Die letzte Ausgabe des Typenverzeichnisses schließt neben dem norddeutschen Raum Irland, Süd- und Osteuropa, den nahen Osten und Indien ein.

3.4 Das Märchen als Erzählform

Auf Grund der Vielzahl von Märchentypen und -formen sind die Definitionen dessen, was ein Märchen ist, divergent. Ausgangspunkt der Märchendefinitionen sind Kriterien der Form, des Inhalts, der Funktion oder der Struktur.

Einige Definitionen vom Inhalt her seien zitiert: „Das Besondere am Märcheninhalt ist seine Verwobenheit mit dem Wunderbaren."[37] „Man hat den Namen Märchen mit Recht auf jene Erzählungen eingeschränkt, die in der zauberischen Welt geschehen, in denen man . . . Wunder verrichtet, in denen der Mensch sich verwandeln kann."[38] Ferner wird das Märchen definiert als Erzählung, in der „das Geschehen, der Lauf der Dinge so geordnet (ist), daß sie den Anforderungen der naiven Moral völlig entsprechen".[39] Inhaltliche und formale Bestimmungen sind in folgenden Definitionen zusammengefaßt: „Das Märchen ist eine welthaltige Abenteuererzählung von raffender, sublimierender Stilgestalt.[40] Es ist „eine von den Bedingungen der Wirklichkeitswelt mit ihren Kategorien Zeit, Raum, Kausalität, unabhängige Erzählung wunderbaren Inhalts, die keinen Anspruch auf Glaubwürdigkeit hat".[41] Von der Struktur her wird das Märchen als Geschichte definiert, „die von einer Schädigung (Missetat) oder einem

Mangel (Fehlelement) ausgeht, und unter Einschaltung vermittelnder Funktionen, bei einer Hochzeit oder anderen abschließenden (konfliktlösenden) Funktionen endet".[42]

Die Problematik der vorliegenden Definitionen besteht darin, daß jeweils einzelne, verschiedene Elemente des Märchens Ausgangspunkt der Bestimmung werden, so daß ein widersprüchliches Bild[43] entsteht. Auf Grund der Vielzahl von Märchentypen und -definitionen wurde die Möglichkeit, das Märchen als selbständige Erzählform gegenüber anderen Volkserzählungen abzugrenzen, überhaupt in Frage gestellt.[44] Diese Skepsis steht in engem Zusammenhang mit einer Orientierung an einzelnen Strukturen oder Elementen der Märchen. In M. Lüthis Arbeiten zum Märchen wird nicht das bloße Vorhandensein einzelner Textelemente Ausgangspunkt einer Definition der Gattung. Es wird vielmehr untersucht, welche Vertextungsprinzipien konstitutiv für die Erzählsituation des Märchens sind. In Anlehnung an die Ergebnisse seiner Märchenforschung und an neuere strukturalistisch orientierte Gattungstheorie[45] soll im Folgenden versucht werden, das Gattungshafte des Märchens auf Grund jener Elemente des Erzählens zu bestimmen, deren Interrelation die unverwechselbare kommunikative Situation des Märchens ausmacht. Grundlage der Gattungsbestimmung ist das Textcorpus der KHM der Brüder Grimm.

1. Das Märchen ist ein narrativer Text.
2. Das Märchen ist eine Form der Volkspoesie, d. h. in dieser Erzählform mischen sich orale und literarische Tradition.
3. Das Märchen gehört zu den epischen Kurzformen.
4. Das Märchen gehört zu den ‚fabulae incredibiles‘.[46] Es ist eine amimetische Form des Erzählens. Es wird so erzählt, als ob keine Begebenheit der Wirklichkeit gleicht. In der Art der Zeit-, Raum- und Figurendarstellung wird der Eindruck verhindert, daß es sich um tatsächliche oder wahrscheinliche Begebenheiten handelt.
5. Die Sprachform des Märchens ist die der symbolischen Rede. Das Erzählte ist durch eine „prinzipiell nicht aufzulösende Symbolik"[47] gekennzeichnet.
6. Publikumsbezug: Als volkspoetische Form ist das Märchen durch seinen ‚Sitz im Leben‘ bestimmt. Es thematisiert eine Grundform menschlicher Denk- und Anschauungsweise. Die Funktion des Märchens besteht wesentlich darin, in phantastisch-antirealistischer Erzählweise ein utopisches Gegenbild zur Alltagsrealität zu entwerfen.[48]

Zusammenfassend kann das Märchen als diejenige, z. T. auf mündlicher Tradition beruhende Form epischer Kurzprosa bestimmt werden, die in amimetisch-symbolischer Erzählweise unwahrscheinliche Begebenheiten mit dem Ziel darstellt, das Bild einer vom Wunderbaren[49] erfüllten Gegenrealität zu entwerfen.

Die skizzierten Elemente sind nicht als zufällige, aus einzelnen Märchen abgelesene Merkmale zu verstehen. Es sind vielmehr jene Textkonstituenten, deren Interrelation die Erzählsituation des Märchens begründet und die trotz aller Wandlungen der Form als gleichbleibende Züge konstant sind. Die Elemente seien im einzelnen näher erläutert.[50]

3.4.1 Das Märchen als narrativer Text

Das Märchen ist ein narrativer Text. Alle im Text vorkommenden Handlungen und Begebenheiten haben nur im Kontext des Erzählten ihre Bedeutung; erst im Erzählvorgang selbst gewinnt die dargestellte Geschichte Gestalt. Das Erzählte ist gebunden an eine berichtende Instanz, den sogenannten Erzähler. Es kennzeichnet die volkspoetische Form, daß der Autor anonym ist. Das Erzählte ist nicht Produkt eines individuellen Autors, sondern es ist durch kollektive Erzählmuster bestimmt. Die Konstellationen der Handlung, der Figuren-, Zeit- und Raumdarstellung sind stereotyp. Es kehren immer die gleichen Grundmuster des Textaufbaus wieder.[51]

Die Art des Handlungsaufbaus im Märchen ist innerhalb der Märchenforschung vielfach beschrieben worden. Trotz der Variationen innerhalb der verschiedenen Märchen läßt sich ein allgemeines Schema der Handlungsabfolge bestimmen. Die Grundkonstellation[52] von Märchenhandlungen besteht in der Opposition von Spannung und Lösung, Aufbruch und Rückkehr, Kampf und Sieg, Erwartung und Erfüllung, Verzauberung und Erlösung. In ihrer einfachsten Form vollzieht sich die Handlung als Sequenz dreier Handlungsschritte: Trennung/Verwandlung/Vereinigung oder: Mangelsituation/dreifacher Versuch einer Veränderung der Ausgangssituation/durch Erfolg gekennzeichnete Endsituation. Die Ausgangslage kann sein: 1) eine Notlage, ein Mangel (arme Eltern stoßen ihre Kinder aus), 2) eine zu lösende Aufgabe (Lebenswasser für den kranken König holen), 3) Abenteuerlust, 4) sonstige Schwierigkeiten. Nach der erstmaligen Bewältigung einer Mangelsituation stellen sich weitere Aufgaben, die meist in dreifachem Anlauf zu lösen sind. Es gibt drei Schwierigkeiten zu überwinden, drei Aufgaben zu bewältigen usw. Die Abfolge der Handlung realisiert sich als Steigerung, die zum Höhepunkt, zum Schluß, hin zielt. Jede Aufgabe ist schwieriger als die vorausgegangene, bis die Lösung gelingt. Kennzeichen der Märchenhandlung ist das ‚Achtergewicht‘.[53]

Die Verknüpfung der einzelnen Handlungssequenzen folgt dem Prinzip der Reihung. Die einzelnen Episoden sind in sich abgeschlossen. Sie werden nicht durch kausale, chronologische oder psychologische Motivierung miteinander verbunden. Die Märchenhandlung erscheint vielmehr als Reihung von Motiven, die durch einen formelhaften Erzählstil zur Einheit der Erzählung gefügt sind. Die Märchenhandlung ist durch eine Vielzahl von thematischen und formalen Rekurrenzen[5] bestimmt. Thematisch gesehen sind es immer die gleichen handlungskonstitutiven Elemente, die den Textaufbau strukturieren (Kampf/Lösung, Mangel/Beseitigung des Mangels, Verbot/Übertretung des Verbots, Verzauberung/Erlösung, Aufbruch/Rückkehr, Trennung/Wiedervereinigung). Formale Elemente der Handlungsabfolge sind Wiederholungen, Variationen, Kontrastierungen, Steigerungen. Ein zentrales Prinzip des formelhaften Erzählstils ist die Wiederholung, die sich häufig mit der Dreizahl verbindet.[55] Es sind jeweils drei Handlungsphasen, in denen Aufgaben gelöst und Schwierigkeiten überwunden werden müssen. Diese drei Handlungsteile sind fast mit den gleichen Worten erzählt. Die Wiederholung zeigt sich auch in der Art der Erzählrede selbst: formelhafte Wendungen am Anfang – ‚es war einmal' – und am Schluß – ‚und wenn sie nicht gestorben sind' – strukturieren den Textaufbau. Teilweise werden die einzelnen Episoden der Märchenhandlung ebenfalls durch formelhafte Wendungen, wie Beschwörungsformeln, Lieder, Refrains usw., gegliedert.

Die narrative Konstitution der Handlung ist in bezug auf den Handlungsträger (Helden) wie folgt beschreibbar[56]: die Ausgangssituation wird narrativ durch die Entgegensetzung des Helden und seiner Umwelt begründet. Der Fortgang der Handlung realisiert sich als Versuch einer Überschreitung der „Grenze" zwischen den gegensätzlichen Welten, als Versuch einer Vermittlung. „So ist z. B. der Held des Zaubermärchens in der Ausgangssituation nicht Teil der Welt, in der er lebt: er wird verfolgt, ist nicht anerkannt und hat sich in seinem wahren Wesen noch nicht offenbart. Dann überwindet er die Grenze, die „diese" Welt von „jener" trennt. Und gerade an dieser Grenze (dem Wald, dem Meer) lauern die größten Gefahren. Da der Held aber auch in „jener" Welt nicht eins wird mit seiner Umgebung (in „dieser" Welt war er der arme, schwache, jüngste Bruder; in „jener" Welt ist er ein Mensch unter Nichtmenschen), kommt das Sujet noch nicht zum Stillstand: der Held kehrt zurück und wird, nun in verwandelter Seinsform, zum Herren „dieser" Welt, deren Antipode er zuvor war. Eben deshalb hört, sobald der Verliebte heiratet, die Aufständischen siegen, die Sterblichen sterben, die Entwicklung des Sujets auf".[57]

3.4.2 Das Märchen als volkspoetische Form

Bereits durch den Handlungsaufbau wird deutlich, daß das Märchen keine Form individuellen Erzählens ist, sondern als volkspoetische Form durch kollektive Erzählmuster bestimmt wird. Auf Grund der stereotypen Moti-

ve und Handlungsabläufe ist das Märchen ein einprägsames, leicht über-
schaubares und emotional nacherlebbares Erzählgut, das von der mündlichen Erzähltradition aufgegriffen und weitergegeben werden konnte.
Noch ein anderes Element läßt das Märchen als eine Form erkennen, die
zwischen mündlicher und schriftlicher Tradition steht. Märchen enthalten
eine ‚kaleidoskopartige‘[58] Aneinanderreihung von stereotypen Motiven
und Handlungen. Die Aufeinanderfolge dieser Motive ist nach den skizzierten Gesetzen des Handlungsaufbaus beliebig kombinierbar und variierbar. So können Märchen im mündlichen Erzählvorgang produktiv gestaltet
bzw. neu erzählt werden.[58a] Motive und Handlungsteile des einen Märchens können an geeigneter Stelle mit Motiven und Handlungen eines
anderen Märchens kombiniert werden. Lüthi[59] hat diese Variantenbildung
von Märchen an mehreren Beispielen untersucht. Diese Eigenschaft, je
nach Situation und Erfordernis umgebildet werden zu können, weist das
Märchen als genuine volkspoetische Form aus.

3.4.3 Das Märchen als Kurzform

Das Märchengeschehen ist durch „klare Einsträngigkeit"[60] gekennzeichnet. Kürze und Überschaubarkeit sind wesentliche Elemente der Märchenhandlung. Märchen haben keine Nebenhandlungen, das Geschehen ist um
den Helden konzentriert. Die Kürze ist jedoch nicht Resultat dessen, daß
nur ein ausschnitthaftes Ereignis erzählt wird. Im Gegenteil, Märchenhandlungen stellen ein sehr komplexes Geschehen dar. Sie entwerfen
modellhaft die Entwicklungslinie eines Menschen: aus dem dummen,
einfältigen, armen Helden wird ein reicher, mit Glück belohnter. Eine
Vielzahl von Episoden wird aneinandergereiht. Kürze ist damit nicht die
Folge eines eingliedrigen Handlungsverlaufs, Märchenhandlungen sind
mehrgliedrig. Sie ergibt sich daraus, daß die Vielheit der Bilder und
Episoden durch den formelhaften Erzählstil zum strengen Nacheinander
geordnet wird. Das komplexe Geschehen wird durch Formelhaftigkeit zur
scharf umrissenen, einsträngigen Handlungslinie.[61]

3.4.4 Das Märchen als amimetische Form des Erzählens

Die Geschehnisse im Märchen sind so erzählt, daß die Illusion, es handle
sich um tatsächliche Ereignisse, verhindert wird. Die antirealistische Erzählweise wird bereits aus der stilisierten Form des Handlungsverlaufs
deutlich. Sie ist ferner erkennbar in der Stoff- und Motivauswahl; reale und

irreale Gegebenheiten (Zauberdinge, Siebenmeilenstiefel, redende Ringe usw.) gelten als gleich natürlich und wirklich. Auch die Figurendarstellung und die Zeit- und Raumgestaltung sind durch antirealistische Elemente bestimmt.

3.4.4.1 Figurendarstellung

Die Handlungsträger des Märchens sind keine Individuen, sondern typisierte Figuren. Das zeigt sich bereits in der Art der Namensgebung: Hans im Glück, Dornröschen, Rapunzel, Schneewittchen usw. Jede individualisierende Charakteristik fehlt. Die Figuren sind ‚flächenhaft‘[62] gezeichnet, sie haben jeweils nur wenige typische Eigenschaften, so wie es der Gang der Handlung erfordert. Sie sind entweder gut und schön, häßlich und schlecht oder fleißig bzw. faul.

Die Darstellung der Figuren beschränkt sich im wesentlichen auf ihre Funktion als Handlungsträger: Der Held erscheint als Wesen, dem Aufgaben gestellt sind, die er zu lösen hat. Nur das, was für den Fortgang der Handlung wichtig ist, wird von ihm erzählt. Auch innere Bewegungen[63] sind als Handlungsmomente thematisiert. Wenn die Heldin ihren Finger abschneiden muß, um auf den Glasberg zu kommen, so empfindet sie keinen Schmerz, sondern benutzt das Fingerglied zur erfolgreichen Bewältigung der Aufgabe – später fehlt das Glied nicht[64] (KHM 25).

Der Spielraum der Handlungsmöglichkeiten ist in typisierend-stilisierender Weise vorgegeben. Das Prinzip realistischer Geschehensbeschreibung ist außer Kraft gesetzt. Die Helden handeln angemessen und erfolgreich. Die Antihelden können die Aufgaben nicht lösen, sie bleiben erfolglos. Die Veränderungen, die der Held innerhalb des Handlungsverlaufs erfährt, sind nicht aus ihm motiviert, sondern von der Grundkonstellation des Erzählablaufs her bestimmt: der Held, der zu Beginn dumm, einfältig und verspottet ist, erweist sich am Schluß als weise, geachtet und vom Glück belohnt.

Die Handlungsträger durchlaufen keine Entwicklungen und haben keinen Bezug zur Zeit. Sie altern nicht und machen keine Erfahrungen.

Die anthropomorphe Verwendung von nicht-menschlichen Handlungsträgern (Tieren, Pflanzen) oder übernatürlichen Wesen (Hexen, Feen) ist ein weiterer auffälliger Stilzug, das Erzählte als nicht-wirklich erscheinen zu lassen. Solche nicht-menschlichen oder übernatürlichen Handlungsträger können im Handlungszusammenhang gleichberechtigte Partner oder Gegenspieler des Helden werden.

Wie die Darstellung des einzelnen Helden ist die Figurenkonstellation insgesamt durch den abstrakten Erzählstil[65] gekennzeichnet. Die Anordnung der Figuren erfolgt nach festen Gesetzen. Ein Grundprinzip der

Figurenkonstellation ist das Prinzip der Polarität.[66] Im Mittelpunkt der Handlung stehen der (die) Held(in) und seine Widersacher. Held und Gegenspieler verfügen jeweils über Helfer, die meist aus dem nicht-menschlichen oder übernatürlichen Bereich stammen (redende Tiere, Feen, Hexen, Zauberer usw.). Die Gestalt des Helden wird somit erst vom Hintergrund seiner Gegner und Helfer her konturiert. Held und Anti-Helden sind durch gegensätzliche Eigenschaften charakterisiert. In ihnen verkörpert sich das Thema des Märchens: der Gegensatz zwischen gut und böse, gerecht und ungerecht. Die Handlung des Märchens kommt dadurch zustande, daß der Held ins Gegenfeld der Kontrahenten gerät, dadurch Konflikte auslöst, diese jedoch mit seinen Helfern besteht und sich damit als der wahre Held erweist.[67] Durch Kontrastfiguren (Brüder/Schwestern), denen die Überwindung der Gegner nicht gelingt, enthüllt sich die Besonderheit des Helden nur umso deutlicher. Ebenso wie der Held nicht von seiner Innenwelt her motiviert ist, bleibt seine Beziehung zur Umwelt abstrakt.[68] Die Ausgangssituation des Märchens besteht meist darin, daß der Held sich von seiner Heimat und Familie löst und auf Wanderung geht. Trennung und Loslösung aus allen festen Beziehungen sind die Bedingungen, unter denen der Held die ihm gestellten Aufgaben bewältigen kann. Innerhalb der Figurenkonstellation ist der Held ein isoliertes Wesen; aber gerade durch diese isolierte Stellung kann er mit allen Handlungsträgern in Beziehung treten und ist für alle Aufgaben offen. „Sichtbare Isolation, unsichtbare Allverbundenheit, dies darf als Grundmerkmal der Märchenform bezeichnet werden. Isolierte Figuren fügen sich, unsichtbar gelenkt zu harmonischem Zusammenspiel. Nur was nirgends verwurzelt, weder durch äußere Beziehung, noch durch Bindung an das eigene Innere festgehalten ist, kann jederzeit beliebige Verbindungen eingehen und wieder lösen. Umgekehrt empfängt die Isolation ihren Sinn erst durch die allseitige Beziehungsfähigkeit."[69]

Die ,isolierende' Darstellungsweise bewirkt, daß der Held ständig wechselnde Konstellationen erproben kann. Er kommt mit den verschiedensten Gegenspielern in Kontakt, er bewegt sich in verschiedenen Zeiten durch verschiedene Räume, „oft von fliegenden Pferden, Wagen, Mänteln, Zauberschuhen mit Windeseile dahingetragen".[70] Die Bewegung ist jedoch nicht willkürlich, sie folgt den Gesetzen des Handlungsverlaufs: Schwierigkeiten und ihre Bewältigung.

Die entindividualisierende Darstellung verdeutlicht die Tendenz der Figurenzeichnung: mit den Handlungsträgern ist zugleich ein Weltbild entworfen. Die Figuren stehen nicht für sich, sondern spiegeln modellhaft menschliche Verhaltensmöglichkeiten.

Die Tendenz zur Universalisierung zeigt sich auch in der Art des Figurenbestandes. Helden (und Gegenspieler) kommen aus verschiedenen sozialen Schichten. Sie können aus bäuerlichem oder aus königlichem Milieu stammen, es können Handwerker, Soldaten oder Prinzen und Prinzessinnen sein. Wesentlich im Märchen sind nicht Alter, Geschlecht und soziale Herkunft, sondern die jeweils variierenden Funktionen im Ablauf der Geschehnisse. So erreicht der Held meist ein glückliches Ende, ob er Königssohn oder Bauer ist; die Gegenspieler bleiben erfolglos, ob sie aus königlichem Geschlecht stammen oder nicht.

3.4.4.2 Zeit- und Raumdarstellung

Die entindividualisierende Erzählweise des Märchens zeigt sich auch in der Art der Zeit- und Raumdarstellung.

Das europäische Märchen kennt, im Gegensatz zu außereuropäischen und orientalischen[71] Märchen, kaum konkrete Zeit- und Raumbestimmungen. Wie Röhrich[72] nachgewiesen hat, gibt es zwar eine Anzahl von Märchen, in denen sich genauere Zeit- und Ortsangaben finden. Aber die Funktion dieser Angaben besteht nicht darin, das Geschehen zu beglaubigen oder es als einmaliges, unverwechselbares Ereignis auszuweisen. Eingebettet in die formelhaft erzählten Handlungsverläufe verlieren solche konkreten Situierungen ihre Besonderheit. Sie dienen nicht der Wirklichkeitstreue, sondern sind nur funktionelle Elemente in der Tendenz des Märchens zur Klarheit und Anschaulichkeit. Bereits die Einleitungsformeln des Märchens – ‚es war einmal‘, ‚als das Wünschen noch geholfen hat‘ – verdeutlichen den Zeitbezug dieser Erzählform. Die Zeitangaben sind so entkonkretisiert, daß sie auf jede Zeit übertragbar sind und damit allgemeine Geltung haben. „Die Formel ‚es war einmal‘ will keineswegs die Vergangenheit des Erzählten betonen, sondern im Gegenteil andeuten: Was einmal war, hat die Tendenz, immer wieder zu kommen... Was einmal war, wird immer wieder sein."[73] Die Zeitangaben innerhalb der Märchen sind meist unbestimmt: einmal, am Abend, eines Tages, bei Sonnenaufgang. Teilweise dienen die Zeitbestimmungen der atmosphärischen Verdichtung der erzählten Begebenheiten. In den zeitlichen Situierungen wird die Tendenz zur Formelhaftigkeit in der Vorliebe für magische Zahlen, drei, sieben, 100, 1000, 99 usw. deutlich. Dornröschen schläft 100 Jahre, bis sie erlöst wird; es vergehen sieben Jahre, eh das Schwesterchen ihre Brüder erlösen kann usw. Das Geschehen spielt in einem geschichtslosen Raum. Unermeßliche Zeiträume sind in einen Augenblick zusammengedrängt.

Auch für die Handlungsabfolge hat die zeitliche Strukturierung kaum Bedeutung.[74] Das Nacheinander der Episoden folgt nicht der zeitlichen Sukzession, sondern der formelhaften Wiederholung ähnlicher Handlungsteile. Selbständige, in sich abgeschlossene Handlungssequenzen können andererseits auch durch formelhafte Zeitangaben – nach drei Jahren, nach drei Tagen usw. – miteinander verknüpft sein.

Wie in der Zeitgestaltung wird auch in der Orts- und Raumdarstellung der abstrakte Erzählstil des Märchens deutlich. Ortsangaben bilden keine vorfindbaren Realitäten ab, sondern sind Bereich für den Handlungsraum des Helden.[75]

Das Geschehen spielt an nicht näher bezeichneten Schauplätzen: im Wald, auf einer Wiese, auf der Wanderung durch das Land, in einem Haus usw. Die Schauplätze werden nur genannt; sie werden nur dann näher charakterisiert, wenn es für die Handlung wichtig ist: das Hexenhaus, das Schloß usw. Die Handlung umspannt umgrenzte und ferne Räume. Das Nahe und Ferne sind gleichermaßen wichtig: die Geschehnisse ereignen sich im Schloß, im Turm, im Zimmer, auf einer Wiese, im Wald oder auf der Wanderung durch fernste Länder. Auf seinen Wanderungen durchmißt der Held unterirdische und überirdische Räume mit der gleichen Selbstverständlichkeit, wie er sich im realen Alltagsraum bewegt. Der (die) Held(in) erwandert das Reich des Unterirdischen (Frau Holle) oder gelangt zur bewohnten Tiefe des Meeres. Die Bewegung durch den Raum symbolisiert das im Märchen dargestellte Wirklichkeitsbild: die alltägliche, heimatliche Umgebung ist zwar nah und vertrauenerweckend, aber zugleich Ort der Intrige und der Bedrohung. Erst wenn der (die) Held(in) den Gang in die Ferne besteht, kann er (sie) erfolgreich zurückkehren.

Zeit- und Raumstruktur sind wesentlich am Aufbau der im Märchen dargestellten Welt beteiligt. Als zeitliche oder räumliche Gegebenheiten symbolisieren sie zugleich den Bereich für das Gelingen oder Mißlingen von Weltverhalten.

3.4.5 Das Märchen als Form symbolischer Rede

Die Motive und Bilder des Märchens sind Gemeinschaftsmotive der Volkspoesie. Abenteuer, Werbung, Verzauberung, Erlösung, böse und gute Feen, Drachenkämpfe usw. finden sich auch in Sagen, Volksliedern und Volkserzählungen. Dennoch ist es vor allem der Bilderschatz des Märchens, der die Phantasie immer wieder angeregt hat und zum „ältesten und weitest verbreiteten Kulturgut der Menschheit"[76] gehört.

Die Wirkung des Märchens beruht auf der symbolischen Erzählweise.[77] Die volkspoetischen Motive sind im Märchen durch den ‚bildkräftigen' Erzählstil in unverwechselbarer Weise geprägt. Symbolisches Erzählen[78] ist verweishaftes Erzählen. Die Symbolik des Märchens gründet in der unauflösbaren Einheit von Erzählteil und Sinnteil. Der Sinn des Märchens ergibt sich nicht schon aus dem Erzählablauf, sondern aus dem Zusammenwirken der verschiedenen Konstellationen des Erzählens. Die erzählten Vorgänge stehen nicht für sich, sondern sind eingebettet in die durch ein bestimmtes Sinnkonzept geformten Strukturzusammenhänge des Erzählten. Erzählteil und Sinnteil stehen in einer nicht aufzulösenden wechselseitigen Beziehung. Die Strukturen des Erzählten sind zugleich Spiegel des gestalteten Sinnes.

Die verschiedenen Strukturierungselemente märchenhaft symbolischen Erzählstils wurden bereits in der Kennzeichnung der Figuren-, Zeit- und Raumdarstellung beschrieben. Sie sollen in diesem Zusammenhang noch einmal im einzelnen ausgeführt werden.

Ein auffälliger Stilzug symbolischen Erzählens ist die Aufhebung jeder Grenze zwischen realen und nicht-realen Gegebenheiten, zwischen natürlicher und übernatürlicher Wirklichkeit (*Eindimensionalität*).[79] Das in der symbolischen Rede verwirklichte Prinzip der Einheit des Verschiedenen wird in der Weltgestaltung des Märchens unmittelbar konkret: ‚diesseitige‘ und ‚jenseitige‘ Wirklichkeit stehen in einem unauflösbaren Wechselverhältnis, sie sind beide gleich real. Bilder des Traumes, der Phantasie sind genauso wirklich wie Begebenheiten der Realität. Durch den eindimensionalen Erzählstil werden natürliche und übernatürliche Wirklichkeit in *eine* Dimension hineingenommen. So wundert sich der Held nicht, wenn er ‚übernatürlichen‘ Wesen wie Feen und Hexen begegnet. Er kennt kein Erschrecken über redende Tiere und Zauberwesen, sondern erwartet von ihnen mit größter Selbstverständlichkeit Gaben und Hilfen. Das Wunderbare ist dem Helden genauso selbstverständlich wie das Alltägliche. Durch die Verschmelzung der verschiedenen Wirklichkeitsebenen wird das Reale geheimnisvoll, ‚zauberhaft‘ und das Irreale konkret und real.

Die Eindimensionalität ist nicht nur Stilprinzip, sondern zugleich Ausdruck des im Märchen gestalteten Sinnes. Die Fähigkeit, das Wunderbare als real zu erleben, haben meistens nur die Helden. Erst wenn die Beziehung zwischen natürlicher und übernatürlicher Welt bewußt angenommen wird, kann das glückhafte Ende gelingen. Die bösen Gegenspieler bestätigen sich meist darin, daß sie jenseitige Helfer verspotten oder mißachten und deshalb erfolglos bleiben.

Ein zentrales Prinzip symbolischen Erzählens ist die *‚Sublimierung‘*[80]. Elemente der Sublimierung sind der abstrakte, entindividualisierende Erzählstil und die isolierende Darstellungsweise. In der sublimierenden Rede ist das Dargestellte aus seinem gewöhnlichen Realitätsbezug gelöst und in neue Zusammenhänge gestellt. Figuren, zeitliche und örtliche Situierungen stehen nicht für sich, sondern sind funktionelle Elemente innerhalb eines nach bestimmten Gesetzmäßigkeiten – Wunder, Verwandlung, Erlösung usw. – ablaufenden Handlungszusammenhangs. So ist der Held im Märchen keine individuelle Figur; seine Eigenschaften und Verhaltensweisen sind vielmehr stereotyp, sie ergeben sich aus dem Erfordernis einer Handlung, die zum glückhaften Ende zu führen ist. Das entsprechende gilt für die Gegenspieler. Ebenso sind die Tiere, Zauberwesen usw. keine individualisierten Erscheinungen, sondern wesentlich beschränkt auf ihre Funktion, Helfer und Widersacher im Geschehensablauf zu sein.

Der entindividualisierende Erzählstil bedeutet zugleich Entleerung und Verdichtung.[81] Verloren geht der konkrete Wirklichkeitsbezug. Gewonnen wird die Möglichkeit, das Erzählte in seiner bloßen Punktualität aufzulösen und in die mannigfachen Beziehungszusammenhänge der Erzählkonstellationen zu stellen. Inhaltlich gesehen wird eine Weltsicht ermöglicht, in der das Besondere nicht nur als Individuelles erscheint, sondern zugleich als Träger eines Allgemeinen. Das einzelne ,Motiv' wird ,welthaltig'[82]. Sublimierung heißt Verwandlung. Verwandlung ist nicht nur ein Leitthema des Märchens, sondern wesentliches Stilprinzip. Es zielt darauf, die einzelnen Elemente des Erzählten – Motive, Figuren, zeitliche und örtliche Situierungen – als Bausteine innerhalb eines durch ein bestimmtes Sinnkonzept geformten Erzählzusammenhangs deutlich werden zu lassen. Das Sinnkonzept ergibt sich aus den Bildern des Märchens; sie spiegeln keine konkreten, unverwechselbaren Begebenheiten, sondern Grundkonstellationen menschlicher Existenz: Aufbruch/Rückkehr, Leben/Tod, Glück/Unglück, Armut/Reichtum, Gut/Böse usw. Der sublimierende, entindividualisierende Erzählstil beinhaltet mithin eine inhaltliche Deutung des Wirklichen; durch ihn wird die mythische Tendenz des Märchens konkret. Als mythisch gelten vor allem solche Texte, die scheinbar unvermittelbare Gegensätze wie Leben/Tod, Erde/Himmel, Diesseits/Jenseits in Beziehung zueinander setzen.[83] Als Prinzip der Verwandlung zielt der sublimierende Erzählstil darauf ab, das Einzelne im Kontext der allgemeinen Bedingungen des menschlichen Seins anschaubar werden zu lassen.

Trotz des sublimierenden, abstrakten Erzählstils wirken die Bilder des Märchens einprägsam und anschaulich. Der Verzicht auf individualisierende Darstellung bedeutet zugleich „scharfe Kontur"[84] und klare Formbestimmtheit. „Die abstrakte Stilisierung gibt dem Märchen Helligkeit und Bestimmtheit."[85] Die Neigung zur stilisierenden Erzählweise zeigt sich in der Vorliebe für Metallenes, Goldenes, Gläsernes, in der Bevorzugung klarer Farben – rot, weiß, schwarz – in der Formelhaftigkeit usw.[86] Auf Grund seines abstrakten Erzählstils ist das Märchen offen für die bunte Fülle der volkspoetischen Motive. Gerade weil im Märchen nichts individualisiert ist, kann alles in Beziehung zueinander gebracht werden: neben profanen Motiven – Armut, Bruderzwist, Kampf, Hochzeit, Einsamkeit – stehen die numinosen: Verzauberung, Erlösung, Verwandlung, Zwerge,

Feen usw. Die Vielfalt der Bilder ist zugleich von dichter Einprägsamkeit, weil die Abfolge der Motive den einfachen formalen Regeln der Reihung, Wiederholung, Variation und Formelhaftigkeit folgt.

Eine weitere Grundfigur märchenhaft symbolischen Erzählstils ist der *Wechsel* von *Identität* und *Variation*.

Der Grundbestand an Figuren, Bildern und Motiven ist in allen Märchen gleich und realisiert sich doch immer wieder verschieden. Auch die Abläufe des Erzählens sind durch stereotype Erzählmuster (Prinzip der Polarität: Figuren und Motive sind oppositiv strukturiert – gut/schlecht, erfolgreich/erfolglos; stereotyper Handlungsaufbau: Schwierigkeiten und ihre Bewältigung usw.) bestimmt und werden doch jeweils verschieden konkretisiert. Dieser Wechsel von Identität und Variation thematisiert die Weltsicht des Märchens: die Konstellationen des Wirklichen sind prinzipiell gleich, sie sind jedoch je nach Kontext auf verschiedene Weise strukturierbar.

Als Ausdruck der unauflöslichen Wechselbeziehung von Erzählteil und Sinnteil umfaßt die symbolische Rede des Märchens alle Elemente[87] des Erzählens. Sie ist prinzipiell unausdeutbar und nie voll beschreibbar. Auf Grund dieser Symbolstruktur hat das Märchen die vielfältigsten – anthropologischen, psychologischen, soziologischen, historischen usw. – Interpretationen erfahren.

3.4.6 Funktion und Publikumsbezug des Märchens

Die Frage nach Sinn und Funktion des Märchens ist innerhalb der Märchenforschung ein zentrales Thema. Verschiedene wissenschaftliche Disziplinen – Volkskunde, Psychologie, Literaturwissenschaft, Pädagogik – haben Interpretationsmodelle geliefert. Der ‚Sitz im Leben‘ wird ganz unterschiedlich begründet, je nachdem wie die Symbolstruktur des Märchens gedeutet wird.[88] Lange galt das Märchen ausschließlich als Form der „Unterhaltung“[89]. Diese Funktionsbestimmung resultierte aus der Einsicht, daß Märchen im Gegensatz zur Sage tendenzlose Dichtung sind. Gerade weil die symbolische Darstellungsweise des Märchens für alle Deutungsversuche offen ist, entzieht sie sich jeder expliziten Tendenzhaftigkeit.

Von soziologischer, psychologischer und literaturwissenschaftlicher Seite ist dieser Ansicht widersprochen worden. Für soziologisch orientierte Interpreten ist die von der „Fülle . . . alles Wirklichen sich entfernende Darstellungsweise“[90] des Märchens reinste Ideologie. „Märchen sind keine freien Phantasiegeschichten, sondern, wie alle sprachlichen Gebilde, konkrete, historisch bedingte, ökonomisch notwendige Handlungsanweisun-

gen für Kinder und Erwachsene. Sie spiegeln bestimmte historische . . .
Situationen . . . und sind Diktate zur Arbeitsanweisung."[91] Im Gegensatz
zu dieser, in verschiedenen Variationen vertretenen These wird anderer-
seits aus soziologischer Perspektive gerade die emanzipative Funktion des
Märchens betont. „Märchen können wichtige soziale Funktionen erfüllen:
Sie zeigen die „Ausnahme und die Regel", nämlich . . ., daß nicht nur
Tüchtigkeit, sondern auch viele andere Faktoren zum Aufstieg und zur
Konfliktlösung beitragen können."[92]
    Auch in psychologischer Hinsicht ist die Funktion des Märchens kon-
trovers beurteilt worden. Märchen spiegeln für die einen „wirklichkeitsleere, nur der Projektion psychischer Bedürfnisse dienende Traumberei-
che",[93] für die anderen enthalten sie fundamentale psychische Grundgegebenheiten und entwerfen Modelle der Identitätsfindung.[94]

    Innerhalb literaturwissenschaftlicher Märchenforschung wird die Funk-
tion aus der Struktur der Erzählform bestimmt. Anknüpfend an die
Kommunikationssituation des Märchens wird es als Modell für eine utopi-
sche Gegenrealität, für eine „Welt traumhafter Wunscherfüllung"[95] charakterisiert. Allgemeiner deutet Lüthi den Sinn des Märchens: das Märchen ist
das Signum einer „höheren Wahrheit"[96]. In Anlehnung an den bekannten
Topos, daß Dichter lügen müssen, um die Wahrheit zu sagen, sind
Märchen in diesem Sinn nicht bloß phantastische Erzählungen. „Deutlich
empfindet das Volk die Tatsache, daß hier die Welt dargestellt wird, wie sie
eigentlich sein sollte, und wie sie . . . wohl auch im tiefsten Grunde ist."[97]
Als „Grundmöglichkeit des dichtenden Menschengeistes"[98] hat die symbolische Rede wahrheitsstiftende Funktion, sie dient im Sinne mehrerer
Autoren dem Aufweis des „überindividuellen Dramas"[99] menschlicher
Existenz. Bereits die Romantiker hatten die wahrheitsstiftende Funktion
als die eigentliche Qualität der Symbolik des Märchens bezeichnet.[100]
    Aus anthropologischer, volkskundlicher, religionsgeschichtlicher und
psychologischer Sicht ist diese wahrheitsstiftende Bedeutung des Märchens
verschieden konkretisiert worden. Für Jolles ist das Märchen die Form der
‚naiven Moral': „Diese Erwartung, wie es eigentlich in der Welt zugehen
müßte, scheint uns für die Form des Märchens maßgebend zu sein; sie ist
die Geistesbeschäftigung des Märchens."[101] Das Märchen wird gedeutet als
moralisches Korrektiv empirischer Realität. „. . . wir können wohl die
Welt an das Märchen heranbringen, aber nicht das Märchen an die Welt."[102]
    Aus anthropologischer Perspektive wird das Märchen als „psychische
und funktionale Notwendigkeit", als „Ausdruck des menschlichen Geistes
und der menschlichen Seele"[103] verstanden. Die ‚Aufgabe' des Märchens
besteht nach Ranke darin, die „Welt einer höheren Ordnung und Gerechtigkeit in vollkommener Transparenz zu zeigen."[104]

Aus *volkskundlicher* Sicht resultiert der Wahrheitscharakter daraus, daß Märchen gemäß ihrer frühen Entstehung primitive Denkformen spiegeln und Ausdruck für bestimmte „Grundlagen menschlichen Glaubens und menschlicher Sitte"[105] sind, die überall die gleichen sind, „weil der menschliche Geist überall in gleicher Weise angelegt ist."[106] Märchen sind damit Kollektivdichtung und thematisieren Gemeinschaftsmotive von überindividueller Geltung.

Unmittelbar im Zusammenhang mit dieser volkskundlichen Interpretationsrichtung steht die *religionsgeschichtliche* Deutung, die Märchenmotive auf „primitive Geistes- und Seelenvorstellungen"[107] zurückführt. Märchen sind in diesem Sinn Grundlagen einer „Geschichte . . . menschlichen Glaubens . . .".[108]

In wieder anderer Weise erschließt sich der Wahrheitsgehalt von Märchen in *psychologischer* und *psychoanalytischer* Sicht.[109] Auf Grund der Analogie zwischen Märcheninhalten und Traummotiven wird auf eine notwendige Beziehung zwischen beiden Phänomenen geschlossen. Aus psychologischer bzw. psychoanalytischer Perspektive sind Märchen Projektionen des Unbewußten bzw. epische Erzählungen von Traumerlebnissen.

Die Vielfalt der Deutungen weist auf die prinzipiell nicht aufzulösende Symbolstruktur des Märchens zurück. Jede einseitige Funktionsbestimmung mag einzelne Züge des Märchens treffen, sie verkürzt jedoch die in der Struktur der Form angelegte Fülle der Bedeutungsinhalte. Erst durch die Zusammenschau der verschiedenen Rezeptionsmöglichkeiten ist eine Annäherung an Wesen und Funktion von Märchen möglich.

„Alle anderen Erzählformen lassen sich leicht und ohne Zwang auf ein Grundbedürfnis der menschlichen Seele, eine einheitliche ‚Geistesbeschäftigung', wie André Jolles es nennt, zurückführen. Das Märchen wächst über sie alle empor; seine Funktion ist nicht sogleich erkennbar."[110]

3.5 Richtungen der Märchenforschung

Für die Richtungen und Methoden der Märchenforschung gilt ähnliches wie für die der Sagenforschung.[111] Die methodischen Ansätze der Untersuchung volkspoetischer Formen sind prinzipiell gleich.[112] Insgesamt ist die Märchenforschung jedoch sehr viel verzweigter als die anderer volkspoetischer Formen.

In diesem Zusammenhang seien vor allem drei Forschungsrichtungen –

die volkskundliche, literaturwissenschaftliche und die psychologische – knapp charakterisiert, weil sie den Hauptanteil innerhalb der Märchenforschung ausmachen.

Grundlage der Märchenforschung sind die *volkskundlichen Analysen* zu Fragen der Entstehung, Verbreitung, Rezeption und Funktion von Märchen und Märchenmotiven. Die Volkskunde untersucht Märchen als kultur- und geistesgeschichtliche Dokumente. Ziel der volkskundlichen Forschung ist es vor allem, die reichen Sammelbestände mündlich und schriftlich überlieferten Erzählguts aus den verschiedenen Ländern und Völkern zu sichten, zu vergleichen, zu katalogisieren und die jeweiligen geistes- und kulturgeschichtlichen Hintergründe zu ermitteln. Seit den Arbeiten der Finnischen Schule ist die registrierende und katalogisierende volkskundliche Forschung durch die ‚geographisch-historische‘ Methode bestimmt, der es um die Untersuchung von Typen, Varianten und Motiven je nach geographischem und historischem Kontext geht. Eine Darstellung dieser Methode gibt u. a. W. Anderson[113] im „Handwörterbuch des deutschen Märchens". Die Ergebnisse der Systematisierung von Typen und Motiven finden sich erstmals in den „Märchentypen", die A. Aarne 1910 veröffentlichte und die in der Folgezeit ständig durch Stith Thompson erweitert und ergänzt wurden, so daß komplizierte Handschriftenstammbäume zu einzelnen Motiven und ihren Varianten entstanden. Das Problem der katalogisierenden Sammelarbeit wird darin gesehen, daß über der Motivforschung die Frage nach Ursprung und Wesen des Märchens als geistesgeschichtlichem Dokument zu sehr aus dem Blick gerät.

Namhafte Forscher auf dem Gebiet volkskundlicher Märchenforschung sind u. a. L. Röhrich, Fr. Ranke, K. Ranke, H. Bausinger, L. Schmidt, W. E. Peuckert, Fr. van der Leyen, H. Naumann.[114]

Seit dem Beginn der Märchenforschung hat die *psychologische Märchendeutung* Beiträge zur Frage der Entstehung, Verbreitung und Funktion von Märchen geliefert. Gegenstand dieser Forschungsrichtung sind Zusammenhänge zwischen Volkspsyche und Märchen.[115] Es wird z. B. untersucht, wie die Migrationen aus den psychischen Grundgegebenheiten der Völker zu erklären sind, bzw. wie Mutationen von Motiven auf die jeweilige Volkspsyche schließen lassen. M. Hain[116] hat eine Darstellung der verschiedenen psychologisch fundierten Erklärungsmodelle zu Ursprung und Verbreitung von Märchen und Märchenmotiven gegeben.

Die psychologische Märchendeutung ist jedoch nicht nur auf Probleme der Entstehung und Verbreitung konzentriert. Sehr viel intensiver hat sie sich mit der psychologischen Bedeutung von Märcheninhalten befaßt.[117] Bereits 1889 leitet der Kulturhistoriker L. Laistner[118] in seinem Buch „Das Rätsel der Sphinx" Märchenmotive aus Angstträumen ab; der Schüler

Freuds[119], F. Riklin, deutet in „Wunscherfüllung und Symbolik im Märchen"[120] (1908) die Märchen als „Wunschtraum des Ellenbogenkindes".[121] Innerhalb der Märchenpsychologie sind die entwicklungspsychologischen, die psychoanalytischen und die tiefenpsychologischen Deutungen zu unterscheiden.

Im Bereich der Entwicklungspsychologie steht die Frage nach dem Zusammenhang von kindlicher Phantasie, Reifungs- und Entwicklungsvorgängen und den Märcheninhalten im Vordergrund. Entwicklungspsychologen wie B. Jöckel, J. Bilz, W. Laiblin, Graf Wittgenstein[122] sehen im Märchen Entwicklungs- und Reifungsprozesse gestaltet, die es dem Kind ermöglichen, seine eigenen Entwicklungsschwierigkeiten, wie Trennungsängste, Identitätsprobleme, Reifungsvorgänge, zu bewältigen. In neuerer Zeit hat B. Bettelheim[123] Märchen als Modelle für Prozesse der Identitätsfindung beschrieben.

Die *psychoanalytische* Märcheninterpretation knüpft an die psychoanalytischen Traumdeutungen Freuds[124] an. Wie der Traum, so wird auch das Märchen vor allem sexualsymbolisch gedeutet; die Bilder des Märchens sind im Sinne psychoanalytischer Deutung Bilder der Geschlechtsreifung und der Geschlechtsvorgänge. Jöckel, Laiblin, Riklin[125] haben die verschiedensten Analogien von Märchenmotiven und Sexualverhalten hergestellt.

Wegen ihres Konstruktivismus ist die psychoanalytische Märcheninterpretation im 20. Jahrhundert fast durchgängig mit großer Skepsis aufgenommen oder ganz und gar abgelehnt worden.[126] Am eingehendsten hat sich die an C. G. Jung[127] anknüpfende psychologische Schule mit Märchen befaßt. Für Jung und seine Schüler sind Märchen Projektionen des Unbewußten bzw. Darstellung innerseelischer Vorgänge. Die Hauptvertreter der Jungschen Schule, H. v. Beit und M. L. von Franz[128], sehen im Märchen zwar auch Entwicklungsvorgänge vorgebildet, deuten Märchen aber umfassender als Spiegelung menschlicher Bewußtseinsvorgänge insgesamt. Nicht nur einzelne Motive werden untersucht – wie z. B. auch die Arbeit Bettelheims[129] zeigt –, sondern der gesamte Motivbestand wird als Ausdruck innerseelischer Realität interpretiert.

Von literaturwissenschaftlicher und volkskundlicher Seite her wird den psychologischen Untersuchungen trotz Vorbehalten ein „relatives Recht"[130] zugebilligt, weil sie es ermöglichen, die vielbezüglichen Symbole des Märchens zugleich auch als Ausdruck anthropologischer Grundgegebenheiten zu verstehen. Vor allem im Rahmen der pädagogischen Diskussion um die Funktion des Märchen haben die entwicklungspsychologischen Untersuchungen zum Märchen Bedeutung.[131]

Literaturwissenschaftliche Märchenforschung: Während der Volkskundler das Märchen als kultur- und geistesgeschichtliches Dokument untersucht, der Psychologe es als Ausdruck seelischer Vorgänge versteht, interpretiert es der Literaturwissenschaftler als Grundform erzählender Dichtung. Thema literaturwissenschaftlicher Analysen sind Fragen der Wirk- und Funktionsbezüge der Gattung, die aus den Strukturen der Erzählform (Raum-, Zeit-, Figuren- und Handlungsaufbau) ermittelt werden. In diesem Zusammenhang sind außer den Arbeiten W. A. Berendsohns, A. Wesselskis, Fr. von der Leyens, A. Jolles, R. Petschs[132], vor allem die Untersuchungen M. Lüthis[133] zu nennen, die als Grundlage der Erzählforschung zum Märchen gelten.

Es hat sich gezeigt, daß literaturwissenschaftliche Forschung ohne die Erkenntnisse der Volkskunde nicht auskommt, wie umgekehrt die Volkskunde ohne die literaturwissenschaftlichen Formanalysen zu kurz greift. In den volkskundlichen Schriften L. Röhrichs, K. Rankes, W. A. Peukkerts, L. Schmidts[134] u. a. sind kulturhistorische und formgeschichtliche Überlegungen jeweils eng verknüpft.

In der Gegenwart geht es der historischen und vergleichenden Erzählforschung darum, die Erkenntnisse der verschiedenen Wissenschaftsrichtungen wechselseitig fruchtbar werden zu lassen, wie z. B. die teilweise bereits erschienene, auf zwölf Bände geplante ‚Enzyklopädie des Märchens'[135] zeigt, die an die Stelle des von L. Mackensen herausgegebenen ‚Handwörterbuch des deutschen Märchen' treten soll.

In den sechziger und siebziger Jahren hat in Anlehnung an die 1928 erschienene und 1969 ins Deutsche übersetzte Untersuchung von Vladimir Propp ‚Morphologie des Märchens' eine intensive *strukturalistische Märchenforschung* eingesetzt.

Ausgangspunkt der morphologischen Analysen Propps ist die Einsicht, daß Zaubermärchen „einen außerordentlichen Reichtum an Themen und Stoffen",[136] jedoch immer ähnlich strukturierte Erzählabläufe aufweisen. Gegenstand der Morphologie ist der Versuch einer Klassifizierung der Märchen nach den Schemata der jeweiligen Motivabfolge, um damit ein System von Strukturen der Erzählkonstellationen und ihren möglichen Variationen zu erstellen. Der strukturalistischen Märchenforschung geht es um „die Entschlüsselung der Motiveme, das Studium ihrer Wechselbeziehung auf syntagmatischer als auch auf paradigmatischer Ebene . . .".[137] „Zu diesem Zweck isolieren wir die Bestandteile der Zaubermärchen nach speziellen Methoden und vergleichen anschließend auf dieser Basis die einzelnen Märchen. So gelangen wir . . . zu einer Beschreibung der Märchen auf der Grundlage ihrer Bestandteile sowie deren Beziehungen untereinander und zum Ganzen."[138]

So sehr die Bedeutung dieser Forschungsrichtung für das Verständnis von Stil- und Strukturgesetzen des Märchens anerkannt ist, so wird die Gefahr einer atomistischen Betrachtungsweise betont, insofern die forma-

listischen Analysen die Bedeutungsfunktion der Motive gegenüber der
Handlungsfunktion vernachlässigen und Inhalte enthistorisieren.[139]

3.6 Die pädagogische Bedeutung des Märchens

Die Überlegungen zur pädagogischen Bedeutung[140] des Märchens sind fast
so alt wie die frühen Zeugnisse des Märchens selbst. Plato spricht abschät-
zig von Märchen als lächerlichen Ammengeschichten.[141] Im Mittelalter
dienten märchenähnliche Geschichten der Unterhaltung; sie sind in Pre-
digtsammlungen als eine Art Aufmunterung oder Beispielerzählung
(Schneekind) zu finden, oder sie wurden zur Befriedigung der Abenteuerlust (Gesta Romanorum) erzählt.

In den ersten überlieferten Märchensammlungen aus Italien wird einer-
seits die Unterhaltungsfunktion dieser Erzählgattung deutlich (Straparola,
,Ergötzliche Nächte'); Märchen galten als Zeitvertreib und Form der
Befriedigung der Fabulierlust. Zugleich bestand die Tendenz, Märchen als
Phantasieerzählungen zu bewerten, die besonders für Kinder geeignet sind
(Basile, ,Unterhaltung der Kinder'[142]). Die Ende des 17. Jh. erscheinende
französische Märchensammlung Perraults vereinigte beide Tendenzen:
Märchen erfüllten den Zweck der Unterhaltung, sie sind einfach und
phantasievoll erzählt; sie dienten zugleich als Mittel der Belehrung, denn
nach jedem Märchen erfolgt eine belehrende Anwendung des Erzählten,
die Moral.[143]

Im 18. Jh. wird die kontroverse Beurteilung des Märchens ganz deutlich.
So steht Kant – wie die Aufklärungszeit überhaupt – dem Märchen
feindlich gegenüber. Vor allem im Hinblick auf die Flut pseudoorientali-
scher Erzählungen und die französischen Feengeschichten des 17. Jh.
werden Märchen als Lügengeschichten abgetan.

„Die Einbildungskraft der Kinder ist ohnedies stark genug und braucht nicht durch
derartige Erzählungen noch mehr gespannt zu werden. Die Kinder sind nicht in ein
Reich der Täuschung, sondern in das der Wahrheit einzuführen, und dieses hat ja des
Interessanten und Wunderbaren so viel, daß man nicht zu Märchen seine Zuflucht zu
nehmen braucht."[144]

Dennoch hat das Märchen für den Geschmack des 18. Jh. seine eigentümliche Faszination, zwar nicht als Kinderlektüre, sondern als Betätigungsfeld
der Erfindungs- und Einbildungskraft dichterischen Genies. Wieland gibt
Musäus' ,Volksmärchen der Deutschen' heraus und schreibt selbst Feenmärchen. Begründet wird diese Vorliebe für Märchen aus einem „notwen-

digen Bedürfnis des menschlichen Geistes."[145] Märchen dienen im Sinne von Musäus zwar nicht der Wahrheit, aber sie entsprechen dem „Hang der menschlichen Seele zum Wunderbaren":

„Die Erfahrung mußte Ihn belehrt haben, daß die Phantasie die liebste Gespielin des menschlichen Geistes und die vertrauteste Gesellschafterin durchs Leben sei, von der ersten Entwicklung der Seele aus der kindlichen Hülse bis zum Einschrumpfen der körperlichen Organisation im späten Alter."[146]

Eine Wende in der Beurteilung des Märchens als bloßer Phantasieerzählung bewirkt Herder durch seine Untersuchungen zur Volkspoesie.[147] Herder bezeichnet das Märchen als Form der Naturpoesie und damit als unverzichtbaren Besitz des Volksglaubens und der Volksseele.

An diese Theorie knüpfen die Brüder Grimm an, für die die Märchen der Inbegriff der Poesie überhaupt sind und damit ein geeignetes Mittel, den kindlichen Geist zu bilden.

„Kindermärchen werden erzählt, damit in ihrem reinen und milden Lichte die ersten Gedanken und Kräfte des Herzens aufwachsen und wachsen; weil aber einen jeden ihre einfache Poesie erfreuen und ihre Wahrheit belehren kann, und weil sie beim Haus bleiben und forterben, werden sie Hausmärchen genannt."[148]

Diese hohe Wertschätzung des Märchens als Mittel der Wahrheitsfindung und der Bildung findet sich u. a. auch bei Novalis, Brentano, Tieck, Eichendorff.[149]

Die heutige Diskussion[150] um das Märchen ist kontrovers. Einerseits hat sich die hohe Wertschätzung dieser Literaturform bewahrt, andererseits sind aus ideologiekritischer und psychologischer Perspektive schwere Bedenken[151] gegen das Märchen als Lektüre für Kinder formuliert worden. Die Auseinandersetzung um die pädagogische Bedeutung des Märchens bewegt sich weitgehend im Vorfeld wissenschaftlicher Argumentation; die geäußerten Thesen sind selten explizit begründet.

Einige Argumente seien skizziert: Die Kritik am Märchen betont die Inkongruenz zwischen der modernen Lebenswelt und den Inhalten des Märchens. Die Einwände sind z. T. bereits aus der Tradition bekannt. Soziologisch orientierte Interpreten bezeichnen das Märchen als realitätsfern, bloß pittoresk und deshalb als Mittel, Kinder zu entpolitisieren und auf bestehende Verhältnisse einzuschwören. Weil die Gesellschaftsstrukturen im Märchen nicht mehr den gegenwärtigen Gesellschaftsformen entsprechen, könnten Märchen nicht dazu beitragen, historisches Bewußtsein auszubilden. „Die stupide Webart vieler Märchen bei Grimm erzieht zu konservativem Denken",[152] Märchen sind „Opium des Volkes".[153] Märchen haben im Sinn ideologiekritischer Autoren nichts „Ewiges, nichts Archetypisches", sie sind auf heute bezogen, „immer falsch,

d. h. immer ideologisch".[154] Gegen diese Deutung polemisiert E. Bloch: „Selbst die Zauberweisen, die die Papuas heulen, sind nicht schon deshalb falsch, weil sie nicht in ein mechanistisch gewordenes Weltbild passen".[155] Es ist unbestritten, daß Märchen als Träger ideologischer Vorstellungen mißbraucht werden können, wie jede literarische Form. Märchen sind jedoch keine Abbilder historisch-ökonomischer Prozesse, sondern zunächst Bild- und Symbolsysteme, die erst durch einseitige Interpretation falsch werden.

Im Gegenzug gegen den Vorwurf, Märchen würden Bewußtseinsbildung verhindern, ahistorisch und ideologisch fragwürdig sein, betonen marxistische[156] Interpreten die emanzipative Funktion dieser Erzählform. Märchen seien „Ausdruck eines die sozialen Schranken sprengenden Freiheitsstrebens."[157] Am Beispiel des Werdegangs des Helden werden Möglichkeiten einer positiven Veränderung aufgezeigt. „. . . die Entwicklung einer auf Optimismus, auf Lebenserfolg und Glück . . . abzielenden Haltung"[158] könne durch das Märchen begünstigt werden. „Ziel der Märchenerzähler ist die Befreiung aus der drückenden Not, aus der gesellschaftlichen Misere".[159] Dieser Optimismus der Märchen sei für die Lebensentwicklung der Kinder von größter Bedeutung.

Die Bedenken, die aus psychologischer Perspektive gegen das Märchen formuliert werden, sind vielfältig: Vor allem der Vorwurf, Märchen seien grausam und propagierten Grausamkeiten,[160] ist immer erneut erhoben worden. Ferner wird die kompensatorische Funktion von Märchen kritisiert. Märchen seien „wirklichkeitsleere, nur der Projektion psychischer Bedürfnisse"[161] dienende Erzählungen. Es wird außerdem darauf hingewiesen, daß Märchen zur Vorurteilsbildung beitragen, weil sie stereotype Rollenbilder (Stiefmutter als böse Hexe) enthalten. Zu allen psychologischen Bedenken ist anzumerken, daß es weniger um eine Kritik am Märchen selbst geht, als um die möglichen Auswirkungen im falschen Umgang mit Märchen.

Aus psychologischer Sicht gibt es zahlreiche Argumente, die den Wert des Märchens als Mittel der Bewußtseinsbildung und Identitätsfindung hervorheben. Bettelheim[162] hat detaillierte Analysen zu einzelnen Märchen vorgelegt, um die Affinität zwischen den Reifungs- und Entwicklungsvorgängen des Kindes und den Märcheninhalten zu demonstrieren und die Märchen als Modelle für Umwelt- und Ichbewältigung verstehbar werden zu lassen.

„Die psychologischen Probleme des Heranwachsens sind vielfältig. Das Kind muß narzißtische Enttäuschungen, das ödipale Dilemma und Geschwisterrivalitäten überwinden, es muß sich aus kindlichen Abhängigkeiten lösen und Selbstbewußtsein, Selbstwertgefühl und moralisches Pflichtbewußtsein erwerben. Um diese Probleme zu meistern, muß es verstehen . . . dabei formt das Kind unbewußte Inhalte zu bewußten Phantasien, die es ihm dann ermöglichen, sich mit diesem Inhalt auseinanderzusetzen. In dieser Hinsicht haben die Märchen einen unschätzbaren Wert, weil sie der Phantasie des Kindes neue Dimensionen eröffnen, die es selbst nicht erschließen könnte. Was noch wichtiger ist: Form und Gestalt der Märchen bieten dem Kinde Bilder an, nach denen es seine Tagträume ausbilden und seinem Leben eine bessere Orientierung geben kann."[163]

Gegen die These von der angsterzeugenden Wirkung von Märchen wird z. T. mit Rekurs auf empirische Untersuchungen die Gegenbehauptung[164] vertreten: Die Bilder des Märchens dienen in vielfältiger Weise der Bewältigung von Ängsten. Denn der Zusammenhang der Bilder ist durch das glückliche Ende und die optimistische Grundhaltung des Märchen geprägt. Damit enthalten die Bilder des Märchen neben der Darstellung von Konflikten (Trennung vom Elternhaus, vielfältige Gefahren usw.) zugleich die erfolgreiche Bewältigung.

Die psychologische Bedeutung des Märchens für das Kind wird außerdem aus der Analogie von Märchenstil und Denkstruktur des Kindes begründet. Die Elemente des Märchens – wie z. B. einfache Handlungsführung, Vermischung von realen und nicht-realen Dimensionen, bunte Abfolge sich wiederholender Bilder, Schwarz-Weißmalerei usw. – entsprechen dem ‚magischen Denken' des Kindes. Deshalb sei das Märchen die geeignete Form, die Phantasie zu bilden und die Kreativität kindlicher Anschauungsweise zu fördern.[165] Die einprägsamen Bilder des Märchens, die überschaubare Handlung, die Wiederholungen sind für Kinder leicht nachvollziehbar und können deshalb Ausgangspunkt für kreatives Spiel, eigene Phantasien und Geschichtenerzählen werden.

Die Argumente ließen sich fortsetzen; es sei an dieser Stelle abgebrochen. Es ist deutlich geworden, daß die vielfältigen Argumente für und gegen das Märchen jeweils auf einzelne Aspekte des Märchens abzielen. Sobald solche Deutungen jedoch verabsolutiert werden, sind sie einseitig und damit falsch. Märchen sind symbolische Darstellungen, d. h. sie sind prinzipiell vielfältig interpretierbar. Nur in der Zusammenschau der verschiedenen Betrachtungs- und Deutungsmöglichkeiten kann das Verstehen der Form gelingen. „Es liegt im Wesen des Symbols und damit des Märchens, daß eine ein-deutige Evidenz der Bedeutung nicht gegeben sein kann."[166]

Im Umgang mit Märchen sollte versucht werden, die Erzählform als eine grundlegende Möglichkeit sprachlicher Bewältigung von Wirklichem erkennbar werden zu lassen. Märchen sind fiktionale Erzählgebilde. Die Fiktionalität bestimmt nicht nur den Aufbau der erzählten Welt, sie ist zugleich Thema des Märchens: Märchen entwerfen eine Welt, in der die realen Gegebenheiten entwirklicht, verwandelt und in neue Beziehungszusammenhänge gestellt werden. Die pädagogische Funktion des Märchens besteht nicht zuletzt darin, daß Märchen Literaturverstehen überhaupt begründen können: indem sie eine verwandelte Wirklichkeit gestalten, brechen sie eingeschliffene Erfahrungsschemata auf und vermitteln neue Sehweisen. Im Sinn Rankes entwirft das Märchen eine Welt „höherer Ordnung", in der sich „alle Sehnsucht seines Herzens nach Glück und Erfüllung zu mythischer Vollendung gestaltet."[167]

Anknüpfend an die symbolische Sprachstruktur kann durch Märchenrezeption das Spannungsverhältnis zwischen pragmatischer Alltagswelt und fiktionaler Wirklichkeitsdeutung, zwischen pragmatisch gebundener und fiktional indirekter Sprachform deutlich werden.

3.7 Das Märchen im Literaturunterricht

In Tradition und Gegenwart[168] gibt es die verschiedensten Konzepte zum Umgang mit Märchen im Literaturunterricht. Je nachdem wie der Sinn des Märchens aus pädagogischer, literaturtheoretischer, psychologischer und sozialkritischer Perspektive begriffen wird, variieren die Zielvorstellungen und methodischen Behandlungsweisen von Märchen. Es gibt kaum eine Erzählform, die eine so lebhafte didaktische Diskussion[169] in Vergangenheit und Gegenwart ausgelöst hat wie das Märchen: Märchen dienten als Form der Lebenshilfe und Lebensbewältigung, als Mittel moralischer Erziehung, als Gegenstand literarischer Bildung, als Einführung in Denk- und Anschauungsweisen des Volkes, als Möglichkeit historisch-ideologiekritischer Auseinandersetzung mit Literatur, als Mittel der Kreativitätsförderung usw. Die gegenwärtige Märchendidaktik ist vor allem kommunikationstheoretisch bzw. semiotisch orientiert, wobei die genannten Zielsetzungen z. T. mit veränderter Terminologie weiterhin relevant sind.

Angesichts der Vielzahl von Möglichkeiten der Märchenbetrachtung ist die Forderung nach einem *gegenstandsspezifischen Modell der Märchendidaktik* erhoben worden. „Methodische und didaktische Elemente müssen aus der Struktur der einzelnen Gattung/Textsorte entwickelt werden, damit gegenstandsspezifische didaktische Fragestellungen ausgebildet werden können."[170]

Wie oben ausgeführt, besteht die gegenstandsspezifische Struktur des Märchens in der symbolischen Sprachform. Im Rückbezug auf diese Grundstruktur können die didaktischen Erfordernisse im Umgang mit Märchen bestimmt werden: Märchenbetrachtung kann sich nicht als Vermittlung von Konstanten ereignen, sondern als produktiver Prozeß der Entschlüsselung symbolischer Rede. Die thematischen, formalen, historischen, volkskundlichen, sozialen Bezüge des Märchens sind nicht isoliert für sich zu sehen, sondern müssen im Kontext der symbolischen Erzählung gedeutet werden. Von der Erzählweise des Märchens her ist deshalb ein Wechsel der Analyseansätze notwendig, um die Vielbezüglichkeit der bildlichen Rede einsehbar werden zu lassen. Märchenbegegnung als didaktischen Prozeß auffassen heißt, Textverstehen als kreativen Sinnbildungsprozeß zu vollziehen. Ein solches, auf kreative Sinnerzeugung gerichtetes didaktisches Verfahren kann sowohl die kognitive wie die affektive Komponente literarischen Verstehens aktualisieren. „Ein Literaturunterricht, der das eigene Entdecken von Sinn in den Vordergrund stellt, zielt nicht mehr an dem vorbei, womit Literatur Vergnügen und Faszination schafft."[171] In neuerer didaktischer Literatur zum Märchen wird die Begegnung mit dieser Literaturform als Versuch beschrieben, je nach Jahrgangsstufe und Lesealter verschiedene Verfahren zum Verstehen bildlicher Rede[172] anzuwenden. Dabei werden rationale und phantasiebezogene Rezeptionsformen als gleich wichtig angesehen.

In literaturdidaktischen Beiträgen wird das Märchen hauptsächlich als Gegenstand des Literaturunterrichts in der Primarstufe behandelt. Das hängt nicht zuletzt damit zusammen, daß Märchen seit der Herausgabe der „Kinder- und Hausmärchen" als Kinderliteratur gelten. Dieses Vorurteil ist von verschiedenen Seiten widerlegt worden. Bereits die spezifische Sprachform des Märchens deutet darauf hin, daß Märchen von Kindern gar nicht voll verstanden werden können, sondern immer erneut für eine Betrachtung unter wechselnden Perspektiven offen bleiben. Die Verfahren im Umgang mit Märchen in Primar- und Sekundarstufe sind different.

In der *Primarstufe* werden vor allem *Methoden der Märchenrezeption* vorgeschlagen, die die Phantasie und Kreativität der Kinder anregen. Man unterscheidet sprachliche und außersprachliche Rezeptionsformen.[173] Sprachliche Rezeptionsformen sind: Erzählen, Vorlesen, Besprechen; zu den außersprachlichen gehören: Basteln, Malen, Spielen. Das Verstehen wird zunächst nicht bewußt thematisiert, sondern in der produktiven Nachgestaltung zum Ausdruck gebracht.

Ausgangspunkt aller Märchenbehandlung in der Primarstufe ist das Erzählen. Als ursprünglich mündlich tradierte Erzählform lebt das Märchen aus der kommunikativen Situation einer Erzähler-Hörer-Beziehung. Psychologische und kommunikationstheoretische Untersuchungen haben erwiesen, daß die ersten Begegnungen mit der Bilderwelt der Märchen in deutlichem Zusammenhang mit der Beziehung zur Erzählerperson stehen. Die positive, phantasiebildende oder die negative, angsterzeugende Wir-

kung hängt nicht zuletzt von der kommunikativen Situation des Märchen-
erzählens ab. Aus diesem Grund sind Medien – Schallplatten, Kassetten,
Fernsehaufzeichnungen – als primäre Begegnungsformen mit Märchen
weitgehend abgelehnt worden.[174]
Die außersprachlichen Rezeptionsformen wie Malen, Basteln, Spielen
sind Formen des Umgangs mit Märchen, die sich unmittelbar an die
Bildhaftigkeit anschließen. Durch Malen, Basteln, Formen, Kneten, Spielen werden die Vorstellungsinhalte, die die Bilder des Märchens auslösen,
in Farbe, Form, Mimik, Gestik gestalthaft verwirklicht.
Diese Umsetzung von Märcheninhalten ins Sichtbare und Handwerkli-
che ist der erste Versuch einer ausdruckvollen Deutung sprachlicher Bilder.[175] Es ist ein Weg, das Vorgestellte lebendige Gestalt werden zu lassen.
Auch die vielfältigen Arten des Spiels – Puppenspiel, Stegreifspiel, darstel-
lendes Spiel, Rollenspiel – sind entscheidende Formen der Verarbeitung,
die die produktive Auseinandersetzung mit den Märchen ermöglichen.
Die außersprachlichen Rezeptionsformen bereiten das Märchenver-
ständnis nicht nur deshalb in sinnvoller Weise vor, weil sie die gestalthafte
Wahrnehmung sprachlicher Inhalte fördern. Sie eröffnen zugleich den
Einblick in wesentliche Strukturen: Märchen eignen sich für Malen, Basteln, Spielen, weil diese Rezeptionsformen zentrale Stil- und Formelemente aktualisieren: Märchen sind handlungsfreudig; die Handlung ist
einfach aufgebaut; sie besteht aus stereotypen Motiven und sich teilweise
wörtlich wiederholenden Handlungssequenzen, die leicht im Spiel und
Bild festgehalten werden können. Zudem ermöglicht es der isolierende
Erzählstil, einzelne Motive und Szenen herauszulösen und im Spiel, im
Bild oder durch Bastelei zu deuten. Die flächenhaft abstrakte Figurenzeichnung und die Schwarz-Weißmalerei im Märchen lassen es zu, die Eindrük-
ke durch Form, Farbe, Mimik, Gestik nach individueller Vorstellungsfä-
higkeit auszugestalten und zu konkretisieren.
Die kreative Auseinandersetzung mit dem Märchen ist so früh wie
möglich mit dem Gespräch über thematische und formale Eigenheiten der
Erzählform zu verbinden. Das kann als Vorbereitung für die außersprachlichen Formen des Umgangs mit Märchen oder im Gespräch über das
Gemalte, Gespielte oder Gebastelte geschehen. Formen der Handlungsführung, die Art der Figurenzeichnung, die typischen Motive, der formelhafte Erzählstil sind Anknüpfungspunkte für die visuelle, manuelle oder
spielerische Umsetzung der Bilder des Märchens und sind als solche zu
verbalisieren. Im Vergleich der verschiedenen Schülerzeichnungen, der
gebastelten Gegenstände, der gespielten Szenen können zugleich erste
Eindrücke über die vielfältigen Formen des Erlebens und Lesens sprachlicher Bilder vermittelt werden.
Die Formen sprachlicher Rezeption in der Primarstufe sind zunächst an

die außersprachlichen anzuschließen. Sie verwirklichen sich im ‚freien Gespräch‘, im Lesen und Erzählen. Durch kreative Übungen am Text kann in Wesen und Bedeutung der Strukturen des Erzählens eingeführt werden: es lassen sich Einstellungsänderungen durchführen, die Szenen können kommentiert, erläutert, verändert, umgestellt werden, um produktives Textverstehen zu ermöglichen.

In diesem Zusammenhang sind auch die Formen der Textproduktion, die bereits für die Grundschule vorgeschlagen werden, zu erwähnen: Kinder verfassen Märchen und schreiben sie um. Es gibt Schreibversuche von Kindern, die als Orientierung dienen können.[176] So kann das selbständige Verfassen nach Vorlage oder frei geschehen, unter Vorgabe von Figuren oder Motiven. Das Schreiben von Märchen aktiviert ein Grundprinzip des märchenhaften Erzählstils: die schriftlich fixierten Märchen stellen jeweils „*eine*, von vielen mündlich weitergereichten und dabei immer wieder variierten Fassungen"[177] dar. Das Spiel mit den Bildern des Märchens kann erste Eindrücke über die Variabilität und Vieldeutigkeit symbolischer Rede vermitteln und die Kinder zur Auseinandersetzung mit den Märcheninhalten anregen. Diese Schreibversuche sollten jedoch frühestens am Ende der Primarstufe bzw. am Übergang zur Sekundarstufe in den Märchenunterricht einbezogen werden, weil sie bereits eine gewisse Distanz zum Text voraussetzen, die in der ersten Phase des ‚Märchenalters‘ noch nicht gegeben ist.

In der *Sekundarstufe* ist das Märchen als Grundform erzählender Dichtung Gegenstand des Literaturunterrichts. Die in der Primarstufe angebahnten Formen symbolischen Lesens sind bewußt zu thematisieren und verschiedene Deutungsverfahren im Umgang mit der bildlichen Rede des Märchens zu erproben.

Es ist ein immer wieder konstatiertes Faktum, daß symbolisches Erzählen heute kaum mehr verstanden wird. Die „Hilflosigkeit bildlicher Rede gegenüber ist heute wahrscheinlich größer denn je . . .".[178] Literarische Wirklichkeit wird allzu häufig als eine Art photographischer Wiedergabe von Realität interpretiert oder als unmittelbarer Erlebnisausdruck gedeutet. Die Konsequenzen beider Rezeptionsformen zeigen sich in der traditionellen Märchendidaktik. Als einseitiger Ausdruck von Erlebnisinhalten wurden Märchen unangefochten in den Dienst von Ideologien[179] gestellt und als Instrument falsch verstandener Gesinnungsbildung mißbraucht. Die folgenreichsten Wirkungen dieser Märchenrezeption finden sich im Nationalsozialismus.

Durch die Reduktion der Bilder des Märchens auf reale Gegebenheiten wird das fiktive Element zur bloßen Lüge entwertet, oder es

86

werden umgekehrt Märcheninhalte als Abbild tatsächlicher Verhältnisse mißverstanden.[180]

(Die oben skizzierten kritischen Bemerkungen zum Märchen – Märchen seien „Diktate zur Arbeitsanweisung"[181] oder Ausdruck für „Erfolgs- und Reichtumsverlangen"[182] – dokumentieren solche Mißverständnisse: die Inhalte des Märchens werden nicht bildhaft in ihrem Verweisungsbezug aktualisiert, sondern als platte Nachahmung pragmatischer Realität begriffen. So wird z. B. das Glücksstreben im Märchen nicht als Chiffre für den Wunsch nach Gelingen und Vollendung gedeutet, sondern einseitig als Besitzstreben oder Streben nach Reichtum interpretiert.)

Die Hinführung zu Wesen und Funktion der Gattung als Grundform symbolischer Rede ist auf verschiedenen Ebenen und mit verschiedenen Methoden zu leisten. Märcheninterpretation kann sich nicht als Vermittlung von Einzelfakten vollziehen, sondern als ständiger Sinnbildungsprozeß, in dem die Elemente des Erzählens jeweils aufeinander bezogen und gedeutet werden. Der Textsinn erscheint nicht als feste Größe, sondern erschließt sich im prozeßhaften Auseinanderfalten von Sinnbezügen.

Wenn die Funktion der Literatur darin besteht, mögliche Konstellationen von Welt hervorzubringen und damit die eigenen Erlebnis- und Ausdrucksmöglichkeiten zu bereichern, so eignet sich Märchenlektüre auf Grund des symbolischen Erzählstils in besonderer Weise als ‚Spielfeld für fiktives Handeln'.[183] Im *Umgang mit Märchen* gibt es verschiedene *Arbeitsreihen*, die sich als differente Formen der Deutung symbolischer Rede realisieren können.

1. Arbeitsreihe: Die Gattungsstruktur des Märchens; Märchen als Form symbolischer Rede

Ausgangspunkt der Märchenrezeption in der Sekundarstufe ist die Analyse der Textstruktur und ihrer Wirk- und Funktionsbezüge.

Die Elemente des Textes – Handlungsaufbau, Motivbestand, Figuren-, Zeit- und Raumdarstellung – sollten nicht isoliert, sondern als Ausdruck der im Märchen gestalteten Realitätserfahrung gedeutet werden. Märchen sind Dichtungen einer verwandelten Welt, Erzählungen einer Wirklichkeit „höherer Ordnung". Die Stilelemente sind als Ausdruck dieser Weltsicht zu verstehen; die Vorstellung einer verwandelten Wirklichkeit realisiert sich in: der bildlichen Umdeutung realer Gegebenheiten (Sublimierung), der Mischung von phantastischen und realen Dingen (Eindimensionalität, das Wunder ist so selbstverständlich wie das Alltägliche), der kaleidoskopartigen Aneinanderreihung von Motiven und Bildern (abstrakter Stil), in den Erzählprinzipien, die nicht den Gesetzen empirischer Kausalität folgen (Schwarz-Weiß-Malerei, Prinzip des Gegensatzes) usw. Die gewonnenen Einsichten in die Strukture-

lemente der Gattung können in Verfahren sinnerschließenden Lesens
ermittelt und der zugrundeliegenden Wirklichkeitssicht zugeordnet
werden. In Form graphischer Darstellung oder tabellarischer Übersich-
ten können die gewonnenen Ergebnisse festgehalten werden.

Motivbestand, Figurenkonstellation und Handlungsstrukturen sind
dann je nach Altersstufe mit verschiedenen Methoden zu entschlüsseln:
So kann die symbolische Struktur der Textelemente interpretiert
werden:

- unter anthropologischem Aspekt (Typ der Weltdeutung, Art der Menschen-
darstellung)
- unter soziologischem Aspekt (Bild der Gesellschaft, des Menschen; Auffassung
von Tüchtigkeit, Dummheit, Erfolg, Glück,
Reichtum usw.)
- unter psychologischem Aspekt (Wunschvorstellungen, Ängste und Konflikte
im Märchen usw.)
- unter kulturhistorischem Aspekt (Bilder des Märchens als Inhalte alter Glaubensvorstellungen)

Die genannten Perspektiven[183] sind als verschiedene Dimensionen der
gleichen Bildinhalte zu vermitteln, um damit die Vieldeutigkeit der
Symbolik des Märchens transparent werden zu lassen. Methodisch
gesehen können die Formen der Entschlüsselung bildlicher Rede am
Beispiel von verschiedenen Fassungen des gleichen Märchenstoffes oder
von parodierten und verwandelten Märchen erprobt werden. Denn
Märchenparodien veranschaulichen selbst Umdeutungs- und Rezep-
tionsvorgänge von bestimmten – soziologischen, historischen, psychologischen, literarischen – Positionen her. Reichhaltiges Material für
Umdeutungen von Märchen aus historischer, soziologischer, ideologiekritischer Sicht bieten u. a. die verwirrten Märchen von I. Fetscher und
die Parodien auf Grimms Märchen, die von W. Mieder herausgegeben
sind.[184] Verfahren der Sinndeutungen sind ferner produktive Einstellungsänderungen zum Text: kommentieren, paraphrasieren, vergleichende Betrachtungsweise, aktualisieren, graphische Verdeutlichungen
usw.

2. *Arbeitsreihe:* Märchen im Kontext anderer epischer Kurzformen

Es gibt Stoffe, die als Sage und als Märchen überliefert sind (z. B.
Rumpelstilzchen). Im Vergleich[185] der Formen kann die unterschiedliche
Motivgestaltung deutlich werden. Ausgangspunkt solcher Vergleiche ist
jeweils die Frage nach der sinnstrukturierenden Realitätserfahrung der
Formen (Märchen als Dichtung einer verwandelten Welt, Sage als Form
des Konflikts zwischen Alltag und Mythos). Motiv- und Strukturanalysen der Gattungen sind im Blick auf den Zusammenhang von Stilform
und Wirklichkeitserfahrung zu leisten. Auf diese Weise wird sich dichte-

rische Rede als je verschiedener sprachlicher Zugriff auf bestimmte Erlebnis- und Erfahrungsinhalte konkretisieren.

Es gibt vielfältige Misch- und Grenzformen innerhalb der epischen Kurzprosa, wie z. B. Schwankmärchen, fabelartige Märchen, Sagen mit Märchenelementen, Märchen mit Sagenelementen. An diesen Formen kann die gattungsspezifische Funktion der einzelnen Erzählelemente deutlich werden, da trotz der Mischungen das Märchen-, Fabel-, Sagen-, Schwankhafte unverkennbar bleibt. Selbständige Variationen eines Stoffes als Märchen, als Schwank oder als Sage können das Verständnis für die differenten Möglichkeiten literarischen Sprechens schulen. Auf diese Weise dient die Auseinandersetzung mit Literatur nicht nur der Kenntnis einer literarischen Formenlehre, sondern ist zugleich Mittel, Ausdrucks- und Erlebnismöglichkeiten zu bereichern und den spielerisch-kreativen Umgang mit Literatur zu fördern.[186] (Im Umgang mit Kunstmärchen kann das Verständnis der volkspoetischen Form Märchen vertieft werden. Denn Kunstmärchen variieren die Formmerkmale des Volksmärchens je nach individueller Autorabsicht und Zeitkontext.)

3. *Arbeitsreihe:* Verwandelte Märchen, parodierte Märchen

Die traditionellen Volksmärchen sind immer wieder Ausgangspunkt für Um- und Weiterdichtungen, für Parodien und Verfremdungen. Es gibt ein reichhaltiges Material umgeschriebener Märchen, und zwar sowohl im Bereich der Hochliteratur (Keller, Brecht, Büchner, Aichinger, R. Walser usw.) als auch in der Belletristik und Journalistik.[187]

Alle bisher genannten Vorschläge der Textrezeption lassen sich im Umgang mit verwandelten Märchen verwirklichen. Denn in der Verfremdung und Transformation bekannter Inhalte und Strukturen wird deren Funktion nur umso deutlicher. Verfremdung ist nicht nur in der Poetik ein Prinzip, eigentliches Sehen zu begründen. Es läßt sich fruchtbar im didaktischen Prozeß als Mittel der Wahrnehmungsdifferenzierung einsetzen. Dabei sind die vielfältigen Möglichkeiten der Verfremdungsprinzipien aufzuzeigen: Karikatur, Versifizierung, Politisierung, Parodie, Aktualisierung von Motiven durch Übertragung auf den Zeitkontext, Variation der Figurenkonstellation usw.: „Da werden Motive verschiedener Märchen durcheinandergewürfelt, aus ernsthaften Märchentexten entstehen spielerische Nonsensverse, ... und die gesellschaftspolitischen Probleme der modernen Gesellschaft werden durch bloßstellende Märchenumdichtungen aufgedeckt."[188]

4. *Arbeitsreihe:* Märchen und Bild/Medien

Ein weiterer, interdisziplinärer Aspekt der Märchenbehandlung ist der Vergleich Text/Bild[189]. In Tradition und Gegenwart gibt es zahlreiche Märchenillustrationen, wie z. B. Richters Illustrationen zu Bechsteins „Neuem deutschem Märchenbuch" (1856), die Entwürfe von Moritz

von Schwindt oder die Illustrationen von Janosch usw. Auch die Märchenmotive in der Malerei (Chagall) können in diesem Zusammenhang
Gegenstand der Betrachtung werden.

Jede Übertragung von Märcheninhalten von einem Ausdruckssystem,
dem der Sprache, in ein anderes, dem des Bildes, bedeutet eine Umwer-
tung von Inhalten. Teilweise gehen Motive verloren, teilweise kommen
neue hinzu. Zudem ist die Ausdrucksmöglichkeit beider Medien selbst
different: Im Bild können Farbe, Form, Mimik, Gestik, Figur Ausdruckswerte konkretisieren, die in der Sprache nur vorstellbar sind. Der
Vergleich von Bild und Text kann den Einblick in die verschiedenen
Ausdruckswerte der differenten Medien schaffen. Ferner bewirkt die
Auseinandersetzung mit dem Bild, das vorgegebene Inhalte umdeutet,
variiert und konkretisiert, kreative Einstellungsänderungen zum Text.
Im Bild werden Einstellungsmöglichkeiten zum Text anschaulich konkret und damit kann der Vergleich der Deutungssysteme von Bild und
Text kreative Rezeptionsprozesse auslösen: ergänzende und zuwider-
laufende Auffassungen werden reflektiert. Dabei ist die Einsicht in die
Vielfalt visueller Projektionsmöglichkeiten von Sprache selbst entscheidend für die Sensibilisierung literarischer Wahrnehmung. In diesem
Zusammenhang sind auch Möglichkeiten der Auseinandersetzung mit
anderen Medien[190] (Verfilmungen, Schallplatten, Theaterfassungen
usw.) zu sehen.

Daß der Umgang mit Medien zugleich auch eine Statik der Textauffas-
sung auslösen kann, ist bekannt. Dieser Gefahr ist durch überlegte
Auswahl der Medien und durch vergleichende Gegenüberstellungen der
jeweiligen Gestaltungsprinzipien in Bild und Text zu begegnen. Aspekte
des kontrastiven Verfahrens können sein: Figurendarstellung im Text/
Medium, Motivauswahl, Formen der Handlungsführung (simultan,
sukzessiv) usw.

5. *Arbeitsreihe:* Textproduktion
In allen bisherigen Arbeitsvorschlägen war der rezeptive Aspekt bereits
immer mit dem produktiven Textumgang verknüpft. Textproduktion
als ausdrückliches Ziel der Märchenbehandlung soll zum selbständigen
Verfassen von Märchen anregen.[191] Dies kann auf vielfältige Weise
geschehen: a) frei, b) nach Vorgabe von Figuren, Handlungsmustern
oder Motiven oder als Erzählung eines Schlusses, eines Anfangs usw. c)
Textproduktion kann sich auch als Form der Parodie, der Karikatur, der
Verwandlung[192] bekannter Fassungen, der Kombination verschiedener
Fassungen mit verändertem Anfang oder verändertem Schluß usw.
vollziehen. d) Weiterhin ist der Versuch einer Dramatisierung von
Märchenstoffen zu einer Bühnenfassung[193] ein didaktisch fruchtbarer
Ansatz der Märchenbegegnung.

In allen Formen der Textproduktion wird die Wahrnehmung von spezifischen Ausdruckswerten und Strukturen des Märchens in einer Weise geschult, wie sie durch die bloße Rezeption selbst kaum zu erreichen ist. Denn jede Textproduktion (Umerzählen, Neuerzählen, Parodieren, Verfremden, Dramatisieren) bedeutet eine Konkretion der Symbolstruktur des Märchens in ihren verschiedenen Bezügen.

6. *Arbeitsreihe:* Märchen innerhalb des literarischen Lebens
Eine Untersuchung der Stellung des Märchens im Kontext des literarischen Lebens kann sich als Einführung in Zusammenhänge literarischer Kommunikationsprozesse vollziehen. Da jede Didaktik der Formenlehre des Märchens zugleich Rezeptionslehre ist, sollten die literarischen und sozialen Erfahrungen der Rezipienten im Umgang mit Literatur selbst Faktor der Märchendidaktik sein. Märchenrezeption als Gegenstand der Märchenbehandlung ist sinnvoll vor allem in Projektarbeit zu thematisieren. Schülergruppen können verschiedene Themenkomplexe behandeln: a) Märchen und Medien: am Beispiel von Spielplänen und Theaterbesuchen können Auswahl und Präsentation von Märchenstoffen auf der Bühne untersucht werden; ferner kann die Bearbeitung von Märchen in Filmen, auf Schallplatten und im Fernsehen analysiert werden. b) Märchenmotive in der Gebrauchs- und Trivialliteratur: die Bedeutung und Transformation von Märchenmotiven in der Werbung und in der Trivialliteratur kann an konkreten Beispielen ermittelt werden. c) Analyse von Märchenbüchern: unter verschiedenen Gesichtspunkten (Auswahl, Autoren, Ausstattung, Illustrationen, Auflage usw.) lassen sich Typen und Arten von Märchenbüchern untersuchen. Gleichzeitig können Zusammenhänge zwischen gesellschaftlich-kulturellen Bedingungen und den jeweiligen Lesebedürfnissen und -gewohnheiten deutlich werden. d) Märchen in Lesebüchern, Märcheninterpretationen in Schüler- und Lehrerhandbüchern. Am Beispiel der differenten Interpretationen läßt sich die Problematik und Vieldeutigkeit der Märchenanalyse vergegenwärtigen.

Solche Untersuchungen regen nicht nur zur selbständigen Auseinandersetzung mit praxisbezogenen Aspekten der Literaturrezeption an. Sie vermitteln zugleich wesentliche Einblicke in die Bedingtheiten und Abhängigkeiten literarischer Geschmacksbildung und verdeutlichen Formen des Wandels von Lesegewohnheiten, Lesebedürfnissen und -erwartungen je nach Leserpublikum.

4 Schwank

4.0 Name und Begriff

Das Wort mhd. ‚swanc' (Nominalbildung zu schwingen: „Schwung",
„Hieb") hatte im mittel- und frühneuhochdeutschen Sprachgebrauch die
Bedeutung „Finte", „Posse". Im 15. Jahrhundert wurde der Begriff auf
die Erzählung eines lustigen Streichs übertragen. Das Wort Schwank
wurde zum literarischen Terminus für „scherzhafte, lustige Erzählungen
prosaischer Art oder in Versen".[1] Der Begriff Schwank ist vieldeutig. Man
denkt an Schildbürgergeschichten, an Eulenspiegeleien, an dramatische
Possen, an schwankhafte Fernsehspiele usw. Das Wort ist eine Sammelbe-
zeichnung für dramatische bzw. dramatisierte Literatur und für „Kleinepik
komischen Inhalts".[2]
   In der Folklore-Forschung ist am Anfang des 20. Jahrhunderts erstmalig
der Versuch unternommen worden, den Schwank als eigenständige volkspoetische Form neben Sage und Märchen zu bestimmen.[3] Die Brüder
Grimm haben nur Märchen und Sage als selbständige Grundformen volks-
tümlichen Erzählens bezeichnet. Im Typenverzeichnis von Aarne sind
Schwänke als Untergattung dem Märchen zugeordnet.
   Seit der Untersuchung L. Webers (1904) gilt der Schwank als selbständi-
ge volkspoetische Form und wird als „klar erfaßbare rein unterhaltende
Grundform volkstümlicher Erzählkunst"[4] anerkannt, die durch eine ihm
eigene kommunikative Situation geprägt ist. In diesem Sinn ist der
Schwank eine „genuine Urform menschlicher Aussage",[5] mit der die
Wirklichkeit erzählerisch bewältigt und gedeutet wird.
   Angesichts der vielfältigen Erscheinungsformen des Schwanks betont
Lüthi, daß der Schwank „als Gattung nicht ohne weiteres neben andere
Gattungen zu stellen (ist), sondern als eine Möglichkeit jeder Gattung zu
verstehen"[6] ist. Beide Konzeptionen – die Bestimmung des Schwanks als
Kategorie der Volkserzählung und der Zweifel an der Selbständigkeit der
Gattung[7] – schließen einander nicht aus, sondern weisen auf die Struktur
der Erzählform: Als formübergreifender Stiltypus repräsentiert der
Schwank eine bestimmte Erzählhaltung, die sich als ‚Subelement' mit
anderen ‚dominierenden' Elementen verbinden kann, so daß Mischformen
wie Märchen- und Legendenschwänke, schwankhafte Anekdoten,
schwankhafte Fabeln usw. entstehen können. Als gattungsübergreifendes
Element epischen Erzählens, das die Formgesetze der einzelnen Erzählfor-

men sprengen kann, verdeutlicht der Schwank die Variabilität der Formtypen und ermöglicht durch seine auflösende Tendenz eine kreative Einstellung zu den literarischen Gattungen. Als formübergreifender Erzähltypus ist er jedoch gleichzeitig in unverwechselbarer Weise durch die ihn bestimmende ‚elementare Sehweise' als volkspoetische Form zu kennzeichnen.[8]

4.1 Geschichte des Schwanks

Sofern der Schwank als ein gattungsübergreifendes Element epischen Erzählens aufgefaßt wird, ist er „über alle Kontinente und Kulturstufen hinweg"[9] nachzuweisen. Es gibt frühe Spuren des Schwanks in ägyptischen, griechischen (Polyphemschwank[10]) und indischen Quellen (Pantschatantra[11]). Theorien über Alter, Ursprung, Verbreitung sind innerhalb der Theorien zur Volkspoesie (Märchen) diskutiert worden. Sie gelten gleicherweise für den Schwank, da man diese Form fast immer als eine Gruppe von Märchen betrachtet hat.

Das seit dem 9. Jh. fixierte Schwankgut erscheint nicht in volkssprachlicher Form, sondern findet sich in mittellateinischen Quellen. Am bekanntesten sind u. a. die Schwänke in der Geschichtssammlung „Gesta Karoli" von Notker Balbulus und in der „Cambridger Handschrift" (Modus Liebinc und Modus florum).[12] Aus dem 10. bzw. 11. Jahrhundert stammt der „Cantus de uno bove",[13] der Kettenschwank vom Bauern Einochs, der Priester und Dorfangehörige mit seinen Streichen überlistet.

Deutschsprachiges Schwankgut ist erstmals mit der mittelhochdeutschen Versepik des 12. Jahrhunderts überliefert und zwar als Element der Abenteuererzählungen. Insgesamt gilt die Entstehungszeit der Sammelhandschriften der Märendichtung[14] als Zeitraum für das Literarisch-Werden der Schwänke. Als literarische Erzählform erscheint der Schwank in verschiedener Präsentation: als Märendichtung (Reimpaar-Kleinepik), als Exemplum bzw. Predigtmärlein, als schwankhafter Versroman, in Liedform (Schwankballaden), als Facetie und seit dem 16. Jahrhundert als schwankhafte Anekdotenprosa[15].

Es kann in diesem Zusammenhang nicht auf die Einzelheiten der Entwicklung der verschiedenen Formtypen eingegangen werden. Es seien in groben Zügen nur die wesentlichen Stufen in der Entwicklung zum deutschen Volksschwank skizziert.

Im 13. und 14. Jahrhundert herrscht in der Form der Märendichtung die gereimte Schwankdichtung vor, die wesentlich an der Kunstepik orientiert ist und noch keine volkstümliche Gebrauchsliteratur darstellt. Bekanntestes Beispiel aus dem 13. Jahrhundert ist der „Pfaffe Amis" vom Stricker.[16] Hier tauchen Motive auf, die sich im ‚Eulenspiegel' wiederfinden. 12 Wanderstreiche werden erzählt, die um die Gestalt eines englischen Geistlichen gruppiert sind. Der Schwank des Stricker ist satirisch gerichtet, er verhöhnt die gängige Norm des Patriziats und der Geistlichkeit.

Die Einflüsse der humanistischen Facetiendichtung[17] – Formen ‚knapper pointierter Scherzrede' – sind für die Entwicklung des Schwanks im deutschen Bereich von zentraler Bedeutung. Nach dem Vorbild des italienischen Facetiendichters Poggio (1380–1459) erzählt der Konstanzer August Tünger (geb. 1455) schwankhafte Geschichten seiner Heimat. Es sind vierundfünfzig kurze Geschichten um sittenlose Geistliche, herrschsüchtige Frauen, untreue Eheleute usw. Das Manuskript „Facetiae" (um 1486) des A. Tünger ist Vorlage für die drei Bücher Fazetien (1508/12), die Heinrich Bebel (1472–1518) herausgab. Die Fazetien Bebels enthalten schwankhafte Erzählungen aus Schwaben. 1558 erscheinen „Die Geschwenk Henrici Bebelij" in deutscher Sprache. Neu in der deutschen Schwanküberlieferung bei Bebel ist die Tatsache, daß er die Erzählungen um den Ort Mundingen zentriert und damit den ersten bezeugten Schildbürgerort schafft.

Literarische und mündliche Tradition mischen sich in dem Prosa-Zyklus um Till Eulenspiegel „Ein kurtzweilig Leben von Dyl Ulenspiegel"[18], der 1510/11 erstmalig gedruckt in Straßburg erscheint. Wie beim Stricker und beim Pfaffen von Kalenberg (1473) ist der Aufbau der Sammlung der Eulenspiegelgeschichten durch die zyklische Gruppierung der Erzählungen um eine zentrale Person bestimmt.

Im 16. Jahrhundert werden neben zahlreichen Prosaschwänken auch die Versschwänke des Hans Sachs (1494–1576) veröffentlicht, der mündlich und schriftlich tradiertes Schwankgut zu Meisterliedern, Fastnachtsspielen und Schwankgedichten verarbeitete. Die zahlreichen Schwanksammlungen des 16. Jahrhunderts[19] speisen sich nicht mehr nur aus den literarischen Quellen der Facetiendichtung; auch der Schwank aus der Tradition des Volkes und der Predigt- und Exempelliteratur wurde in stärkerem Maß rezipiert und bestimmte die z. T. bäuerlich derbe Thematik der Sammlungen. Die bekanntesten Beispiele für Prosaschwanksammlungen im 16. Jahrhundert sind „Schimpf und Ernst" (1522) von Johannes Pauli, das „Rollwagenbüchlein" (1555) des Colmarer Jörg Wickram und die nach dem Muster des „Rollwagenbüchlein" verfaßten Schwankdichtungen: „Gartengesellschaft" (1556) von Frey, der „Wegkürzer" (1557) von M. Montanus, der „Katzpori" (1558) von Michael Lindener usw.

Thema dieser Schwänke, die viel Volksgut enthalten, ist die Opposition einer bürgerlich-plebejischen Schicht gegen die höheren Stände. Die genannten Schwanksammlungen vermitteln einen Eindruck von der Vielfältigkeit, Derbheit und Vitalität des Volksschwanks. Das 16. Jahrhundert setzt die mit dem ‚Pfaffen Amis' begonnene Tradition um einzelne Schwankhelden fort. Neben dem Eulenspiegelbuch, das mit 35 Ausgaben allein im 16. Jahrhundert früh zum Volksbuch wurde, entstehen am Ende des 16. Jahrhunderts die Historien „Von Claus Narren", herausgegeben von Wolfgang Büttner (1572) und die Schwänke um Hans Clauert, dem märkischen Eulenspiegel, 1587 von B. Krüger herausgegeben. Kristallisationsgestalten der Schwankbildung sind nicht nur Einzelpersonen, sondern auch Gruppen. Gegen Ende des 16. Jahrhundert wird in Straßburg das Lalebuch (1597) publiziert, das die Geschichte eines kleinen Gemeinwesens schildert, dessen Bewohner sich als Toren ausgeben, es schließlich auch werden und daran zugrunde gehen. Eine veränderte Version des Lalebuchs sind die Schildbürgergeschichten, die 1598 in Frankfurt erscheinen und in Deutschland und Europa ein großer Erfolg wurden.

Die Schwanksammlungen des 15. und 16. Jahrhunderts weisen in Form, Thematik und Funktion einen Grundbestand an Strukturelementen und Motiven auf, der auch für die folgenden Jahrhunderte maßgebend geblieben ist. Es sind immer wieder die gleichen Stoffe und Themen, die sich als Unterhaltungsstoff bewähren und Anlaß der Schwankbildung werden.

Im 17. Jahrhundert ist die Zahl der Schwankanthologien[20] fast unübersehbar, ohne daß sie sich jeweils eindeutig bibliographisch ermitteln ließen. Die Sammlungen knüpfen in wortwörtlichen Wiedergaben an vorgegebenes Schwankgut an oder variieren es. Ein Beispiel dieser Sammlungen ist Peter de Memels „Lustige Gesellschaft" (1656), das vielfältig rezipiert wurde.

Im 18. Jahrhundert können nur noch wenige Sammlungen als Schwankbücher bezeichnet werden. Zu nennen ist die bekannteste Sammlung „Lyrum Larum Lyrissimum" (1701/1710). Auch die Schwankanthologien des 18. Jahrhunderts sind Kompilationen aus älteren Sammlungen.

Als Information über das Schwankgut, das im späteren 18. Jahrhundert und frühen 19. Jahrhundert kursiert, dient die Sammlung „Vademecum für lustige Leute" (1764–1792), das Fr. Nicolai in Berlin herausgab. Es enthält einerseits Stoffe aus dem 16./17. Jahrhundert, andererseits pikante Histörchen aus der Zeit der Aufklärung. Im 8. und 9. Teil des „Vademecum" finden sich erstmals auch Lügengeschichten über den Baron Münchhausen, die 1786 von Bürger zum Münchhausen-Zyklus erweitert wurden.

Aus dem 19. Jahrhundert ist die schwankhafte Anekdotenprosa des Johann Peter Hebel zu erwähnen, die im „Schatzkästlein des Rheinischen Hausfreundes" (1811) gesammelt ist. Zur Kalendergeschichte oder anekdotenhaften Prosa umstilisiert, lebt der Schwank im 19. Jahrhundert als operatives Genre in Kalendern und Volksbüchern als heiter didaktische Geschichte. Zu nennen sind Jeremias Gotthelfs (1797–1854) „Neuer Berner Kalender" (1840–1845) und Berthold Auerbachs (1812–82) „Deutscher Volkskalender" (1858–1869).

Am Beginn der wissenschaftlichen Erforschung des Schwanks stehen die Brüder Grimm. Mit dem Erscheinen der „Kinder- und Hausmärchen" gibt es direkte Quellen auch für den Volksschwank. Seit die Brüder Grimm den Schwank als Untergattung des Märchens verstanden haben, sind die weiteren Sammlungen des 19. Jahrhunderts ebenfalls durch eine Vermischung der Gattungen gekennzeichnet. Seit den achtziger Jahren des 19. Jahrhunderts setzt eine verstärkte Sammeltätigkeit von Volksschwänken einzelner Gegenden ein, die in Anthologien zusammengefaßt werden, wie z. B. die Schwanksammlungen von U. Jahn und A. Hass (Pommern), R. Wossidlo (Mecklenburg), W. Wisser (Holstein), G. Henßen (Münsterland) usw.[21]

Auch wenn der Schwank im 20. Jahrhundert weitgehend durch andere Formen wie etwa den Witz abgelöst ist, gibt es noch Schwanksammlungen, z. B. „500 Schwänke" (1912) von Roda-Roda.

Angesichts der Vernachlässigung der Schwankforschung gegenüber der Märchen- und Sagenforschung ist eine Reihe von Problemen der Entstehung, Verbreitung, des Alters, der Klassifizierung von Schwanktypen und -motiven noch ungelöst. Die Frage nach der Heimat des Schwanks ist bisher monographisch für einzelne Schwankmotive untersucht. Es gibt Monographien über Herkunft und Verbreitung von einzelnen Schwänken und Schwankmotiven, die durch die Typen- und Motivregister der finnischen Märchenforschung angeregt wurden.[22]

4.2 Der Schwank als Erzählform

Die Definition des Schwanks als spezifischer Erzählform ist kontrovers. Gründe für die Definitionsschwierigkeiten sind die verschiedenen Präsentationsformen des Schwanks und die Vernachlässigung der Schwankforschung gegenüber der Erforschung anderer volkspoetischer Formen.

Angesichts der vielfältigen Erscheinungsformen des Schwanks – als vor- und außerliterarisches Erzählgut, als Mischform mit anderen epischen Formen (Schwankmärchen usw.), als literarische Form – ist die Möglichkeit einer begrifflichen Fixierung der Form z. T. bestritten[23] worden, z. T. sind die Definitionsversuche widersprüchlich und uneinheitlich. So wird der Schwank entweder von stofflichen oder formalen oder funktionalen

Elementen her bestimmt. Zudem lassen die Definitionen nicht immer erkennen, von welcher Form des Schwanks ausgegangen wird. Die Bestimmungen des Schwanks von thematischen Gegebenheiten her sind zahlreich: „Schwank: die meist derbe, fast immer heitere, kurze Erzählung, deren Inhalt meist auf ‚Übertrumpfung' beruht";[24] „Schwank: Wiedergabe einer komischen Handlung mit komischen Personen und Situationen";[25] oder: „Dem Märchen verwandt ist der Schwank, der durch die Erzählung lustiger Streiche, unerhörter Dummheit, übermütiger Aufschneiderei, pfiffiger Dieberein und waghalsiger oder verfänglicher Liebesabenteuer ergötzen will. Wenn er dabei auch oft über die Grenzen der Wahrscheinlichkeit hinweg schreitet, so steht er doch der Wirklichkeit und der Gegenwart näher als das Märchen, dessen Wunderglauben er manchmal parodierend überbietet"[26] usw.

Von der *Form* her wird der Schwank als Pointetyp gekennzeichnet, oder es werden allgemeine formale Elemente genannt, die den Schwank von anderen volkspoetischen Formen unterscheidbar werden lassen. Insgesamt sind die formalen Kennzeichnungen spärlich, da die Vorstellung vorherrscht, der Schwank sei „formlos"[27]. Einige Definitionen klassifizieren den Schwank wesentlich von seiner *Funktion* her: „Die Funktion der Schwänke ist es, ein . . . Publikum zu unterhalten, zum Mitlachen zu bewegen, aber auch zu belehren, ihm einen Spiegel vorzuhalten";[28] oder: „Die Schwankbücher verfolgen keinerlei künstlerische Absicht. Sie wollen belustigen und die Zeit vertreiben . . .".[29]

Problematisch an diesen Definitionsversuchen ist die Tatsache, daß jeweils einzelne Merkmale zur Bestimmung der Erzählform herangezogen werden. Da der Schwank in der Geschichte seiner Entwicklung in verschiedenen Formen tradiert ist, muß die definitorische Theorie versuchen, jene Elemente herauszuarbeiten und zusammenzufassen, die trotz aller Wandlungen konstant geblieben sind und die spezifische Erzählsituation des Schwanks begründen.

Trotz der vielfältigen Formen des Schwanks geht man in der Forschung davon aus, daß es den Schwank als unverwechselbare Kategorie des Erzählens mit spezifischen Stil- und Strukturmerkmalen gibt. Der Schwank repräsentiert in diesem Sinn eine eigenständige literarische Kommunikationssituation, die ihn von anderen Formen unterscheidet und sich im Schwank als Einfacher Form bzw. als Form der Volkserzählung verwirklicht. Als volkspoetische Form ist der Schwank die „konkrete Einfache Form sprachlicher Aussage über komische Sachverhalte".[30] Ranke nennt den Schwank einen „ontologischen Gattungsarchetyp"[31] bzw. eine genuine Urform menschlicher „Aussage über die besonders situierte Auseinandersetzung des Menschen mit der Welt in ihm und um ihn" mit dem

Ziel, „die Macht der geistigen Freiheit, die im Gelächter über alles Menschliche und Allzumenschliche gründet",[32] zu verdeutlichen.

Die den Schwank kennzeichnende spezifische Kommunikationssituation bleibt erhalten, in welcher Form der Schwank auch immer erscheint – als vor- und außerliterarische Form, als Misch- und Grenzform, als literarisches Erzählgebilde. Auch wenn der Schwank sich kaum zur literarischen Gattung verdichtet, gibt es konstante Strukturen, die notwendig zur Erzählsituation des Schwanks gehören.

Die kommunikative Situation des Prosaschwanks wird durch die Interrelation folgender Elemente begründet:

1) Der Schwank ist ursprünglich eine Einfache Form. Als volkspoetische Form wird er in mündlicher und schriftlicher Überlieferung tradiert.
2) Es gibt zwei formale Varianten des Schwanks – die Episierung und die Dramatisierung. Der Prosaschwank ist ein narrativer Text, der zugleich Elemente der Versifizierung aufweisen kann.
3) Der Schwank ist eine mimetische Gattung: das Erzählte ist immer im Bereich des Alltäglichen situiert. Der Schwank ist bezogen auf ein konkretes Milieu, auf bestimmte Zeitumstände, Sitten und Gebräuche usw.
4) Der Schwank ist eine Form des ‚kontrastiven Realismus'[33] bzw. der ‚karikaturalen Optik'.[34] Er ist eine Sprachform der Komik, die alltägliche Realitäten mit den Mitteln der Typisierung, Verfremdung, Überzeichnung karikiert, um sie als Gegenstand des Lachens darzustellen.
5) Der Schwank ist durch seinen ‚Sitz im Leben' bestimmt. Er ist eine ursprüngliche menschliche Ausdrucksform, deren Funktion darin besteht, Verblüffung und Lachen zu erzeugen. „Die Funktion der Schwänke ist es, ... zum Mitlachen zu bewegen ...".[35] Das Ziel, „zum Mitlachen zu bewegen", kann sich mit den weiteren Intentionen der Belehrung oder Sozialkritik verbinden.

Zusammenfassend kann die volkspoetische Form Schwank als diejenige mimetische Form des Erzählens bezeichnet werden, die „wesentlich vom factum"[36] lebt, gleichzeitig aber die Realbezüge durch die Sprachform der Komik verfremdet und die Welt als Gegenstand des Lachens präsentiert.

Die einzelnen Elemente, die die Kommunikationssituation des Schwanks bestimmen, seien im folgenden näher erläutert.

4.2.1 Der Schwank als volkspoetische Form

Als Einfache Form ist der Schwank kein Produkt individuellen Erzählens, sondern eine überall wirksame Grundform erzählerischer Figuration von Wirklichem. So hat sich der Schwank in mündlicher und schriftlicher

Tradition in der ‚Vitalität'[37] seiner Form- und Ausdruckskraft erhalten, auch wenn er als volkstümliches Erzählgut vielfältigen Adaptationen offen war und die verschiedensten Verbindungen mit anderen Formen eingegangen ist. Es ist bemerkenswert, wie die Varianten der Schwankbildung im Verlaufe der Tradierung z. T. durchaus literarisch strukturiert sind (Facetie, Märendichtung), z. T. volkstümliche Erzählmuster aufweisen (Prosaschwanksammlungen des 16. Jahrhunderts). Innerhalb der Forschung ist das Verhältnis von Literarisierung und mündlicher Tradierung der Schwankstoffe ungeklärt. Es wird jedoch davon ausgegangen, daß die Kontinuität der Schwankliteratur zurückgeht auf die Lebenskraft dieses Erzähltyps als volkstümlichem Erzählgut. Es ist ein Kennzeichen der volkspoetischen Form, daß mit der Variabilität der Form, die eine ständige Anpassung an die jeweiligen Gegebenheiten ermöglicht, gleichzeitig eine gewisse Konstanz gegeben ist, die aus der unverwechselbaren Kommunikationssituation resultiert und die Statik und Einprägsamkeit der Form innerhalb der Tradierungsprozesse begründet. Ranke bestimmt die Beziehung von mündlicher und schriftlicher Tradition als Wechselverhältnis: Die orale Tradition stellt mannigfache Vorlagen für Literarisierung zur Verfügung, während die schriftliche Tradierung ihrerseits „einen stabilisierenden und regenerierenden Einfluß auf das volkstümliche Erzählgut"[38] ausübt.

Moderne Strukturalisten haben die Lebensfähigkeit der Einfachen Form daraus begründet, daß sie kollektive Denkmuster spiegelt, die sich je nach Zeit und funktioneller Bedeutung neu aktualisieren.[39] Die Komik des Schwanks ist ein Repertoire, das je nach Kontext individualisiert und konkretisiert werden kann.

4.2.2 Der Schwank als Erzähltext

Die Formen des Prosaschwanks sind vielfältig. Als Erzähltext besteht der Schwank aus einer berichtenden Wiedergabe von Handlungen, die nach einem bestimmten Muster in die Einheit eines Erzählzusammenhangs gefügt sind. Es kennzeichnet die Einfache Form, daß die Erzählmuster mitten zwischen Form und Formlosigkeit stehen. Einerseits sind die Strukturen des narrativen Zusammenhangs je nach Form unterschiedlich, andererseits lassen sich Elemente der Handlungsführung ausmachen, die stereotyp wiederkehren. Der Schwank ist ein Pointetyp.[40] Der narrative Zusammenhang wird durch die Ausrichtung der erzählten Begebenheiten auf die Pointe hin konstituiert. Die Art des Handlungsablaufs ist variabel. Sequenzen innerhalb des narrativen Zusammenhangs können sein: Handlung – Situation – Pointe; oder: Situation – Pointe; oder: Handlung – Pointe.

Außer Peuckert[41] hat vor allem Bausinger[42] Strukturmodelle zur Beschreibung der Handlungsführung in Schwänken gegeben.

Peuckert unterscheidet zwei Typen der Handlungsabfolge: „Jene Schwänke, die einspitzig verlaufen und diese zweiten ‚Schwänke mit Nachhieb‘, die man im Volke nur seltener findet . . .“.[43] Die „einspitzigen" Schwänke thematisieren eine einzige Episode, sie sind ‚einepisodig‘; die Schwänke „mit Nachhieb" kann man auch als ‚Kettenschwänke‘ bezeichnen, da sie verschiedene Handlungen aneinanderreihen.

Ein anderes Strukturmodell für die Beschreibung der Handlungsführung gibt Bausinger:[44] Er unterscheidet drei Typen: a) den Ausgleichstyp, zu dem die größte Zahl der Schwänke gehört, b) den Steigerungstyp und c) den Spannungstyp.

Ausgangspunkt für diese Typeneinteilung ist die Kennzeichnung des Schwanks als Form der Opposition: die Handlung des Schwanks ist jeweils um die Auseinandersetzung zwischen zwei Parteien konzentriert. Die Opposition der Gegner erfährt je verschiedene Lösungen. Im Ausgleichstyp entfaltet sich die Handlung in der Weise, daß zunächst die eine Partei der anderen überlegen ist; im Handlungsverlauf wird dieses Verhältnis durch die List des Gegners jedoch umgekehrt, so daß dieser am Schluß als Sieger dasteht. Beim Steigerungstyp wird das Gegeneinander der Parteien trotz eines versuchten Gegenschlags des Kontrahenten zugunsten der anfänglich erfolgreichen Partei entschieden. Die Gegenwehr des Kontrahenten bewirkt nur eine Steigerung des Sieges der anderen Partei. Beim Spannungstyp bleibt das Gegeneinander der Parteien unentschieden und begründet so den Effekt der Erzählung.

Innerhalb dieser Klassifizierung nimmt Bausinger noch Unterklassifizierungen vor, die die Art des Gegeneinander der Parteien näher kennzeichnen. Er unterscheidet den Ausgleichstyp ‚Revanche‘ und den Ausgleichstyp ‚Übermut‘; die gleiche Differenzierung gilt auch für den Steigerungstyp. Die erfolgreiche bzw. erfolglose Gegenwehr kann einmal aus dem Motiv, sich zu revanchieren oder aus Übermut erfolgen.

Von diesen Formtypen grenzt Bausinger den ‚Schrumpftyp‘ ab, bei dem die Handlung wesentlich nur aus einer Aktion, einer Aussage oder einem Streich besteht.

Der Versuch, die Erscheinungsformen des Schwanks hinsichtlich der Struktur der Handlungsführung zu klassifizieren, ist für die Einsicht in die Form von zentraler Bedeutung. Es ist jedoch festzuhalten, daß Schwänke vor allem aus der stofflichen Qualität der Bilder und Motive leben, die in die skizzierten Handlungsstrukturen eingefügt sind.

4.2.3 Der Schwank als mimetische Form des Erzählens

Die Frage, ob der Schwank eine Form der Wirklichkeitsdarstellung ist, wurde in der Forschung unterschiedlich beantwortet. Lüthi betont, daß der Schwank „gerne Unmögliches"[45] schildert. Bausinger nennt den Schwank eine Form, die sich zwar an „der Realität und ihren Mißverhältnissen" orientiert, der es aber „letztlich nicht auf die Realität . . ., sondern auf den komischen Effekt" ankommt; „. . . das ist so faustdick, daß jeder Realitätsanspruch zusammenbricht."[46] Andererseits wird die mimetische Struktur als konstitutives Element der Schwankerzählung bezeichnet. „So bleiben als sichere Kennzeichen eines Schwanks: der den Lebenswirklichkeiten in allen Schattierungen nahe Stoff . . .".[47] Gegenstand des Schwanks sind „. . . einem überall bekannten und beliebten internationalen Erzählgut entstammende und daneben heimische, dann . . . irgendwie zeitbezogene Stoffe von heiterer bis derber Alltäglichkeit, von Lebensnähe . . .".[48] Ziel des Schwanks im Sinne Peuckerts ist es, „die Welt zu verirdischen . . . Verirdischen, das will nicht besagen: Photographie des diesseitigen Lebens . . . der Schwank überhöht die Dinge . . ., ohne sie doch aus der Wirklichkeit in ein Unwirkliches hinauf zu steigern".[49] Die Kontroverse über den Realismus des Schwanks resultiert aus dem ambivalenten Realitätsbezug der Form. Zwar ist der Schwank – wie die Zeit- und Raumdarstellung zeigt – im Bereich alltäglichen Lebens situiert. Die dargestellte Wirklichkeit wird nicht auf eine übernatürliche Ebene gehoben wie im Märchen. Die Stoffe des Schwanks sind aus dem Bereich des Alltags genommen: Schwänke beziehen sich auf die triebgebundenen Bereiche des menschlichen Lebens (Essen, Trinken, Sexualität), auf die Formen gesellschaftlichen Zusammenlebens und die Konflikte zwischen gesellschaftlichen Schichten. Dennoch zielt der Schwank nicht auf Abschilderung des Tatsächlichen. Vielmehr „zeigt sich in Stoff, Typus und Darstellungsweise eine Stilisierung",[50] die sich aus der ‚karikaturalen Optik' des Erzählstils ergibt. Durch die Sprachform der Komik erscheint die dargestellte Lebenswirklichkeit verfremdet und verzerrt. So ist der Schwank einerseits auf Wirklichkeit bezogen, andererseits bewirkt die Komik eine Proportionsverschiebung, die außer Kraft setzt, „was für den normativen Ernst Geltung hat".[51] Sofern der Schwank auf eine „veristische Drastik"[52] komischer Wirklichkeitskonstellationen abzielt, ist der mimetische Bezug ein notwendiges Element der Erzählform. Als Form der karikierenden Wirklichkeitsdarstellung figuriert der Schwank jedoch eine Art „konstrastiven Realismus".[53]

4.2.3.1 Figuren-, Zeit- und Raumdarstellung

In der Art der Figuren-, Raum- und Zeitdarstellung wird die Tendenz deutlich, realistische Darstellung mit stilisierender Erzählweise zu verbinden. Darstellungsmittel der Komik sind der konkrete Alltagsbezug einerseits und Typisierung und Verfremdung andererseits.

Die *Figuren* des Schwanks stammen aus allen sozialen Schichten: Bauern, Fürsten, Pfaffen, Landsknechte. Doch besteht eine Vorliebe für die Lebenssphäre des Kleinbürgertums.

Die Handlungsträger können entweder mehr oder minder individualisierte Personen sein: Herr von Rappoltstein, Herr von Muntheiß, Graf Wilhelm von Fürstenberg. In der Regel sind es jedoch typisierte Figuren, entweder Standestypen – ein Graf, ein Bauer, ein Landsknecht, ein Weib – oder Charaktertypen: Eulenspiegel, Hans Clauert, Münchhausen. „So besteht die Schwankdichtung aus wenigen Typen der Figuren . . .; die Mischung . . . dieser wenigen Grundtypen, ihre möglichen Konfigurationen ergeben aber eine reiche Fülle von Variationen . . .".[54]

Die Figuren sind flächenhaft gezeichnet. Sie werden nur durch ihren sozialen Bezug und durch ihre spezifische Handlungsweise in konkreten Wirklichkeitskonstellationen charakterisiert. Die Realistik der Figurendarstellung ergibt sich aus ihrer Verwurzelung in historisch-sozialen Bezügen. Gleichzeitig sind die Figuren typisiert, weil sie modellhaft komische Konfliktsituationen im Individual- und Sozialleben präsentieren bzw. stereotype Verhaltensmuster spiegeln: die listige und lüsterne Ehefrau, der buhlerische Dorfpfarrer, der listige Knecht, der betrogene Ehemann usw.

In der Art der *Raum- und Zeitdarstellung* verbindet sich „Wirklichkeitsnähe und Unmittelbarkeit des Schwankgeschehens" mit einem „Zug der Zeitlosigkeit, Ubiquität und Allgemeingültigkeit".[55] Es finden sich mehr oder minder genaue Zeit- und Ortsbestimmungen. Vor allem die Ortsangaben sind häufig genau lokalisiert: zu Ems, in Frankfurt, auf der Fahrt nach Lindau, in Mundingen usw. Die konkreten Schauplätze sind jedoch zugleich stilisiert, sie sind Orte typischer Ereignisse. Was sich in Mundingen ereignet, kann überall geschehen. Einmal abgestempelte Orte können in bestimmten konkreten Situationen immer wieder leitmotivisch eingesetzt werden – wie z. B. Schilda. Eingebettet in die Konstellationen komischer Wirklichkeitsdarstellung stehen die realen Raum- und Zeitsituierungen beispielhaft für ein ‚immer' und ‚überall'. Andererseits bewirkt die „Beziehung auf eine zeit-örtliche Lebenswirklichkeit"[56] eine Erhöhung des komischen Effekts. Je näher und faßbarer das Dargestellte erscheint, desto deutlicher wird der durch die Komik erzielte Verfremdungseffekt.

4.2.4 *Der Schwank als Sprachform der Komik*

Das Komische kann die Wirklichkeitsdarstellung im Schwank auf vielfältige Weise bestimmen – als *Situationskomik, Sprachkomik* und *Charakterkomik*[57]. Es gibt bisher noch kaum Strukturmuster, mit denen sich die
kommunikativen Handlungsspiele der Komik im Schwank beschreiben
lassen. Deshalb sind in diesem Zusammenhang nur vorläufige Bestimmungen möglich, die durch jeweils konkrete Textanalyse modifiziert und
erweitert werden müßten. Insgesamt beruht der komische Effekt im
Schwank vor allem in der Störung eingeschliffener Sprach- und Normvorstellungen. Komik realisiert sich als „Kollaps von Erwartungsschemata";[58]
sie wird bewirkt durch die Diskrepanz von Erwartung und Erfüllung.

Konstellationen der *Situations- bzw. Charakterkomik* im Schwank können sein:

a) Komik der Opposition: Situationen bzw. Charaktere können einander so zugeordnet werden, daß aus der Art der Entgegensetzung Komik
entsteht (z. B. Nonne – Teufel). Bausinger[59] hat die Opposition als wichtige Grundfigur komischer Wirklichkeitskonstellation im Schwank bezeichnet. Formen der Opposition sind z. B.: Sitte versus Sex, Profanität versus
Geistlichkeit, soziale Gegensätze von arm und reich, bzw. Ständegegensät-
ze (der Arzt und der Bauer, der Edelmann und der Narr usw.). Weitere
Formen der Opposition sind Wahrheit contra Lüge, Schein contra Sein
usw.

b) Komik als Form der Tabuverletzung: in diesen Zusammenhang
gehören die zahlreichen Sexualschwänke. Die Komik zielt auf die Entlar-
vung gesetzter Normen. Die Komik der Tabuverletzung kann resultieren
aus der „Heraufsetzung des Kreatürlichen" und „materiell Leiblichen", die
„von der Lachgemeinde als Befreiung des Sinnlichen oder als Triumph über
Gewalten der normativen Welt . . . erfahren werden kann"[60] oder aus der
„Herabsetzung des Idealen"[61] (z. B. Schwänke um Geistliche, Pfaffen).

c) Komik als Störung normaler Abläufe: komische Effekte können
entstehen, wenn Handlungen, Gesten, Ereignisse aus ihrem eigentlichen
Kontext herausgerissen und in einen anderen, fremden Kontext hineinge-
stellt werden. Ein Beispiel für dieses Strukturtyp der Situationskomik ist
die ‚Mechanik des Lebendigen', bei der das Lebendige so behandelt wird,
als ob es ein bloßer Automatismus ist (vgl. Münchhausen: Bericht vom
Arm, der „in eine unwillkürliche Bewegung des Hauens geraden war"[62]
und deshalb wie ein mechanisches Teil repariert werden muß).

Andere Formen für den „falschen Transfer"[63] sind die Übertragung von
Totem auf Lebendiges, vom Teil aufs Ganze, vom Beseelten auf Unbeseel-
tes (und umgekehrt) usw. Zum Strukturtyp ‚Störung' gehören ferner die

komischen Konstellationen „Eingefrorene Dynamik" und „Temporäre Deformation".[64]

Die Form „eingefrorene Dynamik" findet sich vor allem in den Geschichten vom Lügenbaron Münchhausen. Ziel dieser Konstellation ist es, dynamische Prozesse zu „einem konservierbaren, tiefgefrorenen Statischen werden (zu lassen), das jederzeit aufgetaut werden kann und wieder verwendbar ist".[65]

Die Konstellation ‚temporäre Deformation' ist eine Form der Situationskomik, die z. B. auch in Comics ein beliebtes Stilmittel ist („Lebewesen werden plattgewalzt . . ., Körper werden aufgewickelt (Wringung)",[66] um dann wieder im normalen Zustand zu erscheinen).

d) Strukturtyp Übertreibung: Das in Schwänken häufig verwendete Mittel der Übertreibung, die superlativische Überhöhung von Situationen, Handlungen und Sprachformen, realisiert sich in verschiedener Weise: 1) als Übertreibung der Zeit: „ein Zeit beanspruchender Vorgang wird zu einem fast punktuellen Ereignis"[67] verkürzt. Wegen des überdehnten Kontrastes zur Realität wirkt die illusorische Kürzung der Zeit komisch.

e) als Übertreibung der Qualität und der Quantität: Dinge und Leistungen werden ins Extreme hinein übersteigert und wirken damit komisch.

Eine spezifische Form der *Charakterkomik* wird durch die Verwendung komischer Typen erzeugt, wie z. B. den gefoppten Pedanten, die betrogene Naivität, den Aufschneider, den Lügenbaron, den Zerstreuten, den Einfältigen usw.

Neben der Situations- und Charakterkomik spielt die *Sprachkomik* in Schwänken eine wichtige Rolle. Formen der komischen Sprachverwendung sind u. a. Übertreibung (durch Anhäufung von Synonyma, durch Steigerung, durch schöpferische Wortkombinationen usw.), Untertreibung, semantische Zweideutigkeiten, Wortverwechslung (Paris, Paradies), Verwechslung von metaphorischem und lexikalischem Gebrauch der Sprache (uneigentliche Ausdrücke werden nicht in übertragenem Sinn, sondern wörtlich genommen), falsche Analogieschlüsse, inadäquate Semantik (ironische Sprachverwendung wird wörtlich verstanden) usw.

Die verschiedenen Mittel der Komik finden in den Schwänken in unterschiedlicher Weise Verwendung. So sind die Eulenspiegelgeschichten vor allem gekennzeichnet durch den Strukturtyp der ‚inadäquaten Semantik'.[68] Die gesellschaftlichen Sprachverwendungsformen werden von Eulenspiegel jeweils wörtlich genommen und dadurch entsteht der komische Effekt. Wenn Eulenspiegel vom Bäckermeister den verzweifelt ironisch gemeinten Auftrag erhält, Eulen und Meerkatzen zu backen, so versteht er dies wörtlich und tut es tatsächlich; wenn der Bäckermeister Eulenspiegel aufträgt, das Mehl im Mondschein zu beuteln, so begreift Eulenspiegel den

Ausdruck ,im Mondschein beuteln' wörtlich und „beutelt das Mehl in den Hof, da der Mond herscheint, immer dem Schein nach"[69] usw.

Die Münchhausengeschichten sind bestimmt durch die komischen Konstellationen der Übertreibung, durch Formen des falschen Transfer (falsche Interpretation von Kausalgesetzen) und durch die Mechanik des Lebendigen. In den Schildbürgerschwänken findet sich vor allem der Strukturtyp der falschen Analogieschlüsse. Beispiel:[70] Die Schildbürger wollen Licht in ihr finsteres Rathaus bringen. Sie wissen, daß sich Wasser im Eimer tragen läßt; noch keiner hat versucht, Licht im Eimer zu tragen; analog dem Wasser wollen die Schildbürger auch das Licht im Eimer tragen.

Analogieschluß:
1. Wasser kann man im Eimer tragen.
2. Licht ist ähnlich wie Wasser.
3. Licht kann man im Eimer tragen.

Je nach komischer Konstellation ändern sich auch die Zielsetzungen des Schwankes. Jung hat am Beispiel der Schildbürger-, Münchhausen- und Eulenspiegelgeschichten drei verschiedenen Zielrichtungen der Komik unterschieden. Das Lachen in den Münchhausengeschichten ist „gerichtet gegen: outriertes Verhältnis zur Realität", in den Schildbürgerschwänken gerichtet gegen „irrationales Verhältnis zur Realität", in den Eulenspiegeleien „gerichtet gegen: repressives Verhältnis zur Realität".[71]

4.2.5 Funktion und Publikumsbezug

Schwänke sind durch ihren ,Sitz im Leben' bestimmt. Da das Lachen jeweils an soziale Gruppen und deren Erwartungsschemata gebunden ist, ist der Publikumsbezug ein konstituierender Faktor des Erzählten. Ziel der Schwänke ist es, zu belustigen und durch Komik Erkenntnis auszulösen. Die Funktion des Schwanks als Sprachform der Komik besteht im wesentlichen darin, auf allen Ebenen individuellen und sozialen Verhaltens eingeschliffene Wirklichkeitseinstellungen deutlich werden zu lassen und vorgegebene Normen und Tabus zu durchbrechen. Als operatives Genre muß der Schwank prinzipiell auf den historischen, sozialen und kulturellen Kontext zurückbezogen werden, da seine Wirkung nicht unabhängig von bestimmten Kommunikationssituationen gedacht werden kann.

Die kommunikative Grundsituation des Schwanks beschreibt Jauß mit der Frage: „Wo kann sich der Vorgang von der heiteren Seite zeigen?".[72]

4.3 Der Schwank im Literaturunterricht

Gegenüber Märchen und Sage nimmt der Schwank im Literaturunterricht[73] eine Randstellung ein. Er wird kaum als selbständige literarische Gattung behandelt, sondern als ‚lustige Geschichte'. Die *Zielsetzungen* im Umgang mit Schwänken sind unterschiedlich. Schwänke dienen vor allem der Unterhaltung und der Auflockerung des Unterrichtsgeschehens; außerdem werden sie als kurzweilige Leseübung, als Mittel der Problemdiskussion, als Vorübung zur Charakteristik, als Gegenstand sozialkritischer Betrachtungen oder als Spielanlaß eingesetzt. Die didaktischen Überlegungen schließen sich jeweils an die Inhalte und Stoffe, die Formen oder die Funktion von Schwänken an.

Bisher sind Schwänke vor allem Unterrichtsgegenstand der Unterstufe. Dabei kommt es darauf an, die unterhaltsame Funktion zu bewahren und die Unmittelbarkeit der lustigen Geschichten wirken zu lassen.

Es gibt in neuerer Zeit Versuche, den Schwank in den Literaturunterricht der Sekundarstufe einzubeziehen. Unter sozialkundlichen und rezeptionsästhetischen Gesichtspunkten werden Schwänke als Form der Sozialkritik[74] und als Dichtung der Normdurchbrechung (rollentheoretischer Ansatz) thematisiert. Inhalte und Stoffe der Schwänke werden daraufhin untersucht, inwiefern sie soziale Probleme und Spannungen (zwischen den sozialen Schichten, z. B. Herrn und Knecht; in bezug auf die ökonomischen Verhältnisse usw.) spiegeln. In diesem Sinn gelten Schwänke nicht mehr als ‚lustige Geschichten', sondern als eine Art sozialkritischer und politischer Reflexion, die sich der Mittel der Komik bedient.

Ein *Modell der Schwankdidaktik*, das die verschiedenen Perspektiven im Umgang mit Schwänken umgreift, ist in Anknüpfung an die spezifische Kommunikationssituation der Form entwickelt worden: Schwänke sind Sprachformen der Komik. Die inhaltlichen, formalen und funktionalen Gegebenheiten sind eingebunden in die kommunikative Situation der Erzählform und lassen sich erst im Rückbezug auf die Kommunikationssituation komischer Rede adäquat begreifen.

Eine an der Gegenstandsstruktur der Form orientierte Didaktik stellt sich mithin im Sinn Ulshöfers[75] und Jungs[76] als Einführung in Grundelemente und Grundbedingungen komischen Sprechens dar. Am Beispiel des Schwanks sind die inhaltlichen und sprachlichen Strukturen zu demonstrieren, die Lachen erzeugen. Schwankdidaktik versteht sich damit als Beitrag zur Aufklärung grundlegender menschlicher Verhaltensweisen. Die naive, unterhaltsame Schwankrezeption soll durch die Analyse der Grundformen komischer Rede nicht abgelöst, sondern auf ihre inneren Gründe hin durchleuchtet und damit vertieft werden. Dabei wäre es falsch, in der Primarstufe den Schwank nur als lustige Geschichte einzuführen und erst in der Sekundarstufe mit der kognitiven Textanalyse zu beginnen. Je nach Interessen- und Verstehenslage der Schüler kann das Verständnis komischer Sprachstrukturen bereits von Anfang an geschult werden. Ausgehend von den einfachen, leicht rezipierbaren Elementen der Komik – Charakterkomik, Sprachverwendungsformen komischer Rede: Untertreibung, Übertreibung, Wortverwechselung, Wortspiel usw. – kann das Phänomen der Komik in der Sekundarstufe in seinen verschiedenen Dimensionen und Wirkabsichten behandelt werden.

Der Einblick in die verschiedenen Typen der Komik ist nicht allein im Sinne einer bloßen Formenlehre zu vermitteln. Die Erzählsituation des Schwanks verdeutlicht eine bestimmte Art der Welterschließung; in ihr realisiert sich ein bestimmter Typ des Wirklichkeitszugriffs. Die Didaktik des Schwanks sollte an diese lebensweltliche Funktion komischer Rede anknüpfen, indem die Strukturen und Formen komischer Rede als Ausdruck einer bestimmten Wirklichkeitssicht aufgeschlüsselt werden. Die kommunikative Situation des Schwanks besteht darin, Normen und Tabus des „verordneten Lebens" zu suspendieren. Die Komik des Schwanks ist eine Form spielerisch-distanzierten Umgangs mit Sprache und Realität. Es sind jeweils Konstellationen von Mißverhältnissen, die in allen Bereichen menschlichen Lebens aufgedeckt werden können. So bezieht sich die Komik des Schwanks auf Fragen der Moral, auf Formen des sozialen Lebens, auf politische Probleme, auf sexuelle Verhaltensweisen, auf Probleme der Logik (Denkfehler), auf Inkongruenzen der Sprache. In der Auseinandersetzung mit Schwänken können damit alternative Modelle von Haltungen, Einstellungen und Wertungen gegenüber den verschiedenen Bereichen der Realität kennengelernt und perspektivisches Denken geschult werden. In seinem Aufsatz über die Eulenspiegel-, Münchhausen- und Schildbürgergeschichten hat Jung ein Modell des Zusammenhangs von Struktur und Funktion komischer Rede entwickelt, das Ausgangspunkt für weitere Analysen sein kann.

Die Untersuchung des Schwanks als Kommunikationssituation der Komik kann sich in verschiedenen Arbeitsreihen unter differenten Perspektiven vollziehen:

1. *Arbeitsreihe:* Schwank als Erzählform der Komik; Themen komischer Erzählung:

a) Schwank als Form der Normverletzung im Bereich des Sexuellen, Sozialen, Privaten, Politischen usw.;

b) Sprachform der Komik: Grundelemente komischer Rede – morphologische und strukturelle Elemente (Wortwahl, Satzbau, Typen der Pointe, Handlungsaufbau, Figurengestaltung, Zeit- und Raumdarstellung); Typen der Komik: Situations-, Charakter- und Sprachkomik;

c) Wirkabsichten des Schwanks: Unterhaltung, Belehrung usw.

2. *Arbeitsreihe:* Sprachtheoretischer Ansatz: Klassifizierung der Grundformen komischen Sprechens: im Bereich der Semantik (Zweideutigkeiten, Wortverwechslung, inadäquate Semantik usw.), im Bereich
der Syntax (Satzbrüche), im Bereich der Pragmatik (Typen von Mißverhältnissen bzw. Normverletzungen).

3. *Arbeitsreihe:* Rollentheoretischer Ansatz: Typen der Rollen im
Schwank; Typen der Oppositionsverhältnisse: Mann – Frau; Meister –
Knecht; Dumme – Schlaue usw.

4. *Arbeitsreihe:* Ideologiekritischer Ansatz: Schwänke als Spiegel sozialer
Verhältnisse – Herrschaftsverhältnisse, soziale Schichten; Komik als
sozio-kulturell bedingtes Phänomen.

5. *Arbeitsreihe:* Formen der Textproduktion: Die verschiedenen Formen
der Textrezeption sind mit Formen der Textproduktion zu verknüpfen, die sich auf verschiedene Weise realisieren kann:

a) Variation von Schwänken durch Änderung der Sprachspiele bzw.
Formen des komischen Sprechens;

b) selbständiges Verfassen von Schwänken frei oder unter Vorgabe
von aa) einem bestimmten Typ der Komik, bb) einer bestimmten
komischen Sprachform;

c) Transfer auf aktuelle Situationen.

6. *Arbeitsreihe:* Spiel; Rollenspiel – Erproben und Verändern der Oppositionsverhältnisse in Schwänken; Sprachspiel; Einstellungsänderungen:
umstellen, ergänzen, kommentieren, weglassen, variieren usw.

7. *Arbeitsreihe:* Das kommunikative Element des Schwanks im Kontext
anderer literarischer Formen: Schwankmärchen, schwankhafte Anekdoten usw.

5 Fabel

Während Sage, Märchen und Schwank unzweifelhaft zu den Volkserzählungen gehören, ist die Zugehörigkeit der Fabel zum mündlichen Erzählgut nicht so eindeutig. In den Sammlungen von Volkserzählungen des 19. Jahrhunderts sind Fabeln nur spärlich vertreten. Es gibt eine Fülle von Fabeln, die Individualdichtung (Lessing, Gleim, Gellert usw.) zu sein scheinen. Im Vergleich der Stoffe und Motive französischer, italienischer, deutscher Fabeldichter wird jedoch deutlich, daß die Motive einander ähneln und z. T. Gemeingut sind. Fabelmotive sind ubiquitär und haben eine lange Tradition. Als allgemeines volkstümliches Erzählgut haben sie Eingang gefunden in die Hochliteratur und sind für Adaptationen in andere Literaturformen (Predigtliteratur des Mittelalters) offen.[1]

5.0 Name und Begriff

Das Wort ‚Fabel‘[2] geht auf lat. ‚fabula‘ zurück, das verwandt ist mit dem Wort ‚fari‘ „sprechen“ bzw. mit ‚fateri‘ „bekennen“. Von der Etymologie her ist die Fabel eine bestimmte Form bekennenden Sprechens. Über das afrz. ‚fable‘ (Märchen, Erzählung, unwahre Geschichte) gelangt das Wort ins Mittelhochdeutsche.[3] Die im 12./13. Jahrhundert gebräuchliche Bezeichnung für die Form war ‚bispel‘, ‚bischaft‘. Bereits in dieser Zeit taucht der exempelhafte Charakter als Wesensmerkmal der Form auf. Der feste Gattungsbegriff ‚Fabel‘ kristallisiert sich erst bei den Humanisten (Steinhöwel) und vor allem im 18. Jahrhundert heraus. Seit dem 18. Jahrhundert (Lessing, Bodmer, Gellert usw.) gilt der Begriff ‚Fabel‘ zur Bezeichnung einer Gattung, in der Tiere, Pflanzen oder Dinge eine metaphorische, handlungskonstituierende Bedeutung haben und in der es um die Darstellung einer Lehre geht.[4]

5.1 Geschichte der Fabel

Es fehlt eine umfassende Darstellung der Geschichte der Fabel. Es gibt jedoch eine Fülle von Einzelmonographien[5], in denen jeweils europäische Bearbeitungen einzelner antiker Fabelmotive und -stoffe, ihre Quellen und Zusammenhänge untersucht werden. Ohne auf die differenzierten Einzeluntersuchungen eingehen zu können, sollen nur Grundzüge der geschichtlichen Entwicklung der Fabel skizziert werden.

Die deutsche Fabeldichtung seit dem Mittelalter besteht weitgehend aus übersetzten und bearbeiteten Motiven antiker Literatur. Wo die Fabel entstanden ist, ob in Griechenland oder in Indien, ist ungewiß. „Nach der Heimat der Fabel zu forschen, ist sinnlos . . . es handelt sich um eine Urform unserer Geistesbetätigung."[6]

Die früheste bekannte literarische Bearbeitung von Fabeln, die man insgesamt fast alle auf den sagenhaften Aesop zurückführt, stammt von dem Griechen Babrios (2. bzw. 3. Jahrhundert v. Chr.). Vor dem sog. Erfinder der Fabeln, Aesop, gibt es noch ältere Fabeln bei Hesiod (700 v. Chr.) und Archilochos (650 v. Chr.). In Rom wurde die Fabel durch den Freigelassenen des Augustus, Phaedrus (1. Jahrhundert n. Chr.), bekannt. Die mittelalterliche Fabelliteratur geht weder auf Babrios noch auf die Bearbeitungen des Babrios durch Phaedrus zurück, sondern auf den sog. Romulus, eine Prosafassung antiker Fabeln aus dem 4. Jahrhundert n. Chr.[7]

Fabelartige Literatur in deutscher Sprache findet sich zum ersten Mal in der ‚Physiologus'-Übersetzung von 1070.[8] Die im ‚Physiologus' gegebene Katalogisierung feststehender Eigenschaften von Tieren wird bei Spervogel und Herger fortgeführt. In der spätmittelalterlichen Literatur ist der Stricker (1215–1250) der bedeutendste Vertreter der Fabeldichtung. In seinen Fabeln ist der Beispiel-Charakter stark ausgeprägt; der Schluß seiner Fabeln enthält meist eine oder mehrere Lehren.

Im hochdeutschen Raum wurden die antiken Fabelmotive erstmals durch die 1349 veröffentlichte Fabelsammlung von Ulrich Boner greifbar. Boner nennt seine Fabelsammlung „Der Edelstein". Mit dieser Sammlung setzt die Tradition der geschlossenen Fabelausgaben ein. Der „Edelstein" enthält etwa 100 Fabeln, die in Versform erzählt sind.

In der Zeit des Humanismus, Ende des 15. bzw. im 16. Jahrhundert, erlebt die Fabel eine Hochblüte (Aktualisierungsphase). Es entstehen mehrere Übersetzungen aus dem Lateinischen und aus dem Orientalischen. Ulrich von Pottenstein überträgt die Fabeln des Cyrill (1410), Steinhöwel den ‚Äsop' des Romulus (1480), A. von Pforr die orientalische Fabeldichtung „Buch der Beispiele der alten Weisen" (Verdeutschung der Pantschatantra). Die Fabelausgabe Steinhöwels (1422–1478) wird die Grundlage für viele deutsche und ausländische Fabelsammlungen; Steinhöwel wird von Luther als der deutsche Äsop bezeichnet.[9] Die Bedeutung der Fabel für Humanismus und Reformation ergibt sich aus der lehrhaften Struktur dieser Erzählgattung, die als Möglichkeit moralischer und religiöser Belehrung verstanden wird. Bekanntester Fabeldichter der Reformation ist Luther. Spätere bekannte Fabelsammlungen stammen von Burkard Waldis (1490–1556) und Erasmus Alberus (ca. 1500–1553).

Während Höhepunkte der Fabeldichtung im 16. und 18. Jahrhundert liegen, wird diese Gattung von den Barockdichtern gering geschätzt (Latenzphase[10]). Zwischen 1600 und 1740 erscheinen fast keine neuen Fabeln. In der Zeit der Aufklärung, ca. ab 1740, ist wiederum ein starkes Interesse für Fabeldichtung nachweisbar. Berühmte Fabelautoren dieser Zeit sind Gellert (1715–1769), Hagedorn (1708–1754) und vor allem Lessing (1729–81). Antike Fabelmotive erscheinen in neuer Bearbeitung, teilweise unter Erneuerung der Requisiten (Lessing) bzw. mit neuen Motiven und durch Kontamination von Fabelstoffen. Die deutsche Fabeldichtung des 18. Jahrhunderts ist durch zwei Tendenzen gekennzeichnet: durch einen knappen, pointierten Erzählstil (Lessing) und durch eine breite anschauliche epische Erzählweise (Hagedorn, Gellert, Gleim), die vor allem durch den französischen Fabeldichter La Fontaine beeinflußt ist.

Die Wirkabsichten der Fabel im 18. Jahrhundert sind weniger religiös gerichtet, sondern moraldidaktisch (frühe Aufklärung, Lessing) und sozialkritisch (Pfeffel 1736–1809; Fischer 1771–1829). Pfeffel und Fischer verstehen Fabeln als Medium politischer Wirkung. Ferner wird die Fabel als Instrument der Realitätserkenntnis und als Ratschlag für richtiges Verhalten in gesellschaftlichen Zuständen (Lessing, Gellert) gedeutet. Gegen Ende des 18. Jahrhunderts verliert die Fabel zunächst ihre literarische Bedeutung. Sie wird als Gebrauchsliteratur und als pädagogisches Unterweisungsinstrumentarium weiter gedruckt.

Im 19. Jahrhundert erfolgt eine „Rehabilitation der Fabel".[11] Auf Grund der Vielzahl von Fabelautoren und -bearbeitern (u. a. W. Busch, A. Schopenhauer, W. Hey)[12] ergibt sich ein differenziertes Bild von Fabeltypen.

Die wesentliche Funktion der Fabeldichtung im 19. Jahrhundert besteht in der Vermittlung von moralischen Sätzen und Maximen der Lebensklugheit. Durch Sentimentalisierung und Pädagogisierung werden Fabeln zu Kinderliteratur umgestaltet. Wilhelm Hey gibt „Fabeln für Kinder" (1854) heraus, vorausgegangen sind Pestalozzi (1803) und Campe (1806). Daneben finden sich humoristische Tendenzen in der Fabelliteratur (W. Busch) und sozialkritische Fabeln (A. E. Fröhlich).[13]

Im 20. Jahrhundert werden kaum Fabeln geschrieben. Bekannte Vertreter neuerer Fabeldichtung, die vor allem sozialkritisch gerichtet ist, sind J. Thurber, H. Kleukens, W. Schnurre und H. Arntzen[14].

5.2 Die Fabel als Erzählform

Die poetologische Bestimmung der Form ist innerhalb der Fabelforschung kontrovers. „Und damit ist dasjenige, was man unter der „äsopischen Fabel" zu subsumieren habe, alles andere als fest umrissen".[15]

In der Geschichte der Fabel hat die Form so vielfältige Wandlungen erlebt, daß eine allgemeingeltende Gattungsbestimmung überhaupt als problematisch bzw. unsinnig bezeichnet wurde.[16] In Geschichte und Theorie der Fabel gibt es eine Vielzahl von Wesensbestimmungen. Die Mehrzahl der Definitionen knüpft an die Funktion der Gattung an, die sich je nach sozio-historischem Kontext verändert hat. Für Lessing besteht das Wesen der Fabel darin, daß sie einen moralischen Lehrsatz veranschaulicht: „Wenn wir einen allgemeinen moralischen Satz auf einen besonderen Fall zurückführen, diesem besonderen Falle die Wirklichkeit ertheilen und eine Geschichte daraus dichten, in welcher man den allgemeinen Satz anschauend erkennt: so heißt diese Erdichtung eine Fabel."[17] Nach Herder ist die Fabel eine „Dichtung, die für einen gegebenen Fall des menschlichen Lebens in einem andern congruenten Falle einen allgemeinen Erfahrungssatz oder eine praktische Lehre nach innerer Notwendigkeit derselben so anschaulich macht, daß die Seele nicht etwa nur überredet, sondern Kraft der vorgestellten Wahrheit selbst sinnlich überzeugt werde."[18] Im 20. Jahrhundert gilt die Fabel nicht als Dichtung moralischer Lehrsätze, sondern als Situationsanalyse: „Den Lauf der Welt zeigt also die Fabel, das ist ihre erste und allgemeinste Lehre . . ."[19]

Die verschiedenen Definitionen der Fabel sind jeweils an bestimmten Merkmalen oder Funktionen der Form orientiert und erklären diese zu Wesensmerkmalen, ohne der Geschichtlichkeit und Veränderbarkeit der Gattung Rechnung zu tragen. Die „einzige Möglichkeit" einer allgemeingeltenden Definition besteht nach Leibfried „in einer Beschreibung der Veränderung und in dem Versuch, die trotz aller Wandlung gleichbleibenden Züge herauszustellen". Das „Ungenügende der meisten Theorien" ergibt sich für Leibfried daraus, „daß dies nicht unternommen wurde . . .: sie definieren zu einseitig . . . und entscheiden von einem unbeweglichen Blickwinkel her."[20]

Bereits J. J. Engel[21] entwirft ein Strukturmodell der Fabel, das es ermöglicht, das „gattungshaft Allgemeine" der Form mit den „historisch-individuellen Besonderheiten"[22] zu vermitteln. Engel unterscheidet ‚notwendige' Elemente, die jeder Fabel zugrundeliegen und ‚zufällige'[23] Elemente, die sich je nach Kontext verändern können. In der neueren, strukturalistisch orientierten Gattungstheorie taucht dieses Beschreibungsmodell mit veränderter Terminologie wieder auf. Es wird differenziert zwischen „relativ oder absolut konstanten Tiefenstrukturen und den sich wandelnden historischen Transformationen, in denen sich die Tiefenstrukturen konkretisieren".[24] In diesem Sinn kann das Gattungshafte der Fabel weder aus einzelnen Merkmalen, noch aus den sich ständig wandelnden Funktionen der Fabel bestimmt werden, sondern durch eine Beschreibung der Tiefenstrukturen, die sich je nach historischem Kontext verschieden aktualisieren.

Die folgenden Ausführungen zur Wesensbestimmung der Fabel sollen sich an dieses strukturalistische Beschreibungsmodell anschließen. Grundlage für die Gattungsdefinition ist das Textcorpus der sog. Aesopschen Fabeln.

Die Fabel als literarische Form[25] wird aus dem Zusammenwirken folgender Textelemente konstituiert:

1) Die Fabel erscheint primär als narrativer Text. Es gibt aber auch Fabeln – wie bereits Engel betont – in dramatisierter oder versifizierter Form.[26]

2) Die Fabel gehört zu den literarischen Kurzformen.

3) Die Fabel ist eine amimetische Form des Erzählens, d. h. es geht nicht um wirklichkeitsgetreue Geschehniswiedergabe, sondern um bildhafte Deutung des Wirklichen.

4) Die Fabel ist eine „allegorische Erzählung"[27].

5) Zweck des allegorischen Erzählens ist die Vermittlung von Ansichten bzw. Einsichten. Die Fabel ist eine lehrhafte Dichtungsform.

Zusammenfassend kann die Fabel als diejenige literarische Kurzform definiert werden, die allgemeine Erfahrungssätze, Einsichten bzw. Ansichten in allegorischer, amimetischer Erzählweise veranschaulicht.

Im Folgenden sollen die einzelnen Elemente der Fabel näher erläutert werden.

5.2.1 Die Fabel als Erzähltext

Die überwiegende Mehrzahl von Fabeln gehört zu den narrativen Texten. Bereits Engel weist jedoch darauf hin, daß nicht jede Fabel „notwendig in erzählender Form"[28] geschrieben sein muß. Es gibt auch Beispiele für durchgängige Dialogisierung (Dramatisierung) von Fabelstoffen; ebenso gibt es Fabeln in Versform. Als Erzähltext besteht die Fabel aus einer „unter einem Gesichtspunct"[29] geordneten Abfolge von Handlungen. Fabeln enthalten nicht nur eine „blose Folge von Begebenheiten", sondern diese sind unter einem bestimmten „Endzweck", der das

Organisationsprinzip der dargestellten Vorgänge ist, zur Einheit einer Handlung gefügt. „Eine Handlung nenne ich eine Folge von Veränderungen, die zusammen ein Ganzes ausmachen. Diese Einheit des Ganzen beruhet auf der Übereinstimmung aller Theile zu einem Endzwecke. Der Endzweck der Fabel, das, wofür die Fabel erfunden wird, ist der moralische Lehrsatz."[30] Der Handlungsaufbau der Fabel wird demnach von Lessing als „Folge von Veränderungen" bestimmt, deren Einheit in einem „einzigen anschauenden Begriff"[31] besteht.

Der Grundvorgang der Handlungsabfolge von Fabeln ist in den theoretischen Schriften zur Fabel vielfach beschrieben worden. „Das ist der Grundvorgang in jeder Fabel, daß zuerst in irgend einer Weise der Kontakt mit dem Realen verloren geht, dann aber erfolgt mit einem Ruck die heilsame Korrektur und beglückt wendet sich der Geist der neu gewonnenen Einsicht zu."[32] Die Handlung der Fabel besteht im wesentlichen in der Aufeinanderfolge von drei bzw. vier Handlungssequenzen:
a) Ausgangssituation (sie wird konstituiert durch die Nennung des Handlungsträgers und durch die Situierung des Erzählten in Raum und/ oder Zeit)
b) die Handlung beginnt (actio),
c) die Gegenhandlung setzt ein (reactio),
d) das Ergebnis wird formuliert.
Beispiel: Der Rabe und der Fuchs:
a) Ausgangssituation; der Rabe sitzt auf einem Baum und hat einen Käse; der Fuchs sieht es und möchte den Käse haben;
b) actio: der Fuchs beginnt seine Schmeichelei;
c) reactio: der Rabe läßt den Käse fallen und fängt an zu singen;
d) das Ergebnis wird formuliert: durch Schmeichelei erreicht man alles.[33]

Das Grundprinzip der Handlungsfolge ist die Entgegensetzung konträrer Standpunkte oder Verhaltensweisen, die durch anthropomorphisierte Handlungsträger verdeutlicht werden. Die pointenhafte Zuspitzung auf den Konflikt der gegensätzlichen Standpunkte und dessen Lösung bildet den eigentlichen Kern des Handlungsgeschehens. Es gibt Fabeln, die nur aus Handlung und Gegenhandlung bestehen. Beispiel: „‚Mach, daß du wegkommst!' schnaubte der Stier die Mücke an, die ihm im Ohr saß. ‚Du vergißt, daß ich kein Stier bin', sagte die und stach ihn gemächlich."

Ausgangssituation und Formulierung eines Ergebnisses können fehlen – die Handlung besteht dann nur in der antithetischen Entgegensetzung von Aktion und Reaktion.

Das innere Bauprinzip der Fabelhandlung ist die Pointe, die sich als ‚Umschlag' realisiert. „Die Störung (ist) . . . veranlaßt durch irgendeinen anmaßenden oder begehrlichen Anspruch des Geistes, durch eine fixe

Idee, durch eine Versponnenheit der träumenden Seele. Die Umkehr geschieht in einem unsanften Zusammenstoß mit der Wirklichkeit, durch einen Fall oder ein Fallenlassen . . .".[34] Die Mehrzahl von Fabeln formuliert das Ergebnis oder die Lösung des Konflikts in einem der Handlung vorangestellten Lehrsatz (Promythion) oder in einem nachgestellten Lehrsatz (Epimythion). Diese Lehrsätze sind jedoch nicht konstitutiv für die Handlung; sie können bereits in der Handlungsabfolge selbst verschlüsselt enthalten sein.[35]

5.2.2 Die Fabel als Kurzform

Seit Lessing gilt die Kürze der Fabel als konstitutives Element der Gattung. Die Fabel ist charakterisiert durch ihre Konzentration auf die Darstellung einer konflikthaften Situation. Diese äußere Kürze spiegelt die innere Struktur: es geht in der Fabel nur um „. . . das Prinzip der antagonistischen Opposition . . ., nicht aber deren mögliche Füllung . . .".[36] Die Kürze ist Ausdruck der Tendenz der Fabel, die nur auf das „Sichtbarwerden des Sinnes"[37] gerichtet ist: die Entgegensetzung von Standpunkten und deren Bewertung. Alles, was nicht dem Aufweis dieser Absicht dient, wird ausgespart. „Die Fabel ist klein. Ihr Format ist kein Zufall. Im Bereich des Epischen ist sie das kleinste, unscheinbarste Gebilde."[38]

Neben diesem auf äußerste Knappheit reduzierten Fabeltyp hat La Fontaine[39] – und in Anlehnung an ihn Hagedorn, Gleim, Gellert u. a. – einen Fabeltyp geschaffen, der durch epische Breite und ausschmückende Erzählweise gekennzeichnet ist. In der Knappheit der Pointe allerdings stimmen die verschiedenen Fabeltypen überein.

5.2.3 Die Fabel als amimetische Form des Erzählens

Ein wesentliches Kennzeichen der Fabel ist ihre antirealistische Erzählweise. Der Fabel geht es nicht darum, die Illusion eines tatsächlichen Geschehensablaufes hervorzurufen. „Wenn der Fabel ein Grundzug vieler Erzählformen ganz besonders abgeht, ist es ‚die Suggestion des Realen‘".[40] Durch verschiedene Mittel wird geradezu verhindert, daß das Erzählte für ein wahrscheinliches Geschehen gehalten wird.

Bereits der konstruierte Charakter des Handlungsverlaufs läßt die antirealistische Tendenz des Erzählens deutlich werden. Das Fabelgeschehen ist durch den Schematismus der Entgegensetzung von polaren Standpunkten bzw. Eigenschaften gekennzeichnet. Die Konstellation bestimmter Rollen, von denen die eine als angemessen, die andere als unangemessen erwiesen wird, bestimmt das Grundgerüst der Handlung. In den meisten Fabeln läßt sich die Handlung als Umkehr einer vorgegebenen Rollenkonstellation beschreiben. Der am Anfang überlegene Partner ist am Schluß unterlegen und umgekehrt.

5.2.3.1 Akteure der Fabel

Ein weiterer auffälliger Zug antirealistischen Erzählens ist die Anthropomorphisierung, d. h. Vermenschlichung nicht-menschlicher Handlungsträger. Zum Inventar der Fabel gehören Tiere, Pflanzen und unbelebte Naturgegenstände, vor allem aber Tiere und zwar meist bekannte, wie z. B. Wolf, Lamm, Fuchs, Esel usw. Die Akteure der Fabel sind mit menschlichen Eigenschaften ausgestattet, sie können reden und sich wie menschliche Wesen verhalten. Die Figuren der Fabel sind jedoch nicht individualisiert; sie sind keine Charaktere, sondern Typen. Sie sind Marionetten innerhalb eines nach einem bestimmten Plan ablaufenden Geschehens. Die Handlungsträger sind nur wichtig, insofern sie bestimmte Eigenschaften verkörpern, die im Verlauf der Handlung als positiv oder negativ bewertet werden. Die einzelnen Akteure stehen nicht für sich, sie sind einander nach dem Gesetz des Gegensatzes zugeordnet. Die Rollenkonstellation der Akteure ist stereotyp: als Kontrastfiguren verkörpern die Handlungsträger polare Eigenschaften. So ist der Fuchs der Schlaue, der Esel der Dumme usw. Die Konturen des einzelnen Akteurs ergeben sich aus der Gegenüberstellung mit dem Kontrahenten. Dasselbe Tier kann in verschiedenen Fabeln verschiedene Eigenschaften haben (z. B. der Löwe als der Mächtige, der Gütige oder der Überlistete).

Die Typisierung zeigt sich bereits in der Namensgebung. Die Akteure tragen meist bloße Gattungsnamen – ein Rabe, der Löwe, die Maus, die Eiche usw. Die Figuren sind somit bestimmt durch „den Gattungsnamen, die Kontrastfigur, die Art der Rede und die Handlungsweise."[41]

Auf Grund des antithetischen Charakters der Fabel ist die Zahl der Handlungsträger meist auf zwei begrenzt. Meistens sind es zwei einzelne Tiere, die einander gegenübergestellt werden; manchmal auch Gruppen von Tieren, die sich jedoch in der Regel in zwei Parteien aufgliedern lassen.

Die Frage, warum bevorzugt Tiere als Akteure der Fabel eingesetzt werden, ist innerhalb der Fabeltheorie verschieden beantwortet worden. Lessing führt als Grund an, daß es „die allgemein bekannte Bestandheit der Charaktere"[42] ist, die jede weitere Erklärung überflüssig macht.

In ähnlicher Weise äußert sich Engel: „Und dann ist es auch ein sehr großer Vorteil, dass die Charaktere und Verhältnisse, auf die der Dichter seine Erzählung gründet, in der thierischen Welt schon bestimmt und Jedermann bekannt sind, ohne dass er sie erst lange schildern dürfte. Diese Welt giebt ihm lebhaftere, deutlicher abstechende Bilder, die weniger Verwirrung und Missdeutung erlauben."[43]

Ein anderes Argument betont, daß Wahrheiten erst dann zur Kenntnis genommen werden, wenn sie verschlüsselt in bildlicher Rede, d. h. durch die Verwendung von Tieren statt Menschen, vermittelt werden, „. . . weil bei Erzählungen aus der menschlichen Welt sich sogleich unsre Leidenschaften mit ins Spiel mischen und die Überzeugung von der Wahrheit verhindern."[44] Aus sozialkritischer Perspektive erscheint die Verwendung von Tieren als Möglichkeit, Mißstände anprangern zu können, ohne Sanktionen fürchten zu müssen. „Jetzt sei, weshalb die Fabel man erfand, noch kurz berichtet. Der bedrängte Sklave, der, was er mochte, nicht zu sagen wagte, barg seines Herzens Meinung in die Fabel und wich dem Vorwurf aus in droll'ger Maske."[45] Nach Spoerris Ansicht gibt es „kein besseres Mittel, den Menschen aus seinem Größenwahn herunterzuholen, als dadurch, daß man ihn an seine Animalität erinnert".[46]

5.2.3.2 Zeit- und Raumdarstellung

Der amimetische Erzählstil zeigt sich auch in der Raum- und Zeitgestaltung. Die Wirklichkeitsdarstellung in der Fabel ist abstrakt. Die Schilderung des Geschehensraumes fällt entweder ganz fort oder ist auf knappste Angaben beschränkt. Meist ist nur der Umweltbezug, in dem sich die Tiere bewegen, angegeben, ohne nähere Ausschmückung – ein Baum, eine Wiese, ein Bach usw. „. . . die Koordination von Raum und Zeit, innerhalb derer jedes Ereignis notwendig statt hat . . . (schrumpfen) zu einem . . . ‚irgendwo' und ‚irgendwann'".[47] Der zeitliche Ablauf der Fabel ist punktuell – er ist auf den Augenblick von Rede und Gegenrede (-handlung) der Akteure konzentriert.

Diese antirealistische Erzähltendenz gründet in der prägnanten Kürze der Gattung und trifft deshalb vor allem für den von Lessing befürworteten Fabeltyp zu. Der episch breitere Fabeltyp La Fontaines zielt auf eine Annäherung an realistische Geschehensdarstellung. Zeit- und Raumangaben werden konkretisiert, Details gewinnen eine größere Bedeutung, die Situation wird variationsreich ausgeschmückt. Aber diese Tendenz zur Veranschaulichung erhöht eher die „Unwirklichkeit der erzählten Welt",[48] weil die ‚marionettenhafte' Konstruktion der Fabelfiguren und der Fabelhandlung dadurch nur umso auffälliger wird.

Auf Grund der skizzierten Vertextungsprinzipien nennt Doderer die Fabel „eine sprachliche Konstruktionseinheit . . ., innerhalb derer die

Tendenz zur Polarisation, zum pointenhaften Abschluß, zur Wirklichkeitsüberschreitung und zur Mitteilung einer Lehre besteht".[49]

5.2.4 Die Fabel als „allegorische Erzählung"

Die narrativen Strukturen der Fabel weisen auf die Sprachform dieser Gattung: die Fabel ist in der Geschichte ihrer Theorie als eine Form allegorischer Rede bezeichnet worden, die über das Gesagte hinaus auf ein Gemeintes hinweist.[50] Allegorie[51] ist ein Terminus antiker Rhetorik und meint eine Weise des indirekten Sagens gegenüber dem direkten, eine Form des Anderssagens, d. h. eine verhüllende Vergegenwärtigung von Sachverhalten.

Die Erzählhaltung der Fabel besteht darin, durch ihre figurative Kraft Verhältnisse des Lebens in einfachen Bildern anschaubar werden zu lassen.[52] Die Handlung der Fabel steht nicht für sich, sondern, wie die häufig sich anschließenden Lehrsätze zeigen, als Beleg für einen Sachverhalt.

Innerhalb der Fabel ist ein Bildteil und ein Sachteil zu unterscheiden. Der Bildteil realisiert sich in der erzählten Handlung, der Sachteil thematisiert die Beziehung dieser als Bild dargestellten Handlung auf den ‚Sitz im Leben'. Das Grundmuster der Fabel wird konstituiert durch die Schilderung des Vorgangs in einer im Bild verschlüsselten Handlung (Information) und durch die Ausdeutung allegorischer Erzählung durch Formulierung einer Lehre (Interpretation).[53] In vielen Fällen erscheint die Fabel nur als Bild; die Deutung des in der allegorischen Erzählung verschlüsselten Sachverhalts ist vom Leser zu leisten.[54] Die Funktion der allegorischen Rede zielt darauf, einen Sinnzusammenhang durch einen anderen zu veranschaulichen, bzw. Ansichten, Wahrheiten, Regeln in der Form des Bildes einprägsam werden zu lassen.

Die Verwendung des allegorischen Prinzips in der Fabel unterscheidet sich von der anderer parabolischer Gattungen wie Parabel und Gleichnis. Die Beziehung zwischen Bildteil und Sachteil, zwischen Erzählebene und Sinnebene, ist in der allegorischen Rede der Fabel bereits aus dem Erzählten selbst deutlich. Der Bildteil ist auch ohne die ‚Lehre' verstehbar; der gemeinte Sachverhalt muß nicht notwendig in einem Epimythion formuliert werden. Aus der Art der Rollenkonstellation der Tiere und dem Handlungsverlauf (Rede – Gegenrede) wird im Bildteil die intendierte Bedeutung mit thematisch.

„Solche Transparenz der Bezüge zwischen den beiden Sinnebenen zeichnet die Fabelstoffe besonders aus. Durch die Auswahl entsprechender Protagonisten und durch deren Kombination zu intersubjektiven Konfliktkonstellationen, die . . .

unschwer als allgemein menschliche Verhaltensalternativen bzw. als oppositive Denkschemata wiedererkennbar sind, sorgt die Fabel dafür, daß die Analogie zwischen dem konkret referierten Vorfall und dem ihm zugrundeliegenden Sinnpotential spätestens mit dem Ergebnis der Handlung, i. d. R. aber schon viel früher, evident wird."[55]

Die Fabel vom Raben und Fuchs z. B. läßt durch die Auswahl der Tiere, vor allem durch die Art des Handlungsverlaufs bereits die Analogie der geschilderten Situation zum gemeinten Sachverhalt erkennen: es geht um Folgen der Schmeichelei.

Das *Verfahren allegorischer Rede* ist in Geschichte und Theorie der Fabel verschieden beschrieben worden. Lessing geht davon aus, daß die allegorische Sprachform darauf zielt, einen allgemeinen Satz in ein konkretes Bild zu kleiden, um den allgemeinen Satz anschaubar werden zu lassen (*Abstraktion*). „In der Fabel wird . . . ein allgemeiner moralischer Satz . . . auf einen einzelnen Fall . . . so zurückgeführt, daß ich . . . diesen (den moralischen Satz) ganz anschauend darinn erkenne."[56] Herder kennzeichnet die allegorische Erzählform als eine Art *Analogisierung*:[57] der geschilderte Fall ist ein Beispiel für einen andern, der sich ereignet hat. Die Fabel ist eine „Dichtung, die für einen gegebnen Fall des menschlichen Lebens in einem andern congruenten Falle einen allgemeinen Erfahrungssatz oder eine praktische Lehre nach innerer Notwendigkeit derselben so anschaulich macht, daß die Seele nicht etwa nur überredet; sondern Kraft der vorgestellten Wahrheit selbst sinnlich überzeugt werde."[58] Herder und Lessing stimmen darin überein, daß die allegorische Rede der Fabel auf die „Darstellung einer in Handlung gesetzten Lehre"[59] zielt. Neben der Beschreibung der Allegorie als Form der ‚Abstraktion' (Lessing) bzw. ‚Analogie' (Herder) kann der Vorgang des allegorischen Redens im Sinne Bardilis als Wechselverhältnis von *Individualisieren* und *Typisieren* bestimmt werden: „Versinnlichung einer Wahrheit, indem man sie individualisiert, und ihr doch dabei durchs Individualisieren die möglichste Allgemeinheit giebt."[60]

Neuere Fabeltheorien umschreiben das Verfahren allegorischen Erzählens in ähnlicher Weise wie Herder bzw. Bardili: Durch allegorische Rede werden Fälle des Lebens verfremdet, in Analogie zu anderen gesetzt und dienen damit der Illustration allgemeiner Erfahrungssätze.

5.2.4.1 Stilebenen der Fabel als „allegorischer Erzählung"

Die Beziehungen von Bild und Sachteil innerhalb der Fabel sind je nach Absicht verschieden. Leibfried unterscheidet vier Stilebenen: den belehrenden Stil, den satirischen, den kritischen und den fabulosen Stil.[61] Die epische Gestaltung der Handlung, der Akteure, der Raum- und Zeitdarstellung ist jeweils durch die Stilart geprägt. Den *belehrenden Stil* beschreibt Leibfried in Anlehnung an Steinhöwel z. B. wie folgt: „Die Handlung wird ganz bewußt durch verbale Bezüge auf die Lehre ausgerichtet. Der Leser wird darauf hingewiesen, daß die Geschichte nur zum Zweck der Belehrung gedichtet wurde. Handlung und moralischer Satz werden durch eine formale Wendung verbunden: ‚Als dise fabel uns underwyset'".[62] Kennzeichen des belehrenden Stils ist der Verzicht auf jede ausschmückende Erzählweise zugunsten der überzeugenden Darstellung einer Lehre am Beispiel eines konkreten Falles. Innerhalb dieser Stilart ist die Lehre in einem eigenen Textteil, dem sog. Epimythion bzw. Promythion der Handlung nach- oder vorangestellt. Durch das Epimythion bzw. Promythion soll die mögliche Mehrdeutigkeit der Erzählung zur Prägnanz eines eindeutigen Sinnes (Lehre) verdichtet werden. Knappheit, präzise Kürze und eindeutige Belehrung sind die Merkmale des belehrenden Stils.

Der *kritische* und der *satirische Stil* sind weitere Formen der allegorischen Fabelerzählung. Beide Stilarten heben weniger auf Belehrung ab als auf Angriff und Polemik. In beiden Stilarten bleibt der Bezugspunkt der allegorischen Erzählung unmißverständlich vor Augen. Um die politische Kritik eindeutig im Bild formulieren zu können, werden alte Stoffe und Motive, Handlungsarrangements usw. verändert. Die Tendenz des satirischen Stils ist spezifizierter und pointierter als die des kritischen. Die Übertragung des tierischen auf das menschliche Verhalten geschieht in eindeutiger Weise: gesellschaftliche und menschliche Ordnungen werden in die Tierwelt projiziert und damit satirisch entlarvt (Luther, Vom Löwen und vom Esel).

Während die allegorische Sprachform des belehrenden, satirischen und kritischen Stils durch eine eindeutige Beziehung zwischen Bild und Sache, d. h. durch ausgeprägte Tendenzhaftigkeit gekennzeichnet ist, ist der *fabulose Stil* offener. Die Relation von Erzählung und Deutung ist nicht einsinnig aufzulösen, sondern bleibt vielfältigen Interpretationsmöglichkeiten offen. „Die Erzählung drückt eine allgemeine Symbolik aus: die Welt, das Leben in seinen Grundzügen wird verdeutlicht, jede speziellere Ausrichtung fehlt".[63] Innerhalb der fabulosen Stilart kommt es auf die epische Ausgestaltung der Erzählung selbst an, der Bezug auf eine Sache ist sekundär. In diesen Fabeln kann die ‚Lehre' (Epimythion) fehlen. Hegel nennt die fabulose Stilart die „ursprüngliche Form der Fabel", die die „meiste Naivität" habe, „weil der Lehrzweck und das Herausheben allgemeiner nützlicher Bedeutungen dann nur als das später Herzukommende, nicht aber als das erscheint, was von Hause aus beabsichtigt war. Deshalb werden die anziehendsten unter den sogenannten Aesopischen Fabeln die sein, welche ... Handlungen ... erzählen, die ... sich überhaupt für sich zutragen können, ohne nur von der willkürlichen Vorstellung zusammengestellt zu sein".[64] Das angehängte ‚fabula docet' hält Hegel für überflüssig und „matt". „Dabei ist es denn aber leicht ersichtlich, daß das den Aesopischen Fabeln angehängte „fabula docet" entweder die Darstellung matt macht oder häufig wie die Faust auf das Auge paßt, so daß oft vielmehr die entgegengesetzte Lehre oder mehrere besser abgeleitet werden könnten ...".[65] Angesichts der Fülle verschiedener Fabeltypen bietet diese Einteilung in die Stilarten eine vorläufige Orientierungshilfe. Die Stilarten können entweder rein auftreten oder sich innerhalb der einzelnen Fabeln mischen.

5.2.4.2 Die Funktion allegorischer Rede

Innerhalb der Geschichte und Theorie[66] der Fabel ist die Funktion allegorischer Rede verschieden gedeutet worden. Seit der Antike besteht der Streit, ob die allegorische Erzählform nur rhetorische Zwecke erfülle oder zugleich von künstlerischem Wert sei. Aristoteles[67] hat die Fabel als bloß rhetorische Figur, d. h. als Form der Didaxe bezeichnet. Diese Deutung hat in der Fabeltradition zu einer Überbetonung des rhetorisch-rationalen Charakters geführt, wie sie vor allem im Mittelalter und bei Lessing zu finden ist. Daneben gilt die Fabel seit Plato[68] als literarische Kunstform. Die Auffassung vom Kunstcharakter der Fabel wird vor allem in Frankreich und Deutschland im 18. Jahrhundert bei La Fontaine, Herder, Bodmer, Breitinger, Gellert, Gleim usw. vertreten. Für Herder ist die Fabel ein „Miniaturstück der großen Dichtkunst",[69] in der sich eine Grundform dichterischen Sprechens versinnbildlicht. Die bildliche Redeweise zielt nach Herder darauf ab, neue Sehweisen zu vermitteln, indem ein „unbekanntes Verhältnis auf ein bekanntes"[70] zurückgeführt wird.

(Vgl. Grillparzer: „Die Gewalt des Bildlichen, also uneigentlichen Ausdrucks in der Poesie kommt daher, daß wir bei dem eigentlichen Ausdruck schon längst gewohnt sind, nichts mehr zu denken oder vorzustellen. Das Bild ... nötigt uns aber aus dieser stumpfen Gewohnheit heraus ..." Tgb. 3984, 1848).

Der Begründer der Fabeltheorie der Neuzeit, Steinhöwel, betont die doppelte Wirkungsweise von Fabeln: Fabeln sollen ästhetisches Vergnügen bereiten und Erkenntnis vermitteln, sie sollen erfreuen und belehren.[71]

Geschichte und Theorie der Fabel geben Aufschluß darüber, inwiefern diese Form mehr als Poesie oder als Prosa, als Zweckform oder als Kunstform verstanden wurde. Auch die Einteilung in die Stilarten (s. o.) zeigt die variierenden Auffassungen vom Wesen der Fabel, insofern einerseits die Tendenzhaftigkeit, andererseits der Kunstcharakter stärker in den Vordergrund tritt.

Von der Struktur der allegorischen Erzählform, die sich aus dem Zusammen einer Bild- und einer Sachhälfte konstituiert, erfüllt die Fabel im Prinzip beide Funktionen: durch bildliche ‚Einkleidung' werden ungewohnte Sehweisen eröffnet und ästhetisches Vergnügen bereitet, durch Andeutung eines Gemeinten über das Gesagte hinaus werden Erkenntnisse und Ansichten vermittelt.

5.2.5 *Fabelstruktur und Leserbezug*

Die unterschiedliche Beurteilung von Wesen und Funktion allegorischer Fabelerzählung zeigt, daß die allegorische Rede mehrere Funktionen erfüllen kann. Es gibt keine eindeutig aufzulösende Beziehung zwischen der Fabelstruktur und ihrer Funktion. Diese prinzipielle Mehrdeutigkeit der kommunikativen Funktion der Fabel hat ihre „Adaptierfähigkeit an ständig wechselnde Kommunikationssituationen . . . ihre langanhaltende, bis in die Gegenwart hereinreichende kommunikative Energie allererst ermöglicht".[72]

Fabeln sollen erfreuen und belehren. Die nähere Bestimmung dieser Funktion zeigt eine Bandbreite von Wirk- und Kommunikationsmöglichkeiten. Die Richtungen der Lehrtendenz und des Leserbezugs differieren von Epoche zu Epoche und von Autor zu Autor. Von der Renaissance bis zur Gegenwart gilt die Fabel zwar als Form der Vermittlung von ‚Wahrheit'. Magnus Gottfried Lichtwer[73] hat diese Funktion allegorischer Fabelerzählung durch eine Allegorie gedeutet:

Die beraubte Fabel (1748)

Es zog die Göttin aller Dichter,
Die Fabel, in ein fremdes Land,
Wo eine Rotte Bösewichter
Sie einsam auf der Straße fand.

Ihr Beutel, den sie liefern müssen,
Befand sich leer; sie soll die Schuld
Mit dem Verlust der Kleider büßen,
Die Göttin litt es mit Geduld.

Hier wies sich eine Fürstenbeute,

Ein Kleid umschloß das andere Kleid;
Man fand verschiedner Tiere Häute,
Bald die, bald jene Kostbarkeit.

Hilf Himmel, Kleider und kein Ende!
„Ihr Götter", schrien sie, „habet Dank;
Ihr gebt ein Weib in unsre Hände,
Die mehr trägt als ein Kleiderschrank."

Sie fuhren fort, noch mancher Plunder
Ward preis; doch eh man sich's versah,
Da sie noch schrien, so stund, o Wunder!
Die helle Wahrheit nackend da.

Die Räuberschar sah vor sich nieder
Und sprach: „Geschehen ist geschehn,
Man geb ihr ihre Kleider wieder,
Wer kann die Wahrheit nackend sehn?"

Wie diese wahrheitsstiftende Funktion von Fabeln allerdings zu deuten ist, ergibt sich aus dem jeweiligen Kontext der Epoche und des Autors. In diesem Sinn kann die Geschichte der Fabeltheorie zugleich einen Beitrag zur Einsicht in die verschiedenen Normvorstellungen der Epochen leisten.

H. R. Jauß beschreibt die kommunikative Grundsituation der Fabel, die sich je nach sozio-historischem Kontext verschieden aktualisiert, wie folgt: Fabeln enthalten Modelle „zur anschauenden Erkenntnis einer Regel des Handelns".[74] Wie sich diese kommunikative Funktion in Tradition und Gegenwart konkretisiert, sei an einigen Positionen exemplarisch skizziert: Im Sinn Luthers sind Fabeln ein „Sammelbecken für Lebensweisheiten";[75] sie stehen im Dienst sozialkritischer Erkenntnis (Luther, Pfeffel) und stellen „weltliche Klugheit im Narrengewand"[76] dar, indem sie zur Vorsicht mahnen und Formen ausgleichender Gerechtigkeit demonstrieren. Für Herder ist die Fabel eine Form, durch die „Vernunft-" und „Naturordnung"[77] zur Anschauung gebracht werden. „Die äsopsche Fabel stellet ihn (den schönen Naturzwang) dar. Sie beruht ganz auf der ewigen Bestandheit und Consequenz der Natur."[78] Für Lessing sind Fabeln ein Instrument praktischer Morallehre; sie demonstrieren „Gesetzeserkenntnis am Fall".[79]

Die inhaltlichen Bestimmungen der Tendenzhaftigkeit reichen von der Fabel als Form der Morallehre bis zur Auffassung dieser Erzählform als Modell der Erfahrungswirklichkeit.

Die Brüder Grimm bewerten die Fabel als Form der Dichtung und sprechen ihr alle explizite Tendenzhaftigkeit ab. „Sie lehrt wie alles epos, aber sie geht nicht darauf aus zu lehren."[80]

Bis in die Gegenwart ist die Auseinandersetzung um die Funktion der Gattung ein wesentliches Element der Fabeltheorie. Es überwiegen vor allem zwei Deutungen. Im Sinne neuerer Fabeltheorie ist diese Erzählform eine gleichnishafte Verdeutlichung von Erfahrungswirklichkeit. „Den Lauf der Welt zeigt also die Fabel, das ist ihre erste und allgemeinste Lehre ...".[81] Die Lehre der Fabel enthält „Ratschläge, in einer so beschaffenen Welt zu überleben ...".[82] Als Mittel der Kasuistik veranschaulichen Fabeln typische Maßregeln des Verhaltens in den entsprechenden Lebenssituationen. Die Beispiele für situationsadäquate Lebenslehre sind zahlreich: Selbstbetrug als Lebenselexier (Der Fuchs und die Trauben), Klugheit bzw. Schmeichelei führt zum Ziel, List geht über Macht, Ohnmacht des Schwachen, Macht der Winzigkeit usw.

Neben dieser Deutung der Fabel als Form praktischer Lebenserfahrung gilt die Gattung als Instrument der Ideologiekritik. Bereits Luther, Pfeffel und Fischer hatten die sozialkritische Funktion hervorgehoben. Seit Crusius[83] (1913) wird die Funktion der Fabel aus den Bedingungen ihrer Entstehung begründet. Da Fabeln im Volk entstanden sind, drücken sie das „Lebensgefühl der unteren Volksschichten"[84] aus. In diesem Sinn sind Fabeln Erzählformen, mit denen die Interessen der Unterdrückten artikuliert werden. „Die Fabelmoral ist der Herrenmoral entgegengesetzt."[85] „Die ältesten Fabeln sprechen die ethischen und wirtschaftlichen Ideale dieses Kreises aus ... die Fabeln begleiten den Bauernaufstand in der Moral."[86]

Nach Crusius, Spoerri und Meuli sind Fabeln die Dichtungsform des ‚Aufstandes' und des ‚Widerstands'.[87] So sei eine Vielzahl von Fabeln aus der Perspektive des kleinen Tieres geschrieben:[88] der Wolf aus der Sicht des unschuldigen Lammes, der Löwe aus der Sicht der Maus, der Frosch aus der Sicht des Finks usw. Diese sozialkritische Funktion ist gemäß den Autoren in verschiedenen Varianten realisierbar. Fabeln können Kritik üben, sie können darüberhinaus als Instrument der „Provokation" oder der „Agitation"[89] dienen. Gegen diese Interpretation von der revolutionären Tendenz der Fabel haben Leibfried und Doderer mit Recht darauf hingewiesen, daß Fabeln nicht nur dem ‚Widerstand' dienen, sondern auch der ‚Anpassung'.[90] Es gibt zahlreiche Fabeln, die im Sinn „affirmativer Sozialisation"[91] eingesetzt werden können.

Insgesamt werden Fabeln in neuerer Zeit als Modell für die Erkenntnis der anthropologischen, sozialen und politischen Bedingtheit des Menschen verstanden.

Die genannten Funktionsbestimmungen ließen sich ergänzen und differenzieren. Es zeigt sich die prinzipielle Mehrdeutigkeit allegorischer Erzählung, die je nach kommunikativem Kontext variabel interpretierbar ist. Außerdem verdeutlicht der Überblick eine Parallelität zwischen den

Stilformen der Fabel und den variierenden Funktionen: Fabeln können belehrend sein, sozialkritisch, satirisch, lebensklug, affirmativ usw.

Es ist auffällig, daß bestimmte Epochen und Autoren jeweils bestimmte Funktionen der Gattung verstärkt zum Ausdruck bringen. Am Beispiel von Fabeln aus verschiedenen Epochen ließe sich, wie Leibfried anmerkt, eine ‚Geschichtstheorie‘ der Gattung entwerfen:[92] bis ins 18. Jahrhundert dient die Fabel vor allem dazu, herrschende Ideen zu bestätigen und ethische Grundsätze zu verbalisieren. Im 18. Jahrhundert erfüllen Fabeln teilweise sozialkritische (Pfeffel, Fischer) Funktionen, im 19. Jahrhundert sind sie Ausdruck moralisch-pädagogischer Leitvorstellungen. Im 20. Jahrhundert wird vor allem die emanzipatorische Funktion der Gattung aktualisiert, Fabeln sind Instrument der Sozialkritik und ‚Sammelbecken‘ für Lebensweisheiten. Solche vorläufige Bestimmungen wären durch genauere Analysen zu differenzieren bzw. zu korrigieren.[93]

5.3 Abgrenzung der Fabel von verwandten literarischen Formen

Strukturmerkmale der Fabel finden sich z. T. auch in anderen literarischen Erzählformen wieder. Deshalb sei ein kurzer Ausblick auf Beziehungen und Unterschiede der Fabel zu anderen Gattungen angefügt.

Fabel – Tierepos: Neben der Fabel weist auch das Tierepos (Reineke Fuchs (Gottsched 1752, Goethe 1794), Kater Murr (E. T. A. Hoffmann) usw.) das typische Merkmal der Anthropomorphisierung, der Darstellung der Tiere als vernunftbegabter, handelnder Wesen auf. Das Verhältnis beider Formen ist strittig. Gegenüber der These, daß das Tierepos durch eine Aneinanderreihung verschiedener Fabeln zu einer Kette[94] entstanden sei, wird die andere Auffassung vertreten, daß das Tierepos eine „eigene, konstruktive literarische Schöpfung"[95] ist, aus der sich Einzelteile als Fabeln herausgelöst haben. Die gegenseitige Beeinflussung der Formen ist unklar. Es ist jedoch deutlich, daß beide Formen eine unterschiedliche geschichtliche Entwicklung zeigen. Ferner ist das Tierepos eine Form der Großepik, d. h. ursprünglich eine Kunstform der Dichtung und keine Volkserzählung. Das Tierepos ist durch erzählerische Breite und den weitgehenden Verzicht auf tendenziöse Darstellung gekennzeichnet.

Fabel – Märchen: Man hat behauptet, daß die Fabel innerhalb der epi-

schen Kurzformen dem Märchen am nähesten steht. In beiden Formen
sei das „Wunderbare" Stilprinzip. In beiden Formen werden Tiere als
sprechende Lebewesen dargestellt. Dennoch sind die Differenzen offensichtlich.[96] Die unterschiedliche Kommunikationssituation der Formen
zeigt sich bereits im Inventar. Im Märchen ist die Palette der handelnden
Figuren viel größer. Neben Tieren treten Menschen, Feen, Zwerge usw.
auf. Im Märchen konstituiert das Wunderbare die Perspektive der Wirklichkeitsdarstellung, in der Fabel dient das Wunderbare nur als Mittel
der Demonstration einer ‚Idee'. Die fabulose Einkleidung der Fabel
steht nicht für sich, sondern veranschaulicht eine Lehre. Im Vergleich
mit dem Märchen zeigt sich der Doppelcharakter der Fabel: „sie ist
fabulos . . . und sie zeigt ein stark reflexives Moment".[97]

Fabel – Anekdote: Fabel und Anekdote haben ein wesentliches Stilprinzip gemeinsam, sie sind beide auf die Pointe als auf ihr zentrales Kom-
positionsprinzip gerichtet. Es gibt Fabeln, die auf Grund historischer
Reminiszensen anekdotenhafte Züge haben können. Dennoch besteht
ein großer Unterschied in der Intention beider Formen. Die Anekdote
ist eine Form der Geschichte, die Fabel dagegen eine interpretative Aus-
formulierung allgemeingeltender, typischer Wesenszüge der Wirklichkeit. Von der Kommunikationssituation her sind beide Formen grundsätzlich verschieden und unvergleichbar.

Fabel – Emblem, Spruchgedicht, Sprichwort: Die genannten Formen haben eine enge innere Beziehung. „Die allgemeine Struktur ist gleich; hier
wie dort geht es darum, eine Begebenheit, ein reales Verhältnis mit für
den Menschen relevanten Momenten zu korrelieren."[98] Die grundsätzliche Differenz zwischen den genannten Formen und der Fabel besteht
darin, daß die Fabel eine Einheit von epischer Erzählung und allgemeiner Lehre bildet, während die Emblemdichtung nur eine knappe Formulierung eines Sachverhalts gibt. Die Lehre ist in der Emblemdichtung
nicht aus einer Geschichte abgeleitet, sondern wird als abstrakte Feststel-
lung einer Einsicht formuliert. Im Sprichwort ist die in der Fabel gegebene Einheit von Dichtung und Reflexion zugunsten der Lehre aufge-
löst.

Fabel – Parabel: Fabel und Parabel sind beides allegorische Sprachformen. Gemeinsamkeiten und Differenzen sind in der Geschichte der Gattungen sehr unterschiedlich beurteilt worden. In einem ausführlicheren
Kapitel über die Parabel soll versucht werden, die unterschiedlichen
kommunikativen Absichten beider Formen deutlich werden zu lassen.

5.4 Fabel und Schule

Wie kaum eine andere literarische Form hat die Fabel eine lange Schul-tradition.[99] Dies mag einerseits darauf zurückgehen, daß sie bereits von Aristoteles nicht als Dichtung, sondern als Form der Rede, d. h. als Instrument der Rhetorik[100] angesehen wurde. Anknüpfend an diese Tra-dition wurde sie in griechischen und mittelalterlichen Schulen als Mittel zur Übung von Sprachfertigkeiten eingesetzt. Andererseits gilt die Fabel seit Plato als geeignete Quelle für eine frühe Begegnung mit Weisheit und Tugend, d. h. als Morallehre. Beide Faktoren, der sprachliche und der moralische, spielen eine wichtige Rolle für die pädagogische Bewer-tung der Erzählform seit dem 16. Jahrhundert:

> „Hier bestand schon eine feste Tradition, indem die anschauliche Einkleidung, der moralische Gehalt und die Kürze der Fabel sie zu einer bevorzugten Gattung im Unterricht machten ... Was bisher in den Lateinschulen üblich war, wurde im 16. Jahrhundert auf die deutschen Schulen übertragen ... Immer wieder spra-chen Männer wie Erasmus, auch Vives, von dem erzieherischen Wert der Fabel und vor allem von ihrer Eignung für den Sprachunterricht."[101]

Die Beurteilung der *pädagogischen Bedeutung* in den einzelnen Epochen und bei den einzelnen Autoren ist sehr unterschiedlich. Dient die Fabel in Reformation, Renaissance und Humanismus gleichzeitig zur Schulung der Redefähigkeit wie zur Charaktererziehung und zur Schärfung des Urteilsvermögens, so steht sie in der Aufklärung vor allem im Dienst der moralischen Erziehung bzw. der Erziehung zur Vernunft. Im allgemei-nen wird die Eignung der Fabel für Erziehung und Bildung positiv bewertet. Von Luther[102] wird die Fabel neben der Bibel und den Schrif-ten des Cato als die beste Lektüre empfohlen. Breitinger sieht den Nut-zen der Gattung darin, „daß die Allegorie der Fabel den Geist des Men-schen angenehm beschäftigt, indem sie ihm viele Dinge auf einmal zu betrachten vorleget"[103] und zur Unterscheidungsfähigkeit und „Scharf-sinnigkeit" erzieht. Für Gellert ist die Fabel ein Instrument der Wahr-heitsvermittlung: „es kann aus den Bildern ... ein jeder beßer als durch alle philosophischen Beweise einsehen was wahr, was recht, was gerecht, was schön, und was anständig ist."[104] Lessing[105] widmet der Frage „Von einem besonderen Nutzen der Fabeln in den Schulen" ein besonderes Kapitel. Den pädagogischen Wert begründet er aus dem ‚heuristischen Nutzen': Fabeln sind geeignet, Prozesse der Urteilsbildung in Gang zu setzen, sie können als Mittel der Übung des ‚Erfindens' von Handlungen und Gedanken eingesetzt werden. Die positiven Urteile zur Fabel ließen sich mehren.

Gegen die pädagogische Eignung dieser Gattung spricht sich Rousseau aus. Fabeln sind für ihn Erwachsenenliteratur und deshalb für den Unterricht in Schulen nicht geeignet. Fabeln sind als Form der Dichtung bloße „Täuschung" und für Jugendliche schädlich. „Wie kann man so blind sein und die Fabeln die Morallehre der Kinder nennen, ohne zu bedenken, daß die Fabel, während sie unterhält, die Kinder täuscht. Während die Lüge sie verführt, entgeht ihnen die Wahrheit."[106]

Die weit verbreitete Hochschätzung der Fabel als Instrument der Erziehung zur Vernunft und Moral im 18. Jahrhundert führt im 19. Jahrhundert dazu, daß diese Gattung weitgehend nur noch als Jugendliteratur angesehen wird. „Wenn noch etwas von ihrer lebendigen Kraft im deutschen 19. Jahrhundert zu spüren ist, dann finden wir es in der volkstümlichen Dichtung, der Kinderliteratur und dem Hauskalender."[107] Die Fabelausgaben des 19. Jahrhunderts zeigen, daß die Pädagogisierung eine Verniedlichung und Sentimentalisierung der Fabelliteratur zur Folge hatte (vgl. Hey, „Fünfzig Fabeln für Kinder, Hamburg 1833, „Noch fünfzig Fabeln für Kinder", Hamburg 1837; Fr. Hoffmann, „Einhundert neuen Fabeln für die Jugend", Stuttgart 1840 usw.). Ihre pädagogische Bedeutung erhält die Fabel aus ihrer Funktion, ein „Modell für den Anschauungsunterricht"[108] zu sein. Unter dem Einfluß der Kunsterziehungsbewegung verlor die Fabel zu Anfang des 20. Jahrhunderts ihre Beliebtheit. Als eine den Verstand ansprechende Form, die Urteilsfähigkeit und Deutung verlangt, war sie für eine Konzeption literarischer Erziehung, die wesentlich auf ästhetische Genußfähigkeit und Sensibilisierung ausgerichtet war, ungeeignet. Wolgast sah gerade in der Bevorzugung moralischer Tendenzliteratur das „Elend" der Jugendliteratur begründet.

5.4.1 Die Fabel im modernen Literaturunterricht

Noch 1962 bezeichnen Behrendt und Doderer die Fabel als eine „heute vernachlässigte und fast vergessene literarische Kurzform".[109] Seit etwa 1965 beginnt eine Renaissance dieser Gattung, die an einer verstärkten Wiederaufnahme von Fabeln in Lesebüchern ablesbar ist. Auch die literaturwissenschaftlichen und literaturdidaktischen Beiträge zur Fabelforschung werden ab Mitte der sechziger Jahre zahlreicher. Besonders in den siebziger Jahren zeigt sich ein reges Interesse an dieser epischen Kurzform, wie an den volkspoetischen Formen überhaupt. In der neueren Diskussion um die Didaktik der Fabel spiegeln sich die differenten Auffassungen über die Aufgaben des Literaturunterrichts.[110] Fabeln gelten als Form der ‚Lebenshilfe', als Propädeutik ästhetischer Erziehung, als Modell der Verstehens- und Denkschulung, als Demonstrationsobjekt für Formen der Welterfassung und Realitätsdeutung durch Sprache. Seit Beginn der siebziger Jahre ist die Fabeldidaktik vor allem durch die historisch-soziologische Methode der Literaturwissenschaft bestimmt. Der Gesichtspunkt der emanzipatorischen bzw. sozialkritischen Funktion der Gattung wird als das eigentlich pädagogische Potential der Fabel betont. Die Funktion sozialkritischer Auseinandersetzung mit Fabeln besteht darin, in der „Beschäftigung mit vergangener Literatur dem Lernenden zum Bewußtsein ihrer eigenen Geschichtlichkeit und zur Orientierung zu ihrer Gegenwart zu verhelfen."[111] In diesem Sinn werden Fabeln im Dienst der Erziehung zum kritischen Verhalten als Möglichkeit der Auseinandersetzung mit politischen und gesellschaftlichen Wirkzusammenhängen von Literatur behandelt. „Die Fabel schärft mit poetischen Mitteln die Erkenntnis- und Kritikfähigkeit des Lesers, indem sie Konfliktsituationen im menschlichen Zusammenleben und Vorgänge in Staat und Gesellschaft darstellt und sie als stimuliert von Interessen auf dem Hintergrund bestimmter gesellschaftlicher Verhältnisse erkennbar macht."[112] Leibfried hält die Fabel für „besonders geeignet ... zur Einübung der ideologieanalytischen Methode der Betrachtung."[113]

Diese Reduktion auf die kritische Dimension der Fabel führt bei Koch dazu, daß die Vielfältigkeit der Gattung nur unter dem Aspekt ihres ideologiekritischen Wirkpotentials systematisiert wird. Fabeln, die andere als sozialkritische Funktion (moralische, philosophische, psychologische) haben, werden nicht berücksichtigt oder auch noch unter die Perspektive der Sozialkritik subsumiert.

So unterscheidet Koch drei Typen von Fabeln:[114] die P-Fabeln (Fabeln perspektivischen Denkens), die die „Abhängigkeit des Denkens, Argumentierens und Urteilens von gesellschafts-, kultur- und milieubedingten Vorurteilen"[115] demonstrieren; I-Fabeln, die deutlich machen, daß die Gesellschaft von Interessen Einzelner oder von Gruppen gelenkt ist und G-Fabeln, die den Zusammenhang von Macht und Gewalt thematisieren. Diese Einseitigkeit der Betrachtung verkürzt die Gattung zum Medium gesellschaftskritischer Analyseübung und wird der Fabel als geschichtlich gewordener ästhetischer Form nur z. T. gerecht.

Von den Kritikern der ideologieanalytischen Methode der Betrachtung wird die Berechtigung dieses Zugangs zur Fabel nicht bestritten. Es wird jedoch mit Recht darauf hingewiesen, daß der kritische Aspekt nur eine Auslegungsmöglichkeit der prinzipiell vielbezüglichen allegorischen Rede ist. Will man die geschichtliche Dimension der literarischen Erzählform Fabel nicht verkürzen, so sind die Zusammenhänge der jeweilig geschichtlich bedingten Tendenzhaftigkeit und der ästhetischen Gestaltung zum Ausgangspunkt didaktischer Reflexion zu machen. Zudem sollte in der didaktischen Theorie auch die auf Vergnügen abzielende Komponente aller Fabeln berücksichtigt werden, die in einer einseitig kritischen Rezeption zu kurz kommt. „Aber die Fabel ist ja nicht nur ein Werkzeug der Kritik ... Sie ist ebenso ein Kunstprodukt. Und als solches ... Demonstrations- und Vergnügungsobjekt in einem."[116]

Seit Mitte der siebziger Jahre wird der didaktische Wert der Fabel in zunehmendem Maß von semiotischer und texttheoretischer Seite her aus der parabolischen bzw. allegorischen Sprachform begründet.[117] Fabeln gelten in diesem Sinn als spezifische Modelle sprachlicher Bewältigung und Deutung von Realität, deren Interpretation nicht nur Sprachverstehen fördern kann, sondern zugleich Sinnbildungsprozesse in Gang setzt und die Wahrnehmungsfähigkeit sensibilisiert.

Neben der Frage der pädagogischen Bedeutung von Fabeln sind in Tradition und Gegenwart Probleme des Adressatenkreises und der Altersfrage diskutiert worden.

5.4.2 Die Adressaten der Fabel

In der Geschichte der Fabeltheorie ist die Frage, an welches Publikum diese Dichtungsform gerichtet ist, unterschiedlich beantwortet worden. Als früher Stoff der Schullektüre sind Fabeln von je her literarische Formen, die auch als Jugendlektüre angeboten wurden.[118]

Dennoch wird die Fabel auf Grund ihrer parabolischen Sprachform z. T. als Erwachsenenliteratur bewertet, wie z. B. bei J. H. Campe[119] und vor allem bei J. J. Rousseau[120]. Die Bildhaftigkeit der Fabel ist für Gellert dagegen ein Grund, die Gattung vornehmlich als Jugendlektüre zu bezeichnen. Im Sinn Gellerts ist die Fabel geeignet, „Dem, der nicht viel Verstand besitzt, die Wahrheit durch ein Bild zu sagen."[121]

Luther sieht die Fabel als Lehrdichtung für große und für kleine Leute: „Nicht allein aber die Kinder, sondern auch die großen Fürsten und Herrn kan man nicht bas betriegen zur Wahrheit und zu jihrem nutz ...".[122] Herder bezeichnet die Fabel als eine „Lehrerin der Menschheit, zumal der Jugend und des Volkes."[123] Lessing wendet sich an alle vernunftbegabten Wesen, die der Wahrheitserkenntnis fähig sind. Die Zeugnisse im 18. Jahrhundert zeigen, daß Kindern bzw. Jugendlichen ähnliches Rezeptionsvermögen zugetraut wurde wie Erwachsenen, so daß sie für „junge und auch alte"[124] als Aufklärungslektüre fungiert. „Auch den Kindern wurde zugetraut, Erfindungskraft, Denkvermögen, Einsichten zu haben, mit Hilfe deren sie die Fabeln verstehen und ihre Schlüsse ziehen können."[125]

Durch Verharmlosung bzw. Moralisierung wurde die Fabel im 19. Jahrhundert spezifische Kinderlektüre. Das zeigen zahlreiche Fabelbearbeitungen (Hey) und als Kinderbücher herausgegebene Fabelsammlungen mit Illustrationen. In der Gegenwart hat die Fabel ihre ursprüngliche Bedeutung als Erwachsenen- und als Jugendliteratur zurückgewonnen.

5.4.3 Altersfrage

Die Antworten auf die Frage, in welcher Bildungsstufe Fabeln in der Schule zu behandeln sind, sind unterschiedlich. Im allgemeinen wird davon ausgegangen,[126] daß die Gattung frühestens für die Sekundarstufe geeignet ist, da das kritische Potential und die sprachliche Form der Fabel erst von Zehn- bis Zwölfjährigen verstanden werden könne. Nentwig[127] und Essen[128] sind sogar der Auffassung, daß Fabellektüre sinnvoll erst im achten bis zehnten Schuljahr möglich ist. Begründet wird diese These durch den Hinweis auf die Notwendigkeit der Abstraktionsfähigkeit. „Da der Kern jeder Fabel ein moralischer Satz ist, dessen Allgemeingültigkeit es aus dem besonderen Falle abzuleiten gilt, wird man Fabeln als Lese- und Lehrgut in der Schule erst dann behandeln, wenn die Kinder zur Abstraktion reif sind."[129] Es gibt mehrere überzeugende Argumente gegen einen so späten Beginn der Fabellektüre. Doderer weist darauf hin, daß die Befürworter einer späten Fabelbehandlung vom Vorurteil gefangen seien, „der junge Mensch (müsse) durch eine lange Phase naiver Anschauung hindurch wachsen . . ., um zu Abstraktionsfähigkeit und Denkvermögen zu kommen."[130] Doderer plädiert für eine Fabelbehandlung bereits in der Grundschule, weil er der Auffassung ist, „daß Kinder im Grundschulalter, ja schon im Vorschulalter zu der notwendigen Fabelreflexion in der Lage sind."[131]

Für den frühestmöglichen Beginn der Fabellektüre spricht ferner das Argument, daß die Automatisierung von Verstehensprozessen mit zunehmendem Alter fortschreitet, so daß das Verständnis für spezifische Leistungen von Sprache und Literatur so früh wie möglich angebahnt werden muß.

Piaget[132] hat darauf hingewiesen, daß Kindern analoges, bildliches Denken selbstverständlicher ist als Erwachsenen. In der Periode der konkreten Operationen vom dritten bis zum zwölften Lebensjahr sei kindliches Wahrnehmungsvermögen auf bildliches Verstehen gerichtet, so daß von dieser Basis her ein ursprünglicher Bezug zur bildlichen Sprachform der Literatur gegeben ist. Die in der Gegenwart immer wieder registrierte Unfähigkeit von Jugendlichen und Erwachsenen, bildliche Redeweise zu verstehen, läßt deutlich werden, wie notwendig eine frühe Einführung in poetische Sprachformen ist.

Die Frage, in welcher Altersstufe Fabelrezeption beginnen kann, ist damit weniger ein Problem der Entwicklungsreife. Es betrifft vielmehr Fragen der Auswahl und der didaktisch-methodischen Vorbereitung je nach Altersstufe und Verstehensmöglichkeit. Wichtig sind

„die auf Experimente und didaktische Überlegungen begründete Auswahl der Fabeltexte und ihre didaktische und ästhetische Zubereitung nach Verstehens- und Transformationsschwierigkeiten für die verschiedenen Altersstufen."[133]

Der Grund für die unterschiedliche Bewertung der Altersfrage liegt vor allem im differenten Fabelverständnis. Sobald die Fabel als Form der abstrahierenden Verdeutlichung von Sachverhalten oder als Gegenstand gesellschaftskritischer Auseinandersetzung gesehen wird, kann sie in der Tat nicht Unterrichtsgegenstand der Primarstufe sein. Wenn sich die didaktische Reflexion jedoch an die Gegenstandsstruktur der Gattung anschließt und Fabeln als Formen bildlichen Sprechens begreift, dann lassen sich durchaus bereits in der Primarstufe Transferübungen zur Deutung dieser Sprachform erproben. Die Formen der Transformation bildlicher Sprache werden von Bildungsstufe zu Bildungsstufe differieren, um immer neue Dimensionen der allegorischen Redeform der Fabel einbringen zu können.

In der Primarstufe werden zunächst Übungen analogen Verstehens und kreativer Einstellungsänderung (Spiel, Zeichnen, analoge Textproduktion, Ersatzproben usw.) im Vordergrund stehen, die die Verweisungsfunktion der Bilder auf Sachverhalte des täglichen Lebens deutlich werden lassen. Die Formen analogen Verstehens werden in der Sekundarstufe ergänzt durch traditionelle und moderne Verfahren der Fabelanalyse, die jeweils an die Wirkmöglichkeiten der Gattung anknüpfen (Fabeln als Morallehre, als Form der Ideologiekritik, als Situationsrealistik, als sprachliche Realitätsbewältigung usw.).

5.4.4 Überlegungen zum Umgang mit Fabeln

Die beschriebenen Aspekte der Gegenstandsstruktur der Fabel geben Hinweise auf die zu vermittelnden Kompetenzen im Umgang mit dieser Gattung. Fabeln haben eine doppelte Funktion: sie wollen Erkenntnisse auslösen und Vergnügen bereiten. Fabelbehandlung ist deshalb gleichzeitig auf kognitive und auf affektive Rezeptionsformen auszurichten.

Anknüpfend an die Gattungsstruktur sind in der Auseinandersetzung mit Fabeln folgende Elemente zu berücksichtigen:

1) Die Gattungsstruktur der Fabel: die Fabel als allegorische Sprachform, als bildhafte Deutung gesellschaftlichen Seins.

2) Strukturelle und morphologische Elemente der Fabel als Form bildlichen Sprechens (Handlungsaufbau, Figurendarstellung, Zeit- und Raumgestaltung).

3) Funktions- und Wirkbezüge in Tradition und Gegenwart.

4) Deutungsmodelle von Fabeln (Fabeln als Ideologiekritik, als Morallehre, als Situationsrealistik, als Erfahrungslehre).

5) Fabeln im Kontext anderer literarischer Formen.

6) Fabeln im Kontext des literarischen Lebens.

Die Kriterien für eine gelungene Organisation kognitiver Lernprozesse sind aus der Lerntheorie bekannt: Erkenntnisprozesse sollten so angelegt sein, daß das Erkennen von Neuem mit dem Wiedererkennen von Bekanntem verknüpft wird. Auf Fabelbehandlung übertragen bedeutet das, daß die einzelnen Textelemente nicht in formalästhetischer Analyse isoliert für sich behandelt werden, sondern auf dem Hintergrund der lebensweltlichen Funktion der Gattung gesehen werden müssen. Der didaktische Wert der Fabel ergibt sich aus ihrer kommunikativen Grundstruktur: Fabeln enthalten Modelle „zur anschauenden Erkenntnis von Regeln des Handelns."[134] Die Kommunikationssituation der Gattung kann mit der Frage umschrieben werden: „Was gehe ich ein, wenn ich diese Rolle übernehme?"[135] Im Rückbezug der einzelnen Textelemente der Erzählform auf die lebensweltliche Bedeutung der Gattung ist es möglich, die Faktoren der Texte zur Erkenntniseinheit zu strukturieren und ihre Sinnbezüge deutlich werden zu lassen. Indem Textrezeption sich an das strukturbildende Grundmuster der Erzählform anschließt, können Fabeln zugleich als fiktiver Entwurf von Weltdeutung verstehbar werden und die Erkenntnis- und Seinsdimension des Lesers aktivieren. Die lebensweltliche Bedeutung bildet gleichsam die Verstehenseinheit, von der her die differenten Textstrukturen auf ihre sinnerzeugende Funktion hin betrachtet werden können.

Die affektive Komponente der Fabelrezeption kann sich auf verschiedene Weise realisieren: als eine auf Vergnügen abzielende Organisation kognitiver Verstehensprozesse und als Form kreativer Auseinandersetzung mit Texten (Sprach- und Leseübungen, Kommentieren, Paraphrasieren, Textproduktion usw.).

Innerhalb der *Fabeldidaktik* gibt es eine Vielzahl von Konzeptionen der Fabelbehandlung. In der Diskussion der letzten Jahrzehnte fällt auf, daß die Methoden der Literaturrezeption jeweils alternativ von den einzelnen Didaktikkonzeptionen her bestimmt waren. Nach einer weitgehenden Ablösung formalästhetischer Literaturanalyse wurden Fabeln einseitig

Gegenstand einer literatursoziologisch orientierten Didaktik, einer ideologiekritischen, einer textorientierten, einer rezeptionsästhetischen, einer
kommunikativen usw. Die prinzipielle Vieldeutigkeit der Fabelstruktur
läßt es jedoch notwendig erscheinen, nicht von starren Einzelpositionen
her die Texte zu erschließen, sondern integrativ anzusetzen. Ansätze einer
integrativen Literaturdidaktik zielen in neuerer Zeit darauf ab, die verschiedenen Methoden der Textrezeption in ihrem gegenseitigen Bedin-
gungsverhältnis einzusehen und anzuwenden. „Der Differenziertheit von
Literatur kann ganz offensichtlich nur ein Erschließungsansatz gerecht
werden, der eine annähernd ähnliche Differenziertheit aufweist."[136] Fabeln
aktualisieren als solche bereits die verschiedenen Erkenntnisdimensionen
(geschichtliche, sprachliche, anthropologische, literarische, soziale, kritische usw.), so daß das Gesamtpotential literarischer Rede nur im Wechsel
des Blickfeldes erschließbar wird.

Im Anschluß an Überlegungen Lessings unterscheidet Doderer mindestens drei Dimensionen,[137] in denen sich Fabelrezeption vollziehen sollte:
1) Hermeneutischer Aspekt: Die ästhetische Gestaltung des Textes wird
untersucht und auf ihre lebensweltliche Funktion hin reflektiert. Die
einzelnen Strukturen des Textes werden differenziert (Aufbau, Sprachform, Figurenbestand, Zeit- und Raumdarstellung, Erzählabsicht) und
gedeutet. Geschichtliche, sprachliche, literarische, existentielle Dimensionen bestimmen die Textrezeption im Versuch „eines Erkennens, eines
Enträtselns dessen, was hinter den vorgezeigten Tierbälgen, den kargen
Kulissen und den kurzen Worten an Wahrheit steht."[138]
2) Heuristischer Aspekt: Die Verweisungsfunktion von Fabeln, d. h. die
Bedeutung der allegorischen Sprachform wird durch Transferübungen
erprobt. Durch Übertragung der in der Fabel geschilderten Situationen auf
Fälle des alltäglichen Lebens und durch „Erfindungsübungen" (Kommentieren, Paraphrasieren, zu Ende erzählen (antizipieren), selbständig ein
Epimythion finden, versifizieren, dramatisieren, Rollentausch usw.) wird
die bildliche Rede entschlüsselt. In allen Erfindungsübungen geht es
darum, das „Allgemeine aus dem besonderen Fall" herausziehen zu können bzw. „das Besondere auf Grund des gegebenen Allgemeinen"[139] zu
finden.
3) Kritischer Aspekt: In der kritischen Textrezeption wird der „Wahrheitsgehalt" von Fabeln im soziohistorischen Kontext analysiert. In diesem
Zusammenhang sind die verschiedenen Verfahren der literatursoziologi-
schen und der ideologiekritischen Analyse einsetzbar.

. Über diese allgemeinen Richtlinien hinaus liegen inzwischen differen-
zierte Vorschläge für eine „variationsreiche Behandlung"[140] von Fabeln im

Sinn eines integrativen Literaturdidaktikkonzepts vor. Alle methodischen Vorschläge zielen darauf ab, Funktion und Bedeutung der allegorischen Sprachform auf verschiedenen Ebenen deutlich werden zu lassen. Die einzelnen *methodischen Möglichkeiten* seien nur skizziert.

1. *Arbeitsreihe:* Explizite Übungen zur Deutung bildlicher Rede Leseübungen, Sprechübungen, Rollensprechen; Transferübungen: Transformationen der erzählten Inhalte auf alltägliche Situationen; Variationen der Oppositionsverhältnisse in Fabeln, des Figurenbestands, der zeitlichen und räumlichen Umstände usw. Bereits Lessing hat vielfältige Möglichkeiten von Variations- und „Erfindungsübungen" vorgeschlagen, die er an Beispielen demonstriert. Einige dieser Lessing-schen Hinweise, die im Anhang abgedruckt sind, seien zitiert: „Oder man verfolgt die Geschichte einen Schritt weiter . . . Oder man verändert einzelne Umstände in der Fabel . . . Oder man nimmt den merkwürdigsten Umstand aus der Fabel heraus und baut auf denselben eine ganz neue Fabel . . . Oder man sucht eine edlere Moral in die Fabel zu legen . . ."[141]. Wie schon Lessing betont hat, vollzieht sich der methodische Weg vom „Finden zum Erfinden".[142] „Aber auch alsdann noch, wenn es dem Schüler an dieser weitläufigen Kenntnis nicht mehr fehlte, würde man ihn die Fabeln anfangs mehr finden, als erfinden lassen."[143] Zunächst sollte die Fabel als Ganzes rezipiert und in ihrem Aufbau deutlich sein, ehe das Verstehen durch verschiedene Einstellungsänderungen vertieft wird.

2. *Arbeitsreihe:* Fabelvergleich
Vergleichende Betrachtung ist u. a. eine Form differenzierten Lesens und Verstehens. Kontrastive Verfahren können auf den Vergleich zweier Fabelfassungen beschränkt werden. Sie können darüber hinaus die Entwicklung von Fabelstoffen und -bearbeitungen durch die Tradition hin verfolgen. Material für vergleichende Betrachtungsweise findet sich z. B. bei R. Koch[144], A. C. Baumgärtner[145], G. Kleinschmidt[146], Th. Poser[147]. R. Koch stellt insgesamt acht Textreihen zum thematischen Wandel und zu Interpretationsvarianten von Fabeln zusammen. Aspekte des Vergleichs können sein: strukturelle und morphologische Elemente der Gattung, Rollenfunktion der Tiere, Wirkabsichten der Fabel, Typen der vermittelten Lehre, Variationen der Form.

3. *Arbeitsreihe:* Illustrieren von Fabeln
In der Illustration[148] von Fabeln gibt es eine alte Tradition. Bereits auf griechischen Vasen sind Fabelmotive zu finden. Bekannt sind die alten Holzschnitte des „Ulmer Äsop" von 1476. Diese Holzschnitte wurden immer wieder nachgeahmt und finden sich teilweise als Abbildungen in Lesebüchern wieder. Besondere Bedeutung gewinnt die Fabelillustration in den Fabelsammlungen des 19. Jahrhunderts. Außerdem haben

Dichter zu ihren Fabeln selbst Zeichnungen angefertigt; am bekanntesten in diesem Zusammenhang sind die Fabelillustrationen von W. Busch. Im Vergleich Bild – Text können die differenten Intentionen herausgearbeitet, sowie die Möglichkeiten der Umsetzung vom Medium Sprache/Literatur ins Medium Bild unterschieden werden.

Am Beispiel von Illustrationen werden die unterschiedlichen Deutungsvarianten der allegorischen Sprachform unmittelbar augenfällig und können in selbständigen Zeichnungen konkretisiert und erprobt werden. In diesem Sinn ist der rezeptive Aspekt mit dem produktiven zu verknüpfen, da das eigenständige Illustrieren einzelner Motive, Szenen, Rollenträger usw. eine kreative Auseinandersetzung mit dem Text bewirkt und die verschlüsselte Form allegorischer Rede expliziert. Es können entweder einzelne Aspekte des Textaufbaus zeichnerisch festgehalten werden oder umgekehrt Fabelhandlungen nach Vorlage von Bildern entworfen werden.[149]

4. *Arbeitsreihe:* Fabel und Spiel

Auf Grund der Kürze der Gattung ist das Spiel nicht immer eine geeignete Form der Textrezeption. Es kommt darauf an, Fabeln auszuwählen, deren Handlung nicht auf ein Minimum beschränkt ist. Als Formen des Spiels sind zu unterscheiden: a) das Rollensprechen, bei dem Fabeln mit verteilten Rollen gelesen werden, b) das Rollenspiel, in dem die Lösungsmöglichkeiten der Handlung experimentell verändert werden; c) das dialogische Spiel, das eine Dramatisierung des Fabelgeschehens voraussetzt.[150]

Das Rollenspiel kann sich als Variation der Rollenfunktion der Tiere realisieren oder als Entwurf von alternativen Handlungsmöglichkeiten. Das dialogische Spiel erfordert eine Ausgestaltung der Argumentationsführung im Gegeneinander von Argument und Gegenargument.

5. *Arbeitsreihe:* Textproduktion

Textproduktion setzt in jedem Fall eine genaue Kenntnis der Aufbau- und Sprachform der Gattung voraus, sodaß erste selbständige Schreibversuche frühestens am Ende der Primarstufe sinnvoll sind. Formen der Textproduktion können sein: a) Transferübungen, wie sie oben ausgeführt wurden;[151] b) selbständiges Erfinden von Fabeln entweder frei oder nach Vorlage eines Bildes, nach Vorgabe einer Lehre, einer Rollenkonstellation von Tieren, eines Handlungsverlaufs oder nach Vorgabe eines Fabelanfangs bzw. eines Fabelschlusses. Eine weitere Form der Textproduktion ist das Umschreiben von Fabeln in Alltagsgeschichten. Beispiele für umgeschriebene Fabelerzählungen gibt es zahlreiche.[152] Die Aufbaustrukturen bleiben jeweils konstant, die Fabelstoffe und -motive werden in den Transformationsübungen aktualisiert und auf Realverhalten übertragen.

6. *Arbeitsreihe:* Deutungsmodelle von Fabeln als Gegenstand der Fabelbehandlung

In der langen Tradition der Fabel sind vorgegebene Motive und Konstellationen je nach soziohistorischem Kontext neu bearbeitet und unter
veränderter Wirkabsicht aktualisiert worden (Fabeln als Morallehre, als
Instrument affirmativer Sozialisation, als Ideologiekritik, als Situationsrealistik usw.).[153] Die unterschiedlichen Funktionsbestimmungen der
Form können in vergleichender Fabelanalyse erarbeitet und damit die
Deutungsmöglichkeiten literarischer Texte erschlossen werden. In diesem Zusammenhang können auch die Interpretationsmodelle der Lese-
buchautoren herangezogen werden, um die Intentionalität der jeweiligen Analysen und die Vielfältigkeit von Rezeptionsmöglichkeiten deutlich werden zu lassen. Eigene Deutungsversuche von je verschiedenem
Standpunkt (sozialkritisch, existentiell, rezeptionsästhetisch usw.) können das Wissen um die Pluralität von Rezeptionsmöglichkeiten vertiefen.

7. *Arbeitsreihe:* Fabeln im Kontext anderer literarischer Formen

In diesem Zusammenhang ist die Beziehung der Gattung Fabel zu
verwandten Formen – Parabel, Sprichwort, Tiergeschichten – zu untersuchen, wobei jeweils von der unterschiedlichen Kommunikationssituation der Gattungen auszugehen ist. In vergleichender Textanalyse können Gemeinsamkeiten und Differenzen der Erzählformen verdeutlicht
werden. Ferner können in einer weiteren Sequenz Rezeptionsformen
von Fabelmotiven und -konstellationen in der Trivialliteratur (Comics)
analysiert werden.[154]

8. *Arbeitsreihe:* Fabeln innerhalb des literarischen Lebens, Fabeln und
Medien

Die Rezeption von Fabelbildern und -motiven ist sowohl in Formen und
Texten der Alltagssprache wie in der Hochliteratur nachweisbar. Fabelmotive sind Kristallisationskerne innerhalb dramatischer, lyrischer und
epischer Formen in Tradition und Gegenwart. Durch eine Motivanalyse
können Verwendungszusammenhänge der Fabelstoffe in Formen der
Hochliteratur (Schiller, E. T. A. Hoffmann, Goethe, H. M. Enzens-
berger, Brecht etc.) erarbeitet werden.

Die Gegenwartssprache ist durch zahlreiche bildhafte Ausdrücke gekennzeichnet, die von der Fabel ihren Ausgang genommen haben (Löwenanteil,
Eselsdummheit, Höhle des Löwen etc.). Geltung und Bedeutungswandel
solcher Fabelbilder lassen sich in Texten der Alltagssprache, in Zeitungsbe-
richten und in der Werbung untersuchen und auf ihre veränderte Intentionalität hin bestimmen.

Die Rezeption von Fabeln kann sich auch als Auseinandersetzung mit
den medialen Präsentationsformen[155] von Fabeln vollziehen. In Arbeitsrei-

hen können die medialen Bearbeitungen von Fabeln in Film, Fernsehen und auf Schallplatte unter verschiedenen Gesichtspunkten (Sachangemessenheit, Variationsformen, Trivialisierung, Politisierung usw.) thematisiert werden.

Während die ersten vier Vorschläge der Fabelbehandlung nach adäquater methodischer Vorbereitung z. T. bereits in der Primarstufe zu verwirklichen sind, sind die letzten vier Arbeitsmöglichkeiten erst für die Sekundarstufe relevant.

6 Parabel

6.0 Name und Begriff

Die Parabel ist eine weitere Form allegorischer Erzählung.[1] Das Wort
Parabel stammt aus dem Griechischen (,parabole' aus ,ballein' „werfen"
und der Präposition ,para' „neben"; ,paraballein' „daneben werfen", das
eine für das andere setzen) und meint eine Form gleichnishaften Sagens.
Wie die Fabel ist die Parabel durch eine Sprachform bestimmt, bei der das
Gesagte nicht im wörtlichen, sondern im übertragenen Sinn verstanden
werden soll.

Gegenüber der Fabel ist die Parabel ein Stiefkind der Forschung. Deshalb ist eine eingehendere Bestimmung der Form und ihrer Theorie
schwierig.

Die Abgrenzung von Fabel und Parabel ist strittig. Vor allem in neuerer
Zeit besteht die Tendenz, die Grenze zwischen beiden Erzählformen
aufzuheben und beide Typen unter dem Begriff der allegorischen Erzählung zusammenzufassen.[2] So wird entweder die Fabel als Form der Parabel
angesehen: „Wir können somit die Fabel als Sonderform der Parabel
ansehen."[3] Oder es wird umgekehrt die Parabel als Form der Fabel
bezeichnet:

„Die Fabel aber als sprachliche Konstruktionseinheit . . . wird sich nun auf Grund
ihrer Bauform besonders eignen, die . . . Parabelintention in sich aufzunehmen. Sie
stellt gleichsam ihr Gehäuse den parabolischen Belangen zur Verfügung. Damit aber
möchte ich zugleich meinen, daß im Sinne der ästhetischen Form die genannten
Einheiten wie . . . Parabel usw. keine genuinen literarischen Gattungen sind,
vielmehr formal mit dem, was die Fabel kennzeichnet, zusammenfallen können oder
als die rhetorischen Figuren zu gelten haben, für die einstmals Aristoteles die Fabel
hielt."[4]

Diese These, daß Fabel und Parabel keine unterschiedlichen Erzählformen
sind, sondern beides Typen allegorischen Sprechens, ist nicht unwider-
sprochen geblieben. Lindner weist darauf hin, daß der Gebrauch der
allegorischen Sprachform in Fabel und Parabel grundsätzlich verschieden
ist.[5] Bereits Herder und Hegel haben die Differenz der Gattungen betont.
Nach Herder ist die Intention gleichnishaften Sagens in der Parabel verschlüsselt und mehrdeutig, während sie in der Fabel erkennbar und formu-
lierbar ist. „Parabel ist eine Gleichnisrede, eine Erzählung aus dem gemeinen Leben mehr zu Einkleidung und Verhüllung einer Lehre als zu ihrer

Enthüllung; sie hat also etwas Emblematisches an sich. Überdem gehet sie den Gang der Fabel und maßt sich sehr freie Schritte in diesem Gange an, indem sie oft mehrere Lehren verbirgt und sich nicht, wie die äsopsche Fabel, an einer derselben begnüget . . .".[6] Auch für Hegel ist die allegorische Rede der Parabel von „weitester Allgemeinheit".[7] Fabel und Parabel sind zwar beides Verbildlichungen von Sachverhalten, aber nach Linnemann steht die Parabel „sogar höher, weil sie feiner ist, die Tendenz weniger merken läßt."[8] Lessing unterscheidet Fabel und Parabel in der Weise, daß er die Fabel als die Erzählung eines ‚wirklichen' und die Parabel als Erzählung eines ‚möglichen Falles' kennzeichnet. „Der einzelne Fall, aus welchem die Fabel besteht, muß als wirklich vorgestellt werden. Begnüge ich mich mit der Möglichkeit desselben, so ist es ein Beispiel, eine Parabel."[9]

6.1 Zur Geschichte der Parabel

Ist die Unterscheidung der Erzählformen im Hinblick auf die Sprachform umstritten, so bringt auch der Blick auf die geschichtliche Entwicklung keine grundsätzliche Klarheit.

Die Geschichte der Parabel ist noch ungeschrieben. Sofern Fabel und Parabel beide als parabolische Erzählformen gelten, ist die geschichtliche Überlieferung für beide Formen in ähnlicher Weise zu beschreiben. Der Ursprung beider Formen ist ungeklärt, weil sie Formen volkstümlichen Erzählens sind. Es wird jedoch angenommen,[10] daß die Genealogie der europäischen Parabel nach Griechenland und Indien verweist. Das indische Jakata-Buch aus dem 3. vorchristlichen Jahrhundert gilt als älteste schriftliche Überlieferung, die von den Griechen durch Äsop und Babrios rezipiert wurde. Die Geschichte der Überlieferung der Parabel vollzieht sich nach Brettschneider in ähnlicher Weise wie die der Fabel. Die Parabel wird wie die Fabel aus ihrer rhetorischen Tradition als Form der Rede bestimmt. Demgegenüber betont Heselhaus[11], daß die Parabel ihren Ursprung im religiösen Bereich habe und dadurch in Form und Inhalt jahrhundertelang geprägt war. Heselhaus weist darauf hin, daß sich die Parabel erst im 18. Jahrhundert zur eigenständigen literarischen Form zu entwickeln beginnt, ihre eigentliche Relevanz als parabolische Erzählung jedoch erst im 20. Jahrhundert erhält.

Im Blick auf die geschichtliche Entwicklung wird deutlich, daß es verschiedene *Parabeltypen* gibt. Braak[12] bezeichnet die Parabel als „Sammelbegriff" und differenziert vier Typen: die biblische bzw. religiöse Parabel, wie sie vor allem aus den Gleichnissen des Neuen Testamentes bekannt ist (Parabel vom verlorenen Sohn usw.), die didaktische Parabel (Lessing, Ringparabel; Brecht, Geschichten von Herrn Keuner), die verrätselte Parabel der Moderne (Kafka, Musil, Dürrenmatt) und die absurde Parabel, wie sie der modernen Dramatik bei Ionesco, Beckett, Frisch u. a. zugrundeliegt.[13]

Bei der Einteilung Ivo Braaks fällt auf, daß der Begriff Parabel mehrdeutig verwendet ist. Unter Parabel wird einerseits die literarische Erzählform verstanden (die ersten drei Typen), andererseits das Grundkonzept der Handlung eines Dramas oder eines Erzähltextes (Typ vier). Beide Verwendungsweisen des Begriffs sind üblich. Der Terminus ist durch Polysemie gekennzeichnet.[14] In diesem Zusammenhang soll die Parabel nur als literarische Kurzform behandelt werden.

Eine andere Einteilung schlägt Brettschneider vor, indem er vor allem von der modernen Parabel ausgeht. Er unterscheidet „die religiöse und metaphysische Parabel (M. Buber, F. Kafka, H. Broch), die politische Parabel (B. Brecht, G. Kunert, R. Kunze), die phänomenologische Parabel, das heißt die parabolische Darlegung von den Erscheinungen der menschlichen Existenz (R. Musil, F. Dürrenmatt, E. Strittmatter, Ch. Meckel und andere)."[15]

Die geschichtliche Entwicklung hat eine Veränderung in der Struktur der Form bewirkt. Man kann in Anschluß an N. Miller differenzieren zwischen geschlossenen und offenen Formen.[16] Die traditionelle Parabel ist vorwiegend durch die geschlossene Form bestimmt, die moderne durch die offene. In der geschlossenen Form ist mit der Erzählung zugleich die Lehre gegeben. Die offene Form ist prinzipiell mehrdeutig. Das epische Geschehen ist nicht auf eine Lehre oder Erkenntnis zu reduzieren, sondern bleibt für vielfältige Interpretationen offen.

Obwohl der Gattungsbegriff ‚Parabel' nicht eindeutig ist, wird in diesem Zusammenhang davon ausgegangen, daß Fabel und Parabel auf Grund des unterschiedlichen Gebrauchs der allegorischen Rede unterschiedliche Erzählformen sind. Bereits der spezifische Typus der biblischen Parabel, der die Gattung entscheidend geprägt hat, impliziert Strukturen des Erzählens und der Funktion, die eine Differenzierung von Fabel und Parabel nahe legen.

6.2 Die Parabel als literarische Form

Es soll versucht werden, die Definition der Parabel so zu fassen, daß trotz der historisch-individuellen Besonderheiten der Form das gattungshaft Allgemeine bestimmt werden kann. Angesichts der Vielfalt von Parabeltypen ist es nicht möglich, von einem verbindlichen Textcorpus als Grundlage der Definition auszugehen. Da die Parabel sich als eigenständige literarische Erzählform vor allem im 20. Jahrhundert entwickelt hat, soll hauptsächlich die Parabel dieses Jahrhunderts Grundlage der Gattungsbestimmung sein.[17] Es wird deutlich werden, daß die Parabel einerseits zwar Strukturen der Fabel aufweist, andererseits jedoch als selbständige Erzählform zu bezeichnen ist.

Das Zusammenspiel folgender Elemente konstituiert die literarische Form der Parabel:

1) Die Parabel erscheint primär als narrativer Text; es gibt jedoch auch dramatisierte und versifizierte Formen.

2) Die Parabel ist eine literarische Kurzform.

3) Die Parabel ist eine amimetische Form des Erzählens. Die Realbezüge des Erzählten stehen nicht für sich, sondern haben gleichnishaften Charakter; sie verweisen auf ein Gemeintes. Formen des amimetischen Erzählstils, der sich – wie die zeitlichen und räumlichen Situierungen des Erzählten zeigen – teilweise mimetischer Mittel bedient, sind Typisierung und Verfremdung.

4) Die Parabel ist eine allegorische Sprachform. Die allegorische Rede der Parabel ist in sich kohärent, d. h. es handelt sich um eine „tota allegoria"[18]; die Erzählung bleibt polyvalent ohne eine die Beziehung von Bild und Sache entschlüsselnde Auslegung.

5) Wie die Fabel ist die Parabel eine didaktische Gattung. Die Funktion der allegorischen Sprachform zielt jedoch weniger auf die „Enthüllung" einer Erkenntnis als auf ihre „Verhüllung"[19]. In der allegorischen Rede ist das konkrete Hier und Jetzt zum Bild einer ‚höheren Bedeutung‘ transformiert. Parabeln provozieren Denk- und Erkenntnisvorgänge.

6) Publikumsbezug: Der ‚Sitz im Leben‘ ergibt sich aus der kommunikativen Grundsituation. Als Form, in der das Gemeinte aus dem Gesagten erst zu *erschließen* ist, richtet sich die Parabel an ein verstehendes bzw. wissendes Publikum.

Zusammenfassend kann die Parabel als diejenige literarische Kurzform bestimmt werden, die in allegorischer, amimetischer Erzählweise den „Erfahrungsraum des Alltags", „das räumlich und zeitlich Nächste" in „Relation zum Fernsten bringt",[20] um im konkreten Fall eine „allgemeine Bedeutung" transparent werden zu lassen und Denkvorgänge auszulösen.

6.2.1 Die Parabel als Erzähltext

Die Mehrzahl der Parabeln gehört zu den narrativen Texten. „Die Parabel braucht nicht unbedingt episch zu sein, aber sie ist es in der Regel".[21] Es gibt auch dramatisierte bzw. versifizierte Parabeln, ein Beispiel ist Lessings Ringparabel. Als Erzähltext besteht die Parabel, wie die Fabel auch, aus einer unter einem bestimmten Gesichtspunkt geordneten Abfolge von Handlungen. Während der „Endzweck"[22] des Handlungsaufbaus (Lehre) innerhalb des Erzählteils der Fabel erkennbar ist, ist dieser in der Parabel ‚verhüllt'.

Angesichts der Vielfalt von Parabeltypen läßt sich kein einheitliches Schema der Handlungsführung entwerfen. Im Gegensatz zur Fabel hat die Parabel kaum feste Kompositionsprinzipien, sie ist eine offenere Form. „Überdem geht sie den Gang der Fabel und maßt sich sehr freie Schritte in diesem Gange an . . .".[23] Der Handlungsaufbau in der Parabel kann drei-, zwei- oder eingliedrig sein. Sequenzen innerhalb der Handlung können sein: a) Eine durch einen Vergleich konstituierte Ausgangssituation (die Sache gleicht . . .), b) Ausführung des Vergleichs an einem bestimmten Sonderfall des alltäglichen Lebens. Die Erzählung des Sonderfalls kann entweder als Ganzes auf den Vergleichsaspekt hin komponiert sein, oder die gemeinte Bedeutung nur an einer bestimmten Stelle innerhalb des Erzählten anklingen lassen. In letzterem Fall vollzieht sich die Übertragung der Bildebene in die Gedankenebene „in dem einen, sonderbaren, aufregenden Zug, der das Ereignis zum Sonderfall . . ."[24] macht. c) Die Beziehung von Bild- und Sachebene wird erläutert. Die Allegorie wird gedeutet.

Dieser dreischrittige Handlungsaufbau (Vergleich – Konkretion des Vergleichs am Sonderfall – Deutung) kann zum zweischrittigen Handlungsaufbau (Vergleich – Konkretion des Vergleichs) oder zum einteiligen Erzählablauf, in dem Bild und Bedeutung verschmolzen sind und vom Leser entschlüsselt werden müssen, reduziert werden. Besonders die modernen Parabeln sind durch das eingliedrige Handlungsmodell gekennzeichnet (Kafka, Musil u. a.).

Ein Beispiel für den ersten, dreischrittigen Typ der Handlungsführung ist der Erzählablauf in Herders Parabel „Die Ratte in der Bildsäule".[25] Die Ausgangssituation wird in dieser Parabel konstituiert durch die Nennung der Vergleichung: im Staat müsse man sich am meisten vor der Ratte in der Bildsäule fürchten. Die Unklarheit über dieses Bild provoziert die Notwendigkeit der Erklärung. Diese wird im Bild, am konkreten Fall, gegeben. Die Erklärung durch das Bild bedarf ihrerseits wiederum der Deutung. Im dritten Teil wird der Vergleich erläutert.

Ein eingliedriges Handlungsmodell liegt z. B. in Kafkas Parabel „Gib's auf"[26] vor. Das Erzählte ist nicht in einen Bild- und einen Sachteil aufgegliedert. Die ‚Erzählseite' aktualisiert zugleich die Bedeutungsebene. Mit der Skizzierung der Ausgangssituation wird im Bildteil das Gemeinte figuriert. Besonders an einem Punkt des Erzählten, in der Doppelbedeutung des Wortes ‚Weg' – als Fußweg und als Lebensweg – ist der Vergleichsaspekt im Erzählten selbst, d. h. innerhalb der Bildebene, artikuliert. Eine Deutung wird explizit nicht gegeben.

6.2.2 Die Parabel als Kurzform

Die Parabel ist eine epische Kurzform. Sie ist auf die Darstellung eines einzigen Falles konzentriert. Der Kürze entspricht aber nicht zugleich eine einfache Beschaffenheit des zugrundeliegenden Konzepts (‚histoire') der Erzählung.

Die Abfolge des Erzählverlaufs deckt sich nicht mit der Sukzession des erzählten Geschehens. Es bleibt eine Differenz zwischen dem dargestellten Geschehen und der intendierten Bedeutung. Das Dargestellte ist nur Beispiel, es weist über sich hinaus. Die Spannung zwischen dem Handlungsablauf und der gemeinten Bedeutung bewirkt die Rätselhaftigkeit dieser literarischen Kurzform. Die Kürze ist damit zugleich Prinzip der Dichte und Komplexität der Parabel. Die Reduktion auf die Darstellung eines einzelnen, in sich geschlossenen Geschehens begründet den meist verschlüsselten Verweisungscharakter des Erzählten.

„Damit ist ihr Wesen umrissen: erzählend zu sein, aber nicht in dem Sinne, daß das Erzählte – wiewohl es für sich sinnvoll und abgeschlossen ist – Selbstzweck wäre, sondern so, daß die dem Erzählten einwohnende Bezüglichkeit zum Leben . . . hell aufleuchtet".[27]

6.2.3 Die Parabel als amimetische Form des Erzählens

Es scheint zunächst, als ob die Parabel eine Form realistischer Wirklichkeitsdarstellung ist. Denn im Gegensatz zur Fabel weist die Parabel weder in der Figurendarstellung, noch in der Zeit- und Raumgestaltung antirealistische Erzählstrukturen auf. Die Parabel „macht ihm (dem Leser) die Sache so wahrscheinlich, daß er nicht nach der Wahrheit fragt".[28] Zeit-, Raum- und Figurendarstellung sind in der Parabel nicht abstrakt, sondern aus „dem Kreis des gewöhnlichen Lebens"[29] genommen. Der auffälligste, immer wieder betonte Unterschied zwischen Fabel und Parabel, ist die Tatsache, daß die Figuren nicht dem Bereich der Tier- und Pflanzenwelt entstammen. Die Akteure der Parabel sind Menschen; es wird „menschliches Tun und Treiben, wie es jedem als bekannt vor Augen steht",[30] geschildert. „Die Wirklichkeit, welche die Parabel ... setzt, ist die Wirklichkeit der menschlichen und göttlichen Geschichte."[31] Diese „verschiedene Wirklichkeit" bezeichnet Wackernagel als den „hauptsächlichen Unterschied"[32] zwischen Fabel und Parabel. Konsequenz dieser Wirklichkeitsdarstellung ist, daß das Geschehen innerhalb der Parabel „charakteristischer, künstlerischer, ausführlicher und mehr episch"[33] gestaltet ist. Aber trotz einer gewissen epischen Breite zielt das Erzählen nicht auf bloße Abschilderung des Tatsächlichen. Aus der Form des Erzählens ist deutlich, daß das Erzählte nicht das Gemeinte ist, sondern Beispiel und Gleichnis für etwas, das nicht mehr erzählt wird. Dieser Verweisungscharakter des Erzählten kann entweder im Handlungsaufbau selbst sichtbar werden, indem der Vergleichsaspekt, auf den hin das Erzählte zu lesen ist, am Anfang oder Schluß formuliert ist (s. o.). Der Chiffre-Charakter des Dargestellten kann andererseits durch die Stilmittel der Verfremdung, der Typisierung und der Reduktion artikuliert werden. (So ist z. B. in Kafkas Parabel „Gib's auf" mit dem Weg zum Bahnhof nicht nur der reale Fußweg gemeint, dieser ist vielmehr in typisierender Weise zugleich Bild für den Lebensweg.)

Die dargestellte wahrnehmbare Realität ist jeweils Bild für „etwas Außerordentliches, Unerreichbares".[34] Den der Parabel zugrundeliegenden Denkvorgang beschreibt Goethe wie folgt:

„Bei ... der Parabel ... ist der Sinn, die Einsicht, der Begriff das Hohe, das Außerordentliche, das Unerreichbare. Wenn dieser sich in einem gemeinen, gewöhnlichen, faßlichen Bilde verkörpert, so daß er uns als lebendig, gegenwärtig, wirklich entgegentritt, daß wir ihn uns zueignen, ergreifen, festhalten, mit ihm wie mit unsersgleichen umgehen können, das ist denn auch eine zweite Art von Wunder ...".[35]

Das Modell der Wirklichkeitsdarstellung in der Parabel besteht in der Verknüpfung von „Nahem und Fernem", von Anschauung und Begriff. Als „Aufgabe der parabolischen Literatur" bezeichnet Brettschneider es, „die Wirklichkeit als Bild zu begreifen, als unverständliches, vielleicht trügerisches Bild, das Bild zum Gleichnis zu erhöhen, dem mehr Wahrheit innewohnt, als seine wahrnehmbare Realität auszusagen vermag ...".[36]

In der Art der Figuren-, Zeit- und Raumgestaltung spiegelt sich die Tendenz der Parabel, reale Gegebenheiten bildhaft zu deuten. Alle Elemente des Erzählten sind durch die Stilgesetze epischer Anschaulichkeit und Reduktion gleichzeitig gekennzeichnet.

6.2.3.1 Figurendarstellung

Angesichts der Vielzahl von Parabeltypen können in diesem Zusammenhang nur allgemeine Züge der Figurendarstellung skizzenhaft angedeutet werden.

Die Akteure der Parabel sind keine individuellen Charaktere, sondern Typen. Das wird schon aus der Namensgebung deutlich; entweder werden die Figuren durch eine allgemeine Gattungsbezeichnung in das Geschehen eingeführt: ein Mann hatte zwei Söhne, vor grauen Jahren lebte ein Mann, in Andorra lebte ein junger Mann usw.; oder es finden sich allgemeine Standesbezeichnungen: ein Schneider (Musil), der Richter, der Kaiser (Kafka) usw.; oder substantivierte Adjektiva heben den repräsentativen Charakter der Figuren hervor: die Weisen, der Blonde und der Braune (Marie von Ebner-Eschenbach). In einigen Parabeln sind konkrete Namensgebungen zu finden: Herr Keuner, Herr Egge, Zarathustra; teilweise sind Parabeln auch in Ich-Form geschrieben. Diese scheinbare Individualisierung der Namensnennung, bzw. die Ich-Form, wird aus dem Kontext jeweils als Form der Typisierung deutlich: Herr Keuner steht für alle ‚Denkenden‘, das ‚Ich‘ ist kein Individuum, sondern steht für alle ‚Iche‘. Konkrete Charakterisierungen der Akteure dienen nicht der Individualisierung der Figur, sondern einer deutlichen Kennzeichnung des Bezugspunktes, von dem her die Parabel konzipiert ist. In Dürrenmatts Parabel „Der Tunnel" ist die Figur detailliert geschildert: „Ein Vierundzwanzigjähriger, fett . . . der es liebte, die Löcher in seinem Fleisch, da doch gerade durch sie das Ungeheuerliche hereinströmen konnte, zu verstopfen, derart, daß er Zigarren rauchte . . . und über seiner Brille eine zweite trug, eine Sonnenbrille, und in den Ohren Wattebüschel . . .".[37] Die individualisierende Figurenzeichnung hebt den repräsentativen Charakter des Vierundzwanzigjährigen nur umso deutlicher hervor. Die Einzelheiten sind funktionell gedeutet, der Vergleichsaspekt ist mit der Charakterisierung zugleich ausdrücklich formuliert: „fett, damit das Schreckliche hinter den Kulissen, welches er sah . . . nicht allzu nah an ihn herankomme; die Löcher in seinem Fleisch, da doch gerade durch sie das Ungeheuerliche hereinströmen konnte, zu verstopfen . . .": Fettigkeit als Zeichen der Abwehr gegen „Schreckliches", Rauchen als Form, die „Löcher zu verstopfen" usw.

Auch die Figurenkonstellation der Parabel zeigt typisierende Züge: die Personen sind nach dem Prinzip angeordnet, ob sie wissend oder unwissend sind, richtig handeln oder falsch. Die epische Anschaulichkeit der Akteure ergibt sich aus ihrer Einbettung in eine reale Situation: die Figuren haben sich in einer konkreten Lage zu verhalten, sie haben Aufgaben zu lösen, auf ihre gesellschaftliche Umwelt zu reagieren. Es geht in der Parabel um die Darstellung eines „Sonderfalls". Dennoch wird der einzelne Fall durch die Stilmittel der Verfremdung und Reduktion Beispiel für typische allgemeine Verhaltensweisen. Art und Weise der Reaktion der Aktanten ist durch die Typisierung der Figur und der Umwelt vorgezeichnet.

6.2.3.2 Zeit- und Raumdarstellung

Zeit- und Raumgestaltung sind wie die Figurendarstellung durch das Gesetz der Analogie gekennzeichnet. Individuelle Zeit- und Raumbestimmungen sind als konkretes Hier und Jetzt zugleich Beispiele für ein ‚Überall' und ‚Immer': Andorrra ist ein realer Ort und gleichzeitig Bild für eine überall anzutreffende Gegend; der Zug ist ein konkreter Zug und gleichzeitig Bild für die Ausweglosigkeit menschlicher Existenz usw. Je genauer und detaillierter die Zeit- und Raumbestimmungen sind, desto eindringlicher kann die Beziehung des Dargestellten auf ein Gemeintes hin differenziert werden. Je epischer das Dargestellte konkretisiert wird, desto unverkennbarer wird der bloße Bildcharakter bzw. das Reduktionsmoment des Erzählten auf ein Gemeintes. So bestimmt Wackernagel die epische Anschaulichkeit geradezu als das Wesen der Parabel: „Und so ward es das Wesen der Parabel, sich nicht sowohl auf einzelne Situationen zu beschränken (obwohl auch das hin und wieder vorkommt) als vielmehr eine Begebenheit in einem ausgedehnteren tatsächlichen Verlaufe zu erzählen . . .".[38] Orts- und Zeitangaben können detailliert bis in konkrete Einzelheiten hinein bestimmt sein. Es finden sich jedoch auch durchaus allgemein gehaltene Situierungen: eines Tages, früh am Morgen, von Zeit zu Zeit; im Hof, in einer Stadt usw.

Um den Verweisungscharakter der erzählten Begebenheiten unmittelbar deutlich werden zu lassen, sind die zeitlichen und örtlichen Bestimmungen teilweise durch das Stilprinzip der Verfremdung gekennzeichnet: so wird die Handlung in ferne Zeiten gerückt oder spielt in fremden Ländern.

Insgesamt sind die Elemente der allegorischen Parabelerzählung durch „Reduktion einerseits – epische Erweiterung andererseits"[39] in der Weise figuriert, daß z. T. das Reduktionsmoment, z. T. das Moment anschaulicher Episierung überwiegen kann.

6.2.4 Die Parabel als allegorische Sprachform

Wie die Fabel ist die Parabel eine Form allegorischer Rede. Sie zielt auf die Verbildlichung unanschaulicher Gedanken, indem sie eine Übertragung eines allgemeinen Sachverhalts in eine anschauliche Erzählung leistet. Wie die Fabel enthält die Parabel einen Bildteil und einen Sachteil. Es besteht die Notwendigkeit, „das Erzählte als Beispiel aufzunehmen und aus ihm das Gemeinte herzuleiten, wobei dieser Prozeß der Übertragung vom Autor selbst durchgeführt, nur angedeutet oder ganz und gar dem Leser überlassen werden kann."[40] Die Beziehung von Bild- und Sachteil ist anders als in der Fabel. Innerhalb des Bildteils finden sich keine eindeutig zu entschlüsselnden semantischen Indikatoren des gemeinten Sachverhaltes. Der Gleichnischarakter der Parabel ergibt sich nicht bereits explizit aus dem Bildteil wie in der Fabel; die Relation zwischen Bild- und Sachteil muß im Denkvorgang der Analogie erschlossen werden. Entweder können einzelne semantische Indikatoren innerhalb des Bildteils Hinweise auf das Gemeinte geben, oder die Beziehung von Gesagtem und Gemeintem muß vom Autor im nachgestellten Sachteil selbst formuliert oder vom Leser ermittelt werden. Herder bezeichnet die Parabel als eine „Gleichnisrede, eine Erzählung mehr zu Einkleidung und Verhüllung einer Lehre als zu ihrer Enthüllung; sie hat also etwas Emblematisches an sich."[41] Der Sinn einer Parabel kann somit nicht in einem Sprichwort oder einer Sentenz zusammengefaßt werden.

Der Bildteil in der Parabel thematisiert keine typischen Verhaltensweisen, keine immer und überall vorkommenden Begebenheiten. Es wird vielmehr ein „einzelner Fall, der seiner Partikularität nach zunächst geringfügig erscheint"[42], erzählt (Hegel). Der ‚einzelne Fall' steht nicht für sich, sondern ist Beispiel und „Hindeutung auf eine höhere Bedeutung", die im konkreten Fall veranschaulicht wird. Der Vorgang des Allegorisierens betrifft in der Parabel nicht den erzählten „Sonderfall" als Ganzes, sondern nur den „einen sonderbaren, aufregenden Zug, der das Ereignis zum Sonderfall macht"[43] und in dem das Tertium comparationis, durch das Bild- und Sachteil vergleichbar werden, aufleuchtet. Beispiel: Kafka, „Gib's auf"; Sonderfall: Suche nach dem Weg zum Bahnhof; Vergleichsaspekt: Doppeldeutigkeit des Weges als Fußweg und Lebensweg – Tertium comparationis: Ausweglosigkeit.

Auf Grund der unterschiedlichen Form der Allegorie ist auch die Funktion allegorischen Sprechens in Fabel und Parabel verschieden.

6.2.5 Die Funktion der Parabel als allegorischer Erzählung

Die Parabel ist wie die Fabel eine didaktische Gattung. Der Lehrcharakter der Parabel ist geprägt durch den Bezug zum religiösen Bereich. Dort, wo dieser Bezug verloren gegangen ist, wie in der modernen Parabel, wird die Gattung zur Form der Existenzdeutung (Kafka, Dürrenmatt), zum Instrument gesellschaftskritischer oder politischer Auseinandersetzung (Brecht, Musil, Frisch u. a.). Trotz der gemeinsamen Grundtendenz von Fabel und Parabel, unanschauliche Gedanken sinnbildlich am anschaulichen Beispiel zu vergegenwärtigen, ist der ‚Sitz im Leben' bei beiden Formen verschieden. Die allegorische Erzählung der Fabel zielt auf die Darstellung von Verhaltensmöglichkeiten in einer ‚Welt zweckrationalen Handelns'. Die kommunikative Grundsituation der Fabel läßt sich durch die Frage umschreiben: „Was gehe ich ein, wenn ich diese Rolle übernehme?".[44] Die Tendenz der Parabel ist ‚höher', allgemeiner. Das anthropologische Modell der Parabel ist durch die Struktur folgender Frage-Antwort-Relation zu kennzeichnen: „Was soll ich tun, um das ‚Wahre' zu erfahren?".[45] Während die Fabel auf die exemplarische Vergegenwärtigung von Normen des Handelns innerhalb gesellschaftlicher Realität zielt, „durchbricht die Parabel alle pragmatische Dringlichkeit der Alltagswelt, um den Menschen zur Umkehr . . . zu bringen".[46] Die Parabel ist eine Form der Erkenntnissuche. Das Einzelne des Hier und Jetzt wird in Beziehung gesetzt zu dem, „was nicht in unserer Welt sich vorfindet".[47] In der Parabel wird somit aufgefordert, das Konkrete als Bild für ein „Außerordentliches, Unerreichbares" zu verstehen. Die Lehrtendenz der Parabel hat dynamischen Charakter. Es geht nicht nur um Erkenntnisgewinnung, sondern zugleich um Ausführung der gewonnenen Erkenntnis. Im Gegensatz zur Fabel enthält die Parabel nach Herder „oft mehrere Lehren" und „begnüget" „sich nicht an einer derselben".[48] In Fabel und Parabel hat die allegorische Erzählung eine appellative Tendenz: während sich die Tendenz der Fabel jedoch auf innerweltliches Verhalten bezieht, ist die Parabel weitgehend durch die Frage nach den Bedingungen des innerweltlichen Seins gekennzeichnet.

6.2.6 Publikumsbezug der Parabel

Die Parabel ist durch ihren ‚Sitz im Leben' bestimmt. Der Leser bzw. Hörer ist notwendiger, integrativer Bestandteil des Erzählten, da der Vergleichscharakter des Dargestellten entschlüsselt werden muß und „die im Bild gewonnene Erkenntnis auf die Wirklichkeit zurückzuprojizieren"[49] ist. Dieser Leser-/Hörer-Bezug ist innerhalb der Geschichte der Parabel verschieden realisiert worden. Der Leser/Hörer kann entweder unmittelbar angesprochen werden: gehe hin und tue desgleichen; oder er ist als integrativer Bestandteil in das Erzählte hineingenommen (moderne Parabel).

Die Anschaulichkeit innerhalb der Parabelerzählung scheint zunächst darauf hinzudeuten, daß der intendierte Rezipient ein ‚Jedermann' ist. Die

Namensgebung (ein Mann, ein junger Mann etc.) der handelnden Figuren ist so allgemein gehalten, daß für jeden Leser eine Identifikationsmöglichkeit gegeben scheint. Dennoch wendet sich die Parabel nicht an ein beliebiges Publikum. Als Form, die das Gemeinte eher ‚verhüllt‘ als enthüllt, zielt die Parabel auf einen wissenden bzw. verstehenden Rezipienten. Sie richtet sich an ‚Eingeweihte‘. „Die parabolisch verborgene Rede schützt vor Unberufenen."[50] Die intellektuellen Anforderungen sind bei der Parabel höher als bei manch anderer Erzählform, weil die Lehre nicht eindeutig ist, sondern per analogiam vermittelt wird. Der Erzähler der Parabel ist ein „Wissender, der sein Wissen vermittelt, indem er einen Denkvorgang provoziert."[51]

6.3 Die Parabel im Literaturunterricht

Innerhalb des Literaturunterrichts ist die Parabel eine nur am Rande beachtete Form. Es gibt eine Vielzahl von didaktischen Beiträgen zur Fabelbehandlung, kaum aber Hinweise zur Didaktik der Parabel.[52] Das mag einerseits daran liegen, daß Fabel und Parabel häufig als kaum zu differenzierende Gattungen angesehen werden, die prinzipiell ähnliche Interpretationsverfahren erfordern. Es liegt wohl auch daran, daß die allegorische Sprachform vor allem der modernen Parabel nicht einfach zu entschlüsseln ist und deshalb nur m. E. zum Gegenstand des Literaturunterrichts wird. Als literarische Form, deren wesentliches Stilprinzip in der allegorischen Deutung von Grundbedingungen menschlicher Existenz besteht, ist die Parabel sinnvoll erst am Ende der Sekundarstufe I bzw. in der Sekundarstufe II zu behandeln.

Der *didaktische Wert* der Parabel ergibt sich aus ihrer Grundstruktur: Parabeln sind Sprachformen bildhafter Verwandlung eines konkreten Hier und Jetzt zu einem Gleichnis einer „höheren geistigen Ordnung". Diese Verwandlung eines besonderen Falles in einen allgemeinen Bedeutungszusammenhang wird jedoch nicht ausdrücklich, sondern nur andeutungsweise vollzogen. Parabeln müssen deswegen analogisch „Zug um Zug" erschlossen werden. „Die Parabel ... zielt auf die Wirklichkeit, ohne sie unmittelbar darzustellen, ihr Wirklichkeitscharakter wird erst in einem intellektuellen Vermittlungsprozeß erschlossen."[53] Als „Prinzip, Welt zu erfassen und künstlerisch darzustellen"[54], ist die Parabel eine Form der Didaxe, die die Erkenntnis- und Seinsdimension des Lesers aktivieren will. Darüberhinaus können im Umgang mit Parabeln Grundfunktionen allegorischer Rede deutlich werden.

Anknüpfend an die Gegenstandsstruktur der Parabel sind folgende Aspekte im Umgang mit dieser Erzählform zu berücksichtigen:

1) Die Gattungsstruktur der Parabel: Parabel als allegorische Sprachform.

2) Morphologische und strukturelle Elemente: Handlungsaufbau, Figuren-, Zeit-, Raumdarstellung, Metaphorik, Syntax usw.

3) Funktions- und Wirkbezüge der Gattung in Tradition und Gegenwart; die Appellstruktur der Gattung; Typen der Parabel: religiöse, politische, existentielle Parabeln.

4) Parabeln im Kontext anderer literarischer Formen: die parabolische Sprachform als Basis der Dramengestaltung, das parabolische Märchen usw.

Die *Ebenen der Textrezeption* von Parabeln sind in ähnlicher Weise zu bestimmen, wie es Doderer für den Umgang mit Fabeln vorgeschlagen hat. Kern der Parabeldidaktik muß der Versuch sein, Verfahren zu entwickeln, mit denen der Transfercharakter allegorischer Rede, die Beziehbarkeit von Bild- und Sachteil verstehbar werden kann. Die Auseinandersetzung mit der Textualität der Erzählform kann jedoch nicht für sich gesehen werden, sondern ist ein Versuch, literarische Sinnbildungsprozesse verstehbar werden zu lassen und lebensweltliche Funktionen der poetischen Rede deutlich zu machen.

Grundlage der Parabeldidaktik, die sich als Einführung in Typen und Funktionen allegorischer Rede realisieren kann, ist der *hermeneutische* Aspekt: Parabeln sind Formen der Existenzdeutung und Modelle der Weltdarstellung. Es ist zu fragen, welche Erkenntnisinhalte und Sinnbestimmungen in Parabeln thematisch werden, welche Modelle der Wirklichkeit entworfen sind. Der Nachvollzug intendierter Bedeutungsinhalte kann nicht nur ästhetisches Vergnügen schaffen, sondern „ist die selbst geleistete Herstellung einer identitätssichernden Balance zwischen chaotischer Welt und begreifbarer Ordnung, wie sie für den Entwicklungsprozeß entscheidend ist."[55]

Die spezifische Kommunikationssituation der Parabel ist zu ermitteln aus einer Analyse der einzelnen Strukturen des Erzählten (Handlungsaufbau, Figurenbestand, Zeit- und Raumdarstellung, Wortgebrauch, Metaphorik, Syntax usw.) und deren jeweiligen strukturbildenden Funktionen. Die Sinnkonkretisation ist zu leisten durch den Wechsel von Analyse und Synthese: die Strukturelemente des Erzählten sind auf dem Hintergrund eines zunächst erschlossenen Bedeutungsgehaltes zu untersuchen, das Sinnpotential ist seinerseits durch detaillierte Strukturanalysen ständig erneut zu vergegenwärtigen.

Der hermeneutische Aspekt ist deshalb durch den *heuristischen* zu ergänzen. Es gilt Verfahren zu entwickeln, die es ermöglichen, die Sinnbildungsprozesse der Parabeln verstehend nachzuvollziehen. In diesem Zusammenhang sind u. a. das analoge, das strukturale und das kreative Verfahren zu unterscheiden.

In neueren literaturdidaktischen Beiträgen gelten die Formen *analogen Verstehens*[56] als Grundlage literarischer Rezeption. Durch Verfahren analogen Verstehens sollen die impliziten Sinnsetzungen des Rezipienten ausdrücklich thematisiert werden. Bildliche Rede ist prinzipiell offen für verschiedene Deutungsmöglichkeiten. Die Berücksichtigung von primären Realisierungsmöglichkeiten des Textes – auf existentieller, politischer, anthropologischer, sozialer Ebene – kann die Interpretation der verschiedenen Sinnaspekte des Textes vorbereiten. Ziel des analogen Verfahrens ist es, einsehbar werden zu lassen, inwiefern die primären Assoziationen zum Text den Sinnbildungsprozeß der Erzählungen thematisieren, d. h. auf das Bedingungsgefüge der Textelemente zurückzubeziehen sind oder die Intentionalität des Textes verfehlen.

Formen analogen Verstehens sind: Vorlesen, Kommentieren, Paraphrasieren, Konkretisieren der dargestellten Inhalte durch Rückbezug auf Alltagserfahrungen, Erfinden paralleler Geschichten, Deutung durch graphische bzw. bildliche Umsetzungen usw. Das Vorlesen ist eine sehr wichtige Form der Parabelrezeption, da durch Lesen die Sinnsetzungsmöglichkeiten unmittelbar hörbar werden. Angesichts der Komplexität von Parabeln sind analoge Verfahren zwar wichtig, aber auch gefährlich, weil sie die Dichte der intendierten Aussage zu sehr reduzieren könnten. Die Mühe des sich Einlassens auf die Sinnstrukturen des Textes könnte zu schnell durch die Produktion eigener Vorstellungsinhalte abgelöst werden.

Eine andere, elementare Form der Sinnbildung ist das *strukturale Verfahren*: Strukturale Analysen zielen darauf, die einzelnen Ebenen des Textes (Wort-, Satz-, Bedeutungsebene, Handlungsaufbau, Figurenbestand usw.) zu differenzieren und in ihrer Relationalität zu untersuchen. Strukturale Interpretation am Beispiel von Parabeln hat sich vor allem an der Frage zu orientieren, welche semantischen Indikatoren die Beziehbarkeit von Bild- und Sachhälfte andeuten. Die einzelnen Textelemente sind darauf hin zu thematisieren, inwiefern sie pragmatische Sachverhalte zum Bild einer „höheren Bedeutung" transformieren. Stilelemente der Verfremdung, der Reduktion, der Typisierung und Analogisierung sind am Beispiel der einzelnen Textebenen als Formen bildlicher Umdeutung realer Gegebenheiten zu ermitteln. Als „hilfreicher methodischer Aspekt"[57] wird in diesem Zusammenhang die Arbeit mit Oppositionen und Äquivalenzen vorgeschlagen. Parabeln enthalten in der Regel Sinnkonzepte, die durch die

Opposition von Gegensatzbegriffen zu kennzeichnen sind und zwar häufig in der Weise, daß Begriffe zweideutig gebraucht sind. Beispiel: Dürrenmatt, „Der Tunnel": Tunnel als Unterführung und als nicht endende Dunkelheit menschlicher Existenz; Kafka, „Gib's auf": Weg als Fußweg – Ausweglosigkeit usw. Solche oppositiven Strukturen herauszuarbeiten und die jeweiligen Entsprechungen der einzelnen Gegensatzbegriffe zu bestimmen, kann Verstehensprozesse fördern.

Kreative Verfahren zielen auf produktive Einstellungsänderungen zum Text. Möglichkeiten kreativer Textarbeit sind u. a.: kommentieren, paraphrasieren, antizipieren, selbständig einen Sachteil zu einem Bildteil formulieren bzw. umgekehrt einen Bildteil zu einem Sachteil schreiben. Weitere kreative Formen der Textarbeit sind einfache Operationen am Wort- und Satzgebrauch, wie z. B. Ersatzproben, Umstellproben, Weglaßproben. Ersatzproben sollen dazu dienen, bestimmte Worteinheiten bzw. Wörter durch entsprechende zu ersetzen und dadurch in ihrem Bedeutungsumfeld zu konkretisieren. Umstellproben verändern Satzabläufe und können deshalb den Blick für die gegebenen Aufbaustrukturen und ihren Sinn schärfen. Umstellproben hat bereits Lessing zur Prüfung der Funktion parabolischer Rede vorgeschlagen.[58] Durch Umstellübungen werden einzelne Umstände, Figuren und Handlungsabläufe variiert und damit in ihrer Bedeutungsfunktion umso klarer. Weglaßproben ermöglichen es, die Funktionalität der einzelnen Textelemente einzusehen. Durch Aussparungsübungen kann deutlich werden, welche Textelemente zum Verständnis der Sinnabläufe unverzichtbar sind und welche nur schmückende, erläuternde Funktion haben.

Der hermeneutische und der heuristische Aspekt innerhalb der Parabeldidaktik sind durch die *funktionale* Betrachtung zu ergänzen. Parabeln sind didaktische Erzählformen. Je nach Thematik enthalten sie verschiedene Wirkabsichten – religiöse, anthropologische, politische usw.

Durch wechselnde Methoden der Texterschließung, durch ideologiekritische, historisch-soziologische, literaturgeschichtliche Betrachtung, können die verschiedenen Funktionen von Parabeln verdeutlicht werden.

Sequenzen im Umgang mit Parabeln sind nach verschiedenen Gesichtspunkten zu organisieren; vorrangig können die thematischen, formalen, sprachlichen und funktionalen Aspekte Ausgangspunkt der Behandlung werden.

1. *Arbeitsreihe:* Parabeln als Sprachformen der Allegorie:
stilistische Verfahren der Transformation von pragmatischen Sachverhalten in Bedeutungsträger: Typisieren, Reduzieren, Analogisieren, Verfremden.

2. *Arbeitsreihe:* Motivstrukturen innerhalb von Parabeln:
immer wiederkehrende Motive in Tradition und Gegenwart, z. B. das
Gleichnis vom verlorenen Sohn in seinen verschiedenen traditionellen
und modernen Bearbeitungsformen. Modelle der Existenzdeutung in
traditionellen und modernen Parabeln.

3. *Arbeitsreihe:* Funktionen und Appellstrukturen von Parabeln. Parabeln
im soziokulturellen Kontext.[59]

4. *Arbeitsreihe:* Typen und Formen traditioneller und moderner Parabeln
(literaturgeschichtlicher Aspekt).[60]

5. *Arbeitsreihe:* Parabeln im Kontext literarischer Formen:
Parabel und Drama,[61] Parabelstoffe als Vorlage dramatischer Gestaltung; Parabolische Märchen.

6. *Arbeitsreihe:* Interdisziplinärer Aspekt:
Parabeln als Gegenstand des Literaturunterrichts und des Religionsun-
terrichts[62].

7 Anekdote

Bis heute gibt es nur Ansätze zu einer Theorie der Anekdote. Innerhalb der Literaturwissenschaft ist diese Erzählform eine weitgehend vernachlässigte Gattung.

7.0 Name und Begriff

Das Wort Anekdote stammt aus dem Griechischen (anekdoton) und bedeutet ursprünglich das „Nicht-Herausgegebene". In diesem editionstechnischen Sinn von ‚inedita' gilt der Begriff bis ins 18. Jahrhundert. Anekdoten werden deshalb ursprünglich „die aus irgendwelchen Gründen nicht publizierten oder absichtlich geheimgehaltenen Aufzeichnungen"[1] genannt. Frühe Beispiele solcher geheimen Geschichten sind die Klatschgeschichten um Kaiser Justinian, die Prokop im 5. Jahrhundert n. Chr. veröffentlicht. Ein weiteres Beispiel sind die 1697 von Muratori publizierten Manuskripte der Ambrosianischen Bibliothek, die bis dahin nicht veröffentlicht waren und von ihm deshalb Anecdota genannt wurden.

Zur Bezeichnung einer selbständigen literarischen Form taucht das Wort ‚Anekdote' in Deutschland erstmalig im 18. Jahrhundert auf, und „zwar finden wir es zuerst bei Gottsched und bei Lessing".[2] „Hinfort kann etwas anecdote heißen, was längst nicht mehr unbekannt oder unveröffentlicht ist, und in dieser Bedeutung von ‚Geschichtchen' wird das Wort auch im 18. Jahrhundert (aus dem Französischen) ins Deutsche übernommen."[3] Seit dem 18. Jahrhundert gibt es in zunehmendem Maß Anekdotensammlungen, wobei die Form jedoch vermischt mit anderen epischen Kurzformen, wie z. B. Kalendergeschichten, Schwänken, kurzen Erzählungen auftritt. Als ursprüngliche Form mündlichen Erzählens ist die Anekdote offen für eine Übernahme von Formen und Funktionen anderer Erzählarten. Eine Gattungsgeschichte der Anekdote zu schreiben, erweist sich deshalb als problematisch, weil für eine genauere Definition der Form „erst einmal Material aufgearbeitet und Reflexionen angestellt werden müßten."[4]

7.1 Geschichte der Anekdote

Es sollen in diesem Zusammenhang nur skizzenhaft einige Stationen in der Geschichte der deutschen Anekdote dargestellt werden.

Wie bei jeder ursprünglich mündlich tradierten Erzählform läßt sich auch bei der Anekdote nicht genau angeben, wann und wo sie entstanden ist. Zudem machen die fließenden Grenzen zu anderen epischen Formen eine eindeutige Beschreibung der geschichtlichen Entwicklung schwierig. In seinem Abriß über die Geschichte der Anekdote weist Dalitzsch auf frühe Quellen im ägyptischen und indischen Raum. Innerhalb der griechischen Literatur lassen sich zwei Typen der Anekdote unterscheiden: die Anekdote, die ihren „Ursprung aus der historischen Unterhaltungsliteratur der Logographen genommen hat" (Plutarch, Herodot) und die Anekdote „der Dichter und Philosophen".[6] Die ersteren waren Materialsammlungen für historische Essays um bekannte Persönlichkeiten, die letzteren in Geschichten gekleidete Weisheitsaussprüche. In der römischen Literatur finden sich anekdotenhafte Erzählungen in größeren Geschichtsdarstellungen, z. B. des Nepos, Livius, Gellius, Tacitus, Plinius.

Als literarische Form gibt es die Anekdote in Deutschland seit der Renaissance. Erste anekdotenhafte Erzählungen enthalten die Facetien des Augustinus Tünger (1486), die nach dem Vorbild des ‚Liber facetiarum' (1470) des Italieners Francesco Poggio (1380–1459) geschrieben sind. Kennzeichen dieser Frühformen der Anekdote ist die Nähe zu Schwank und Witz. Das Anekdotische beschränkt sich dabei wesentlich auf die Bindung an eine bestimmte Landschaft oder einen Stand. Auch die drei Bände Facetien (1508–1512) von Heinrich Bebel sind von Poggio beeinflußt. In Anlehnung an diese Facetiendichtung entstehen u. a. das „Narrenschiff" des Sebastian Brant (1457–1521), die Sammlung „Schimpf und Ernst" (1522) von Johannis Pauli, Jörg Wickrams „Rollwagenbüchlein", Hans Wilhelm Kirchhoffs (1525–1603) „Wendunmuth" usw., die alle schwankhafte Anekdoten-Erzählungen enthalten.

Aus dem 17. Jahrhundert sind u. a. die Sammlungen „Huy, Pfui der Welt" und „Schneckenprozession" des berühmten Abraham a Santa Clara (1644–1709) zu nennen. Als die „besten" Anekdoten, „die in deutscher Sprache geschrieben worden sind",[7] bezeichnet Leopold von Ranke die Erzählungen, die sich in den Briefen der Liselotte von der Pfalz (1652–1722) finden.

Insgesamt lassen sich im 16./17. Jahrhundert verschiedene Typen der Anekdote differenzieren: die „historisch-patriotische Anekdote, die Hof-

klatschgeschichte, biographische Skizze und schwankhafte Anekdote".[8] Auch die Funktionen sind unterschiedlich: Anekdoten dienten der
Unterhaltung, der moralischen Belehrung, der exemplarischen Illustration bekannter Personen in der Historiographie und der Wissensvermittlung interessanter Daten aus fernen Ländern und vergangenen
Zeiten.

Ende des 17., Anfang des 18. Jahrhunderts lebt die Anekdote vor
allem als volkstümliche Erzählform in Almanachen, Kalendarien, Sammelbänden usw. Zu erwähnen sind z. B. der „Basler Hinkende Bote"
(1677), der „Frankfurter Hinkende Bote" (1800) oder der „Wandsbek-
ker Bote" (um 1775) des Matthias Claudius, die Vorläufer der Anekdotensammlungen von Johann Peter Hebels „Rheinländischem Hausfreund" (1808) sind.

Der klassische Höhepunkt der Anekdote als Kunstform ist bei Heinrich von Kleist (1777–1811) und Johann Peter Hebel (1760–1820) erreicht. In den „Berliner Abendblättern" (1810/11) berichtet Kleist tägli-
che Ereignisse aus allen Bereichen des Berliner Lebens (Theater, Lokal-
ereignisse, Verbrechen usw.), die er zu pointiert erzählten Begebenheiten um ungewöhnliche Menschen und Geschehnisse umgestaltet. Wilhelm Grimm ist ein Bewunderer des Kleistschen Journals, weil es „eine
Menge ganz köstlicher Anekdoten"[9] biete.

Ein anderer „Urvater" der klassischen deutschen Anekdote ist Johann Peter Hebel, der in seinem „Rheinischen Hausfreund" bekannte
anekdotische Motive sammelt, oder selbst volkstümliche Begebenheiten
pointenhaft als eine Art Reflexion auf den „Unbestand aller Dinge"
erzählt. In seinen Anekdoten werden alltägliche Ereignisse so berichtet,
daß jeweils zugleich ein moralischer Sinn bzw. ein ‚fabula docet' deutlich wird.

Bei Hebel und Kleist verbinden sich historische Lokalisierungen und
charakterisierende Darstellung mit pointenhaftem Erzählstil, wie es aus
der Tradition der schwankhaften Anekdote überliefert ist. Hebels Anekdoten sind in Kalendern veröffentlicht und haben deshalb volkstümliche, unterhaltende oder moralisierende Funktion. Kleists Anekdoten
sind formstrenger, z. T. pointierter. Hebel und Kleist repräsentieren
zwei mögliche Formen der Anekdotengestaltung, die sich in späterer
Anekdotensammlungen wiederfinden.

Neben diesen klassischen Vertretern der Anekdote gibt es im
19. Jahrhundert zahlreiche Anekdotenalmanache und -lexika, die auf
die Beliebtheit der Form schließen lassen. Dabei tritt die Anekdote wesentlich als feuilletonistisch-publizistische Form in Erscheinung.

Mit Beginn des 20. Jahrhunderts setzen verschiedene Erneuerungsversuche ein, durch die die Gattung wieder zur Kunstform entwickelt wird. Zu nennen sind Wilhelm Schäfer (1868–1952), Hans Franck (1879–1964), Josef Winckler (1881–1966), Carl Weiskopf (1900–1955).

Wilhelm Schäfer versteht sich als Schüler Hebels; ihm geht es um die Umgestaltung der bloß anekdotischen Begebenheiten zu einer Erzählung mit symbolischer Bedeutung: „Und ich glaube, daß wir darin überhaupt die künstlerische Arbeit sehen müssen: ein Sinnbild zu schaffen, das möglichst wenig persönliche und möglichst viele allgemeine Züge an sich trägt."[9] 1937 erscheint sein Band „Wendekreis neuer Anekdoten".

Die Literarisierungsversuche H. Francks knüpfen an den Anekdotentyp Kleists an. Frank beschreibt das Ziel der Anekdote als die „Kristallisation eines bedeutsamen Geschehnisses zu einem Kunstgebilde von klarschönen Maßen und wundervoller Durchsichtigkeit."[10] Er hat eine Reihe von Geschichtenbändchen herausgegeben, u. a. „Die vier großen B." (1955), Geschichten um Beethoven, Bach, Brahms und Bruckner, „Das Königsduell" (1941), „Ein Dichterleben in 111 Anekdoten" (1961) usw. Frank unterscheidet die Anekdote im engeren und im weiteren Sinn. Letztere umfaßt für ihn alle epischen Kurzformen wie „Sage und Satire, Märchen und Legende, Groteske und Geschichte."[11]

Einen anderen Weg der Erneuerung geht Carl Weiskopf. Zwar knüpft auch er an die klassischen Vorbilder Kleist und Hebel an, doch er verbindet den Typ der literarischen Anekdote mit dem volkstümlichen Element, indem er aktuelle Tagesereignisse, Kriegserfahrungen usw. aufgreift. In seinem „Anekdotenbuch" (1954) versucht er die Kluft zwischen „hoher Literatur und einfachem Geschmack, zwischen Ästhetik und Gebrauchswert" zu überbrücken, indem er „die publikumsbezogene Form der Anekdote wieder an ‚bedeutende' Inhalte bindet".[12]

Die Stellung der Anekdote im 20. Jahrhundert hat Sigismund von Radecki treffend in seiner Sammlung „Die Rose und der Ziegelstein" (1938) charakterisiert. Dort bezeichnet er die Anekdote als „Volkslied der benzinbetäubten Welt".[13] Trotz der schwierigen Stellung dieser ursprünglich auf mündliche Tradition verwiesenen Form gibt es im 20. Jahrhundert eine Reihe bekannter Anekdotensammlungen. Zu nennen sind u. a. die Sammlungen des Fr. Rosenfeld alias Roda-Roda (1872–1945), das „Große Roda-Roda-Buch" (1949) oder „Schummler, Bummler, Rossetummler" (Neuaufl. 1970) oder Eugen Roths „Lebenslauf in Anekdoten" (1962) usw.

7.2 Die Anekdote als Erzählform

Bereits der geschichtliche Ausblick ließ erkennen, daß die Anekdote eine chamaleonähnliche Gattung ist, deren Abgrenzung zu anderen epischen Kurzformen und Formen der Alltagskommunikation nicht immer deutlich ist. In den Sammelbänden bis ins 19. Jahrhundert tritt die Anekdote vermischt mit Schwank, Kalendergeschichte, biographischer Skizze, Novelle, Witz und Kurzgeschichte auf. Abgesehen von vereinzelten theoretischen Äußerungen Fr. Schlegels, L. Tiecks, Novalis', Fontanes, Fr. Reuters[14] u. a., in denen versucht wird, das Wesen der Anekdote zu bestimmen, beginnt die Theorie dieser Form erst mit Beginn des 20. Jahrhunderts. Eine gattungstheoretische Bestimmung der Anekdote ist aus mehreren Gründen schwierig.[15] Die Anekdote ist ursprünglich eine mündlich tradierte Erzählung, die immer zugleich auch ein Mittel der Alltagskommunikation war. Als volkstümliches Erzählgut ist sie eine offene Form. Sie lebt aus ihrem jeweiligen Publikumsbezug und kann sich in verschiedener Weise realisieren:

1) ‚als volkstümlich-vorliterarisches Element des alltäglichen Erzählens‘,

2) als Zweckform in der Geschichtsschreibung, d. h. als Form der Historiographie oder Biographie,

3) seit dem 18./19. Jahrhundert als literarische Gattung,

4) als gesellschaftliche Kommunikationsform in den Massenmedien.[16]

Die Definitionen der Anekdote sind vielfältig, je nachdem welcher Typ zugrundegelegt wird. Zudem sind die Kriterien der Definition unterschiedlich, da teils vom Stoff, von der Form oder Funktion ausgegangen wird.

Einige Bestimmungen seien genannt: Vom Inhalt her wird die Anekdote als Erzählform definiert, die „eine charakterisierende Herzens- oder Geistesäußerung einer Person enthalte."[17] Als Form der Aneignung von Geschichte beschreibt Novalis die Anekdote als „historisches Molecule oder Epigramm."[18] Inhalte seien Charakterzeichnungen, unbekannte Umstände aus dem Privatleben großer Männer, merkwürdige Ereignisse oder Darstellungen überraschender menschlicher Verhaltensweisen. Auf Grund dieser Stoffe wird die Anekdote von Dalitzsch wie folgt gekennzeichnet:

„Anekdote ist die einen Einzelmenschen behandelnde, kurze Geschichte ohne Nebenbehandlung, in der durch individuelle Züge des Handelns und Sprechens die Charakteristik einer Persönlichkeit oder Kennzeichnung einer gemeinsamen, womöglich allgemeinmenschlichen Eigenschaft einer Gruppe von Menschen geboten wird. Dabei ist wesentlich, daß diese Geschichte entweder tatsächlich auf eine historische Begebenheit zurückgeht oder wenigstens den Anspruch erhebt, für historisch genommen zu werden in bezug auf das zu charakterisierende Individuum."[19]

Ähnlich formuliert V. Lange das Wesen der Anekdote:

> „In der Anekdote wird nicht etwa nur eine beliebige Figur in einen amüsanten oder interessanten Handlungszusammenhang gestellt, sondern eine bekannte Persönlichkeit durch eine zugespitzte, pointierte sprachliche Äußerung oder Geste charakterisiert . . .".[20]

Die Mehrzahl der Definitionen knüpft an die skizzierten inhaltlichen Gegebenheiten an, da die Anekdote als eine wesentlich vom Stoff bestimmte Gattung gilt. Von der Form her wird sie charakterisiert als Erzählung einer „gedanklichen Zuspitzung", als „eine zu äußerster Knappheit gedrängte tatsächliche Begebenheit"[21] bzw. als eine von der Pointe her bestimmte Gattung. Insgesamt werden die formalen Elemente gegenüber den inhaltlichen und funktionalen als sekundär angesehen, da die Anekdote als ursprünglich mündlich tradierte Erzählform von der ständig wechselnden Anpassung an Situationen und Publikumsansprüche lebt und kaum feste Formstrukturen aufweist.

Die Funktionsbestimmungen der Gattung sind zahlreich. Sie heben u. a. die charakterisierende, unterhaltende und belehrende Bedeutung der Form hervor:

> „Um schnell zu erfassen und das Erfaßte zu merken, dient die Anekdote. (. . .) Zur Ermunterung des Gedächtnisses, zur Berichtigung mancher falscher Einstellung ist die Anekdote nützlich."[22] „Die Entstehung der Anekdote erkläre ich mir aus dem rein gesellschaftlichen Moment, daß man das Bedürfnis hatte, einen Einzelmenschen . . . für einen Augenblick und auch für kommende Zeiten zu charakterisieren"[23] usw.

In den zitierten Bestimmungen wird jeweils von einzelnen Strukturmerkmalen her versucht, das Gattungshafte der Anekdote zu definieren. Dabei entsteht ein uneinheitliches Bild, so daß die Abgrenzung der Anekdote von verwandten epischen Kurzformen problematisch scheint.

Neben diesen Definitionsversuchen, die inhaltliche, formale und funktionale Elemente der Erzählform jeweils gesondert zum Ausgangspunkt poetologischer Beschreibung machen, gibt es innerhalb der Anekdotenforschung Ansätze,[24] die Gattung auf Grund ihrer spezifischen kommunikativen Situation zu kennzeichnen. Dabei wird nicht von einzelnen historisch bedingten Realisationen der Form ausgegangen, sondern es wird untersucht, wie das grundsätzliche Verhältnis zwischen Autor, Text und Leserbezug sich in der Anekdote verwirklicht. Eine solche auf die Kommunikationsmöglichkeit der Gattung zielende Untersuchung läßt es zu, Misch- und Grenzformen der Anekdote zu bestimmen und gleichzeitig die Gattung auf Grund der ihr eignen Kommunikationssituation von anderen Formen abzuheben.

Anknüpfend an dieses Beschreibungsmodell soll versucht werden, jene

Elemente zu ermitteln, deren Zusammenwirken die Erzählsituation der Anekdote begründet und somit die unverwechselbare Kommunikationssituation der Form ausmacht.

1) Die Anekdote ist ein Erzähltext.

2) Die Anekdote gehört als ursprünglich Einfache Form zu den epischen Kurzformen. Sie steht zwischen Oralität und Literarität, zwischen mündlicher Tradition und schriftlicher Aufzeichnung.

3) Die Anekdote ist eine mimetische Form des Erzählens. Sie ist eine Art epischer Bericht. Das Erzählen wird zur „Möglichkeit der Bewältigung von Geschichte und Realität."[25] Figuren-, Zeit- und Raumgestaltung sind durch Bezüge auf historische oder reale Gegebenheiten gekennzeichnet.

4) Als Form der Aneignung geschichtlicher Realität zielt die Anekdote nicht auf bloße Abschilderung des Tatsächlichen, sondern auf „Repräsentanz".[26] Die Anekdote ist eine Sprachform der Charakteristik. Gegenstand des Erzählens sind nicht reale Gegebenheiten als solche, sondern die „Quintessenz einer Situation, der Herzpunkt eines gesellschaftlichen oder historischen Zustands."[27] In typisierend-charakterisierender Erzählweise wird der dargestellte Einzelfall zum typischen Fall, indem im Einzelnen zugleich allgemeine Zusammenhänge erkennbar werden.

5) Die Funktion von Anekdoten ergibt sich aus der charakterisierenden Sprachform. Aus der Perspektive charakterisierenden Erzählens wird „ein merkwürdiges Ereignis aus seiner Welt herausgeschält und nackt hingestellt wegen seiner Merkwürdigkeit."[28] Die Funktion der Erzählform besteht mithin darin, Besonderheiten innerhalb geschichtlicher oder alltäglicher Geschehensabläufe festzuhalten. Es geht darum, „charakteristische Momente aus dem Leben der Persönlichkeiten, aus der Entwicklung der Kultur, aus dem Wald der allgemeinen Daseinsformen, die bildkräftig wirken"[29], zu schildern, um im individuellen Einzelfall Allgemeines zu verdeutlichen. Die Intention solcher Erzählhaltung kann vielschichtig sein. Anekdoten wollen als Erzählung von Denkwürdigkeiten Staunen, Überraschung und Nachdenklichkeit auslösen; sie dienen der Wissensvermittlung usw.

6) Publikumsbezug: Als ursprünglich mündlich tradierte Erzählform ist die Anekdote durch ihren ‚Sitz im Leben' gekennzeichnet. Sie ist ein ‚operatives Genre', dessen Form und Thematik durch den Publikumsbezug bestimmt ist. So können Anekdoten je nach zeitlichem Kontext und Adressatenbezug verschiedene Themen und Funktionen als geschichtliche Anekdoten, mitmenschliche, politische, Klatschanekdoten usw. aktualisieren.

Insgesamt kann die Anekdote als eine durch gesellschaftliche Erzählsituation entstandene, ursprünglich mündlich tradierte Erzählform bestimmt werden, die in mimetisch-charakterisierender Erzählweise historisch wahre oder mögliche Ereignisse und Figuren so darstellt, daß im Einzelfall zugleich die Charakteristik von Personen, Zeiten und Epochen geleistet wird.

7.2.1 Die Anekdote als Erzähltext

Die Anekdote gehört zu den narrativen Texten. Sie realisiert sich als berichtende Wiedergabe von Handlungen und Ereignissen. Die erzählten Geschehnisse sind unter einem bestimmten Gesichtspunkt in die Einheit eines Handlungsablaufs gefügt. Zwar hat die Anekdote als ursprünglich mündlich tradierte Erzählform kaum feste Stilgesetze. Sie ist eine situationsgebundene Erzählung, deren Form je nach Funktion und Entstehungsbedingung variiert. Dennoch ist der Grundvorgang, durch den die Einheit der Handlung gestiftet wird, erkennbar. Die Anekdote ist ein *Pointetyp*: der Erzählzusammenhang wird durch den Zuschnitt der dargestellten Begebenheiten auf die Pointe hin begründet: „Im Gegensatz zu den anderen erzählenden Dichtungsarten gründet sich die Anekdote nicht auf die durchgehende Linie des Vorgangs, sondern auf den Gipfelpunkt...".[30] Als Pointeform zielt die Anekdote nicht auf Entwicklung von Handlungen, sondern auf die Darstellung des ‚Merkwürdigen‘ der Situation. Prinzip der Handlungsführung ist die Brisanz des Augenblicks, nicht die Dynamik der Geschehensentwicklung.

Von der Pointe her ist der Handlungsablauf beschreibbar als Aufbau einer Spannung und deren Lösung. Die Pointe bildet den Höhepunkt und Schluß der erzählten Begebenheiten. Die Anekdote hat ‚Achtergewicht‘. Als Ordnungsprinzip der erzählten Begebenheiten hat die Pointe eine vielfältige Funktion: sie führt einen Geschehenszusammenhang einer paradoxen Lösung zu; sie bewirkt eine Umkehr der Perspektive: die Einzelheit des Dargestellten erweist sich als ‚Fall‘. In der pointenhaften Zuspitzung wird das Typische, ‚Merkwürdige‘ der beschriebenen Vorgänge deutlich, die Pointe ist das Mittel der Charakteristik.

Doderer[31] unterscheidet zwei Typen der Pointe: die *Wortpointe* und die *Geschehenspointe*. Bei der Wortpointe löst sich das Geschehen auf Grund eines einzelnen Wortes in unerwarteter Weise, im Fall einer Geschehenspointe ist die Konstellation des Handlungsablaufs selbst pointenhaft angelegt.

Bis auf die Pointe, die ein konstitutives Element der Anekdote ist, ist der narrative Zusammenhang kaum näher beschreibbar. Der Handlungsaufbau ist je nach Anekdotentyp verschieden. Gegenstand der Handlung ist „eine abgegrenzte Begebenheit ... von besonderer Wirkkraft".[32] Die

Handlung kann in einem dreischrittigen Ablauf aufgebaut sein: Exposition – Darstellung des Einzelfalls – Pointe, oder sie kann aus zwei Handlungssequenzen bestehen: Ereignisschilderung – Pointe (vgl. Doderer[33]).

7.2.2 Die Anekdote als Einfache Form

Die Anekdote ist ursprünglich eine Form alltäglichen Erzählens. Sie ist eine „halbliterarische Gattung", die durch mündliche Überlieferung und schriftliche Fixierung tradiert wird. Im Sinne Behls ist eine „überzeugende Bestimmung der Anekdote als einer literarischen Ausdrucksform"[34] nur über dieses Wesensmerkmal der oralen Tradierung möglich. Denn die Anekdote lebt aus ihrer Gebundenheit an konkrete gesellschaftlich-historische Situationen und aus ihrem Publikumsbezug. Als situationsgebundene Erzählform, die wesentlich auf Wirkung angelegt ist, verfügt die Anekdote über eine Vielfalt stilistischer Möglichkeiten. Weniger die Textqualität bestimmt das Eigentümliche der Gattung, sondern die Kunst des auf die Situation hin bezogenen Erzählens. So können in der Form der Wanderanekdote ähnliche Stoffe und Themen durch jeweilige Anpassung an Zeit und Publikum aktualisiert und jeweils neu erzählt werden. Als mündlich tradierte Form enthält die Anekdote kollektive Grundmuster anekdotenhaft-pointierten Erzählens, die jeweils an typischen Themen und Stoffen erprobt werden können.

Die Anekdote ist ein Element alltäglichen Erzählens und kann sich als solches auch mit anderen Gattungen wie dem Roman, dem Drama, der Ballade mischen. Das Anekdotische findet sich als Erzählelement ferner innerhalb der anderen epischen Kurzformen wie Schwank, Witz, Parabel, Kurzgeschichte usw. Es erscheint außerdem als Zweckform in der Geschichtsschreibung, Tagespublizistik und Biographie, da es als mündliche Erzählform prinzipiell adaptionsfähig ist.

7.2.3 Die Anekdote als Kurzform

Wesentliches Stilelement der Anekdote ist ihre Kürze. Die Kürze ist weniger als äußeres Formprinzip gemeint – es gibt auch längere Anekdoten. Sie resultiert vielmehr aus der Art und Weise, wie die Vorgänge erzählt werden. Das Erzählte ist durch *Prägnanz* und *Ausschnitthaftigkeit* gekennzeichnet. Anekdoten vergegenwärtigen jeweils nur augenblickshafte Situationen, momenthafte Bestandsaufnahmen, durch die Personen oder Situationen blitzartig charakterisiert werden. Die Erzählung beschränkt sich auf das Notwendigste: „den Helden, das Opfer, den Vorfall, die Tat,"[35] sie kennt keine Nebenhandlungen. Die Prägnanz des Erzählens gründet in der „komprimierten, in der Pointe sozusagen explodierenden Unverwechselbarkeit des dargestellten Geschehens".[36]

7.2.4 Die Anekdote als mimetische Form des Erzählens

Die Definitionen stimmen darin überein, daß die Anekdote eine Form der Darstellung geschichtlich-gesellschaftlicher Realität ist. „Sie ist und bleibt der Bericht von einem kurzen, wahren – zumindest vorgegeben wahren – merkwürdigen und paradoxen Ereignis."[37] Der Realbezug ist seit den Anfängen der Kurzform gegeben. In der antiken Historiographie und Biographie dient die Anekdote als Mittel der Illustration von berühmten bzw. bekannten Personen, von Tagesereignissen und historischen Begebenheiten. Die Themen und Formen haben sich in der langen Tradition dieser Gattung zwar erweitert und verändert, dennoch gilt sie bis in die Moderne als eine Art „heitere Schwester der Geschichtsschreibung".[38] „Grundlage einer Anekdote muß eine historische Erscheinung, und zwar entweder eine einzelne Person oder ein einzelnes Ereignis sein, was beides durch das berichtete Histörchen charakterisiert werden soll."[39]

Der Realbezug kann sich auf verschiedene Weise konkretisieren. Es sind zwei Typen der Anekdote unterschieden worden, die *Charakter-* und die *Situationsanekdoten*[40]. Die Charakteranekdoten enthalten „Histörchen um eine berühmte oder berüchtigte Person"[41] bzw. eine „charakterisierende Herzens- oder Geistesäußerung einer Person".[42] Die Situationsanekdoten sind Berichte um geschichtliche Ereignisse, gesellschaftliche Zustände, besondere Zeitepochen.

7.2.5 Die Anekdote als Sprachform der Charakteristik

Als Form der Geschichte zielt die Anekdote jedoch nicht auf bloße Abschilderung faktischer Ereignisse. Schlegel nennt die Anekdote eine Form der „Geschichte, die strenggenommen nicht zur Geschichte gehört".[43] Die Bezogenheit auf wirkliche oder für real gehaltene Geschehnisse ist nur Anlaß, um im Erzählzusammenhang das „Denkwürdige", den „Herzpunkt ... des gesellschaftlichen oder historischen Zustands"[44] zu skizzieren. Die Anekdote ist als eine Art Bericht vor allem eine Form der Charakteristik. Anekdoten wollen deuten. Vorrangig solche Gegebenheiten dienen als Stoff, die sich „am ehesten" zu „dauerhaften Sinnbildern prägen lassen".[45] Die anekdotische Erzählintention zielt auf eine Verbindung von ‚Faktizität' und ‚Repräsentanz'.[46] „Dieses Überindividuelle, das sich im besonderen Charakter und im kleinen Ereignis manifestiert, ist das eigentliche Ziel der anekdotischen Erzählung und macht sie gegenüber der Biographie und Geschichtsschreibung selbständig."[47]

Jolles beschreibt diesen Grundvorgang anekdotischen Erzählens, in dem sich das Einzelgeschehen zum Typischen verdichtet, wie folgt: „. . . wir sehen, wie das unentwegt und unaufhaltsam fortschreitende Geschehen sich an bestimmten Stellen verdichtet, verhärtet, wie das rinnende Geschehen an solchen Stellen gerinnt, und wie es dort, wo es erhärtet . . . von der Sprache ergriffen wird, literarische Form bekommt".[48]

Die Tendenz zur Repräsentanz des Erzählten zeigt sich bereits in der Auswahl der Stoffe. Die Anekdote ist die Erzählform des „kleinen Ereignisses". Scheinbar nebensächliche, unbedeutende Geschehnisse aus der Geschichte oder aus dem Leben berühmter Personen sind bevorzugter Gegenstand der Anekdote, weil das „Nebensächliche" oft das „eigentlich Menschliche" enthüllt. Sie hat „einen scharfen, wesenserhellenden Blick auf die kleinen Vorfälle inmitten großer historischer Abläufe; sie erzählt jene unscheinbaren Begebenheiten so, daß das Wesen einer Person, einer Menschengruppe, einer Situation usw. blitzartig erhellt wird."[49] In diesem Sinn ist die Anekdote die Erzählform des charakteristischen Details: „. . . aus den glänzendsten Taten erkennt man nicht allemal den guten oder schlechten Charakter, wohl aber verrät oft eine unbedeutende Handlung, ein Ausspruch oder ein Scherz die Wesensart eines Menschen viel deutlicher als die blutigsten Gefechte, die größten Schlachten . . .".[50] Mittel charakterisierenden Erzählens sind somit Ausschnitthaftigkeit, Beispielhaftigkeit bzw. Repräsentanz und Pointierung.

Je nachdem, ob die mimetische oder auf Repräsentanz zielende Erzählhaltung überwiegt, lassen sich verschiedene Typen der Anekdote unterscheiden. Die Skala reicht von der kommunikativen Zweck- und Gebrauchsform bis zur literarischen Kunstform. Der Bezug des Erzählens zu seinem Gegenstand kann sich auf verschiedene Weise realisieren: als ‚heitere Übereinstimmung', als kritische Zuspitzung oder als sachliche Auseinandersetzung.[51]

In der *Figuren-, Zeit-, Raumdarstellung* wird die Tendenz der Anekdote zur charakterisierenden Darstellung realer Gegebenheiten deutlich. Dabei ist zu unterscheiden, ob es sich um Charakter- oder Situationsanekdoten handelt.

7.2.5.1 Figurendarstellung

Man hat die Bindung an eine historische Person als eigentliches Kennzeichen der Anekdote bezeichnet. Der Alte Fritz, Ziethen, Bismarck, Napoleon, Kaiser Franz Josef usw. sind beliebte Kristallisationsfiguren der Anekdotenbildung. Neben historischen Gestalten gelten auch Künstler, Dichter oder andere berühmte Personen als Anlaß für Anekdotenerzählungen. In der Vorliebe für bekannte Persönlichkeiten zeigt sich die mimetische Gebundenheit der Form. Die Anekdote zielt auf Glaubwürdigkeit. Der historische Gehalt ist jedoch ebenso schwer auszumachen wie z. B. bei der Sage, da es „im fiktional-erzählerischen Zusammenhang weniger auf ‚faktische Wahrheit' ..., sondern auf Wahrscheinlichkeit"[52] ankommt.

Neben den an geschichtlichen Personen orientierten Anekdoten gibt es auch solche, bei denen die „pointierte Einzelhandlung" eines beliebigen Menschen im Vordergrund steht (Situationsanekdoten). In diesem Fall treten vor allem Figuren in der Anekdote auf, an denen etwas Ungewöhnliches, Kauziges, Auffälliges usw. demonstriert werden kann. Der letztere Anekdotentyp zielt auf die Darstellung „eines überraschenden und bemerkenswerten menschlichen Verhaltens, das knapp, pointiert und eben auch überraschend geschildert wird".[53] Wenn es auf die Schilderung von pointierten Situationen und Zeitumständen ankommt, bleibt die Darstellung der Handlungsträger allgemeiner. Die Figuren sind – wie bereits die Namensnennung zeigt – typisiert: ein Mann, ein Bauer, ein Matrose usw. Diese Anekdote, die vor allem „die Klugheit des Volkes und die unerschöpfliche Vielfalt menschlicher Verhaltensmöglichkeiten zeigt",[53] wird bisweilen auch die „echte Anekdote"[55] genannt. „Während in vielen sogenannten Anekdoten eine Verhaltensweise erst dadurch bemerkenswert erscheint, daß sie einer bekannten Persönlichkeit zugeschrieben wird, ist es bei der echten Anekdote umgekehrt: Durch ihr Verhalten erweist sich die handelnde Person als – positive oder negative – Persönlichkeit."[56]

In jedem Fall ist die Figurendarstellung durch den charakterisierenden Erzählstil geprägt. Die Anekdote kennt keine Entwicklung von Charakteren, sondern nur eine punktuelle Darstellung auffälliger Verhaltensweisen, schwieriger Situationen oder witziger Wortgeplänkel. Die Aktanten werden jeweils nur in einer einzelnen Situation präsentiert, in der sie durch eine „pointierte Einzelhandlung" ‚blitzartig' eine „menschliche Eigenschaft auf eine merkwürdige, auffallende Weise zeigen".[57] „... sie geht auf gedankliche Zuspitzung hin, nicht auf die Darstellung eines Lebenskreises".[58] Durch den Einzelfall soll „das Ganze des betreffenden Lebens aufgehellt"[59] werden.

Es gibt zwei Möglichkeiten der Figurencharakteristik. Eine erzählte Begebenheit kann deshalb denkwürdig, auffällig usw. sein, weil sie von einer historisch bekannten oder berühmten Persönlichkeit ausgeführt wird. Oder das erzählte Ereignis ist so unverwechselbar und zugleich von allgemeiner Bedeutung, daß dadurch die Figur als individuelle Persönlichkeit erscheint.

7.2.5.2 Zeit- und Raumdarstellung

Wie die Figurendarstellung zeigt auch die Raum- und Zeitgestaltung Realbezüge. Es finden sich teilweise genaue zeitliche Datierungen: in der Seeschlacht von Trafalgar, im Jahr 1780, 1818 usw.; auch die Ortsbenennungen können geographisch genau lokalisiert sein: in Brünn, in Berlin, in der Weinstube Luther und Wegener usw. Diese Bindungen an Raum und Zeit sind Mittel, die Wahrscheinlichkeit des Erzählten zu beglaubigen und das Erzählte als Bericht auszugeben. Daneben gibt es auch Anekdoten, in denen die Situierungen allgemeiner gehalten sind oder – selten – ganz fehlen. In diesem Fall wird der mimetische Bezug entweder durch die historische Figur oder durch detailliert erzählte Umstände hergestellt. Im allgemeinen steht die Anekdote als ursprünglich mündliche Erzählform in einem zeitlich und örtlich lokalisierten Umfeld. Zeit- und Raumdarstellung sind punktuell. Es findet kein Ortswechsel statt. Die Handlung spielt jeweils nur innerhalb eines begrenzten Zeitraums. Die Reduktion auf das punktuelle Geschehen unterstützt die charakterisierende Erzählhaltung, so daß das Einzelne ‚bildkräftig' wirken kann.

Zeit- und Raumbestimmungen haben die Funktion genauerer Illustration der geschilderten Situation.

7.2.6 Die Funktion der Anekdote

Die Funktionen der Anekdote variieren je nach künstlerischer Gestaltung und intendiertem Leserbezug. Als Sprachform der Charakteristik verdeutlicht die Erzählform eine kommunikative Grundstruktur, die sich mit der Frage umschreiben läßt: Wodurch verwirklicht sich Besonderheit und Denkwürdigkeit in einer Welt alltäglicher Ereignisse? So erfüllen Anekdoten je nach zeitgeschichtlichem Kontext und Adressatenbezug verschiedene Funktionen. In jedem Fall thematisieren sie auffällige, charakteristische Einzelheiten aus allen – öffentlichen und privaten – Bereichen des gesellschaftlich-geschichtlichen Lebens. Sie können als „gesellige Unterhaltung" dienen, wie es z. B. in der Klatschanekdote geschieht, sie können die Bedeutung einer chronikalischen Notiz haben, oder sie fungieren als Information über unbekannte Begebenheiten der Geschichte oder als Belehrung im Sinne politischer Aufklärung, moralischer Erziehung oder ‚gediegener Erfahrung'.

7.2.7 Der Publikumsbezug der Anekdote

Als ursprünglich mündlich tradierte Form lebt die Anekdote aus der beabsichtigten Wirkung heraus. Der Bezug zum Leser ist Gestaltungsprinzip des Erzählten. „Die künstlerische Formgebung dient dabei ganz dem dargestellten Fall und seiner intendierten Wirkung beim Leser."[60] Thematik und Form der Anekdoten sind durch den ‚Sitz im Leben' bestimmt. So war die Thematik der antiken Anekdoten durch die Gebundenheit der Form an Herrscherhäuser geprägt. Themen der sog. Standesanekdote waren Klatschgeschichten um Ereignisse am Hof bzw. Berichte um bekannte und berühmte Persönlichkeiten. Im Lauf der Geschichte hat sich die Anekdote zur Form für alle Stände und Schichten entwickelt, wobei ihre Vorliebe für bekannte und berühmte Persönlichkeiten jedoch erhalten blieb. Mit der Orientierung an einem nicht weiter spezifizierten Publikum ist eine Vielfalt von Themen und Funktionen gegeben. Durch mündliche Tradierung werden alte Stoffe und Themen aufgegriffen und den jeweiligen aktuellen Gegebenheiten angepaßt. Je nach intendiertem Leserbezug ergibt sich eine Vielfalt stilistischer Möglichkeiten: Anekdoten können satirische, witzige, kritische Elemente aufweisen. In der Ausrichtung am Publikum als einem wesentlichen Faktor der Organisation der Erzählinhalte ist die Anekdote eine prinzipiell offene Form, die sich je nach Wirkungsabsicht mit anderen Formen wie Witz, Schwank, Parabel, Exempel usw. mischen kann.

Für die Verwendungssituation von Anekdoten sind ferner Art der Entstehung und Verbreitung entscheidend. So verändert sich die Struktur und Funktion von Anekdoten je nachdem, ob sie in Almanachen, innerhalb der Historiographie, in Tageszeitungen, als Mittel der Biographie usw. erscheinen. Eine Gattungsgeschichte der Form hätte diese Zusammenhänge zwischen dem Wandel der Form und ihrer jeweiligen Verwendungssituation aufzuklären. Dabei wäre zu fragen, wie sich mit den veränderten Publikationsorganen im 20. Jahrhundert auch die Form gewandelt hat. Denn gegenüber dem 18./19. Jahrhundert, wo Anekdoten vorzugsweise in Almanachen gesammelt wurden, erscheinen sie im 20. Jahrhundert entweder in biographischen oder autobiographischen Schriften oder in der Tagespresse.

7.3 Typen der Anekdote

In der Geschichte der Anekdote haben sich verschiedene Typen herausgebildet. Man hat nach der jeweiligen Funktion bzw. Thematik folgende Formen unterschieden:[61]

a) die Klatschanekdote, die bis in die Gegenwart in den Klatschkolumnen der Presse eine Rolle spielt. Beliebtes Thema solcher Klatschanekdoten sind Histörchen aus dem Privatleben berühmter Personen.

b) Standesanekdote: Standesanekdoten berichten unerhörte Begebenheiten aus verschiedenen gesellschaftlichen Schichten und beruflichen Ständen. Sind bis ins 15. Jahrhundert zunächst nur die Herrscherhäuser Anlaß der Anekdotenbildung, so wird seit der Erfindung der Buchdruckerkunst „jeder Stand, jede Schicht . . . von dem anekdotischen Spaß erfaßt, durchgehechelt . . . und spiegelt in bunter Vielfalt die Möglichkeiten ständischen Bewußtseins, ständischer Eitelkeit . . .".[62]

c) Geschichtliche Anekdote: Anekdoten haben schon in der Frühzeit der Historiographie einen wichtigen Platz als Mittel geschichtlicher Charakterisierung. Die Anekdote ist bis in die Gegenwart „ein Kind der Geschichte"[63], indem sie jeweils Zeitumstände illustrierend vergegenwärtigt.

d) Politische Anekdote: Die politische Anekdote ist auf charakterisierende Darstellung aktueller, politischer Ereignisse und Persönlichkeiten gerichtet.

e) Mitmenschliche Anekdote: In diesen Anekdoten geht es um Eigenheiten menschlichen Seins und mitmenschlicher Beziehungen, „in erster Linie um Beispiele von Nächstenliebe, um Freundschaft . . . um Treue und Liebe, Ehrlichkeit und Rechtschaffenheit . . .".[64]

f) Wanderanekdote: Alle bisher genannten Formen der Anekdote können Wanderanekdoten sein. Diese Bezeichnung zielt auf die Art der Tradierung, nicht auf eine inhaltliche Bestimmung. Die Stoffe und Themen von Anekdoten werden als mündliches Erzählgut ständig weitergegeben, jeweils jedoch der neuen Situation und dem Zeitgeist angepaßt und aktualisiert. „Hat sich das Anekdotische aber einmal gebildet, so erhält es sich: es wandert von Atelier zu Atelier, es ist eine Münze, die jedermann so gern nimmt wie weitergibt . . .".[65]

7.4 Abgrenzung der Anekdote von benachbarten Prosaformen

Als Erzählung einer denkwürdigen Begebenheit, die vor allem mündlich tradiert wird, haben Anekdoten vielfältige Beziehungen zu anderen epischen Kurzformen. Bis ins 19. Jahrhundert erscheinen Anekdoten in Sammelbänden vermischt mit Schwänken, Kalendergeschichten, Kurzgeschichten, Witzen u. a. Deshalb soll in diesem Zusammenhang versucht werden, das Spezifische der Form gegenüber anderen Formen abzugrenzen.

Anekdote und Schwank: Wie bereits die Anekdotensammlungen zeigen, in denen Schwank und Anekdote vermischt auftreten, sind die Grenzen zwischen beiden Formen fließend. Beide Gattungen gelten als Formen eines „heiteren Geschehensberichtes".[66] Beide Formen sind durch ihre Bezogenheit auf zeitgebundene Stoffe gekennzeichnet. Gemeinsam ist beiden die Thematik und das pointenhafte Erzählen. Dennoch ist die Erzählintention bzw. die kommunikative Absicht bei beiden Formen unterschiedlich. Die Anekdote ist eine Form des charakterisierenden Details, der Schwank eine Sprachform der Komik. Die Erzählabsicht der Anekdote zielt darauf, „eine Persönlichkeit, eine Epoche, eine Gesellschaftsschicht, einen Charaktertyp oder eine geistige Strömung"[67] scharf zu kennzeichnen. Die Erzählintention des Schwanks ist auf komische Darstellung von Begebenheiten gerichtet. Das Erzählen im Schwank vollzieht sich nach dem Prinzip, komische Wirklichkeitskonstellationen deutlich werden zu lassen. Zwar sind Stilelemente der Komik auch in Anekdoten nachweisbar; sie sind jedoch nur funktionales Element der charakterisierenden Erzählintention.

Anekdote und Kalendergeschichte: Kalendergeschichten sind Geschichten, die zum Zweck der Erbauung und religiösen Belehrung in Kalendarien veröffentlicht wurden. Durch Hebel und Gotthelf sind Kalendergeschichten volkstümlich geworden. Es sind vor allem biblische Stoffe, menschliche Schicksale und Tugenden Gegenstand von Kalendergeschichten. Kalendergeschichten sind deshalb durch ihre Thematik und die Art ihrer Publikation in Kalendern oder Almanachen gekennzeichnet. Anekdoten wurden in Kalendarien aufgenommen, wenn sie den Erfordernissen der Publikationsorgane entsprachen. Die Kalendermacher „ließen sich . . . teils Geschichten schreiben, teils suchten sie Geschichten aus, die man in das Gesamtbild einer solchen Publikation einbauen konnte".[68] Gegenüber der Kalendergeschichte ist die Anekdote mithin eine originäre Erzählform, die zwar in verschiedenen Verwendungszusammenhängen erscheinen kann, aber eigne Stil- und Kommunikationsstrukturen hat.

Anekdote und Witz: Anekdote und Witz sind beides Pointeformen. A. Jolles bestimmt das Verhältnis von Anekdote und Witz in der Weise, daß er den Witz als dem „komischen Antipoden"[69] der Anekdote bezeichnet. Die Anekdote – wie jede andere Einfache Form auch – beinhaltet einen bestimmten sprachlichen Zugriff auf Wirklichkeit. Dieser kann im Sinne von Jolles durch den Witz „auf den Kopf gestellt"[70] werden. Der Witz ist eine Sprachform komischer Auflösung gesetzter Normen, Einstellungen und Denkstrukturen; Witze lösen bzw. „entbinden" „irgendein Gebundenes".

„Jeder Denkprozeß, alle Bedingungen, Prinzipien, Gesetze und Normen des richtigen Denkens können spontan gelöst werden. Man braucht nur die Reihenfolge zu unterbrechen, ein Glied durch ein anderes zu ersetzen, von der einen Logik in die andere überzuspringen, jedesmal ergibt sich etwas, das durch seinen Widersinn, seine Gegenstreitigkeit, seine Undenkbarkeit die Form des Witzes annimmt."[71]

In diesem Sinn ist der Witz ein „Antipode" aller Einfachen Formen, weil er jeden sprachlichen Zugriff auf Realität lösen kann. „So könnten wir die Einfachen Formen der Reihe nach durchgehen, wir würden finden, daß sie sich im Witz lösen können."[72] Witze sind Erzählformen, die nach streng logischen Regeln auf die Pointe, d. h. einen Bruch im normalen Vorstellungsablauf hin komponiert sind. Die Pointe in der Anekdote zielt jedoch nicht darauf, etwas „auf den Kopf zu stellen"; sie will vielmehr blitzartig im Einzelfall etwas Allgemeines aufleuchten lassen.

Anekdote und Kurzgeschichte: Die Grenzen zwischen beiden Formen[73] sind fließend. Das ist bereits daraus zu erkennen, daß W. Schäfer, Scholz u. a. sich in beiden Formen versucht haben, ohne sie immer genau zu unterscheiden. Während die Anekdote jedoch eine volkstümliche Erzählform mit alter Tradition ist, sind Kurzgeschichten Kunstformen, die erst im 20. Jahrhundert entstanden sind. Es gibt eine Theorie, die die Kurzgeschichte als moderne Variante der Anekdote beurteilt.[74] In Aufbau und Handlungsführung zeigen sich Ähnlichkeiten beider Formen. Sie sind beide durch das Element der Kürze, der Pointe und der straffen Handlungsführung bestimmt. Beides sind Formen der Augenblicksdichtung, d. h. es werden nicht Zusammenhänge und Entwicklungen des Lebens erzählt, sondern jeweils nur Momentaufnahmen gegeben. Ein wesentlicher Unterschied zwischen Anekdote und Kurzgeschichte besteht darin, daß die Handlung der Anekdote abgeschlossen ist, einen in sich begrenzten Einzelfall berichtet, während das Geschehen in der Kurzgeschichte vom Anfang und vom Schluß her offen und unverschlossen bleibt. Die Kurzgeschichte „erzeugt Fragen", die Anekdote „gibt Antworten".[75] Als junge Form beinhaltet die Kurzgeschichte aktuelle, zeitbezogene, gesellschaftskritische Stoffe. Nicht nur Form- und Stoffelemente sind unterschiedlich, die grundsätzliche Erzählsituation beider Formen ist different. Die Anekdote ist eine Sprachform der Charakteristik, die Kurzgeschichte eine Form symbolischen Erzählens. Die Anekdote stellt individuelle charakteristische Situationen vor, die Kurzgeschichte thematisiert allgemeine menschliche und gesellschaftliche Gegebenheiten in prinzipiell vieldeutiger symbolischer Erzählweise.

Es sollten in diesem Zusammenhang keine detaillierten Ausführungen zu den einzelnen Formen erfolgen, sondern nur Grenzen und Übergänge gezeigt werden. Gleichzeitig sollte deutlich werden, daß die jeweiligen Formen sich zwar mischen können, jedoch jeweils durch ihre spezifische literarische Kommunikationssituation in unverwechselbarer Weise bestimmt bleiben.

7.5 Die Anekdote im Literaturunterricht

Die *Stellung der Anekdote im Literaturunterricht* wird unterschiedlich bewertet. In den Lesebüchern ist die Form eine noch immer beliebte und gedruckte Gattung. Wegen ihrer Überschaubarkeit, ihrer pointierten Erzählweise und ihres einprägsamen Inhalts gilt sie als didaktisch-methodisch leicht zu behandelnde Erzählform. In der didaktischen Diskussion wird sie jedoch weitgehend vernachlässigt. Es gibt keine zusammenhängende Darstellung über die Didaktik der Anekdote, nur vereinzelte Hinweise.[76] Bezeichnenderweise ist die Anekdote in der DDR als „geeignetes Vehikel erzieherischer Werte" eine bevorzugte Gattung innerhalb des Literaturunterrichts:

„Während im Deutschunterricht der BRD das Interesse an der Anekdote offenbar in dem Maß zurückging wie unter dem Druck einer pluralistischen Gesellschaftsstruktur und dem Vordringen utilitaristischen Denkens die Umrisse eines allgemein verbindlichen Begriffs vom Menschen in immer undeutlicheren Konturen entschwanden, während man sich im wesentlichen damit bescheidet, Anekdotentexte zur Demonstration literaturwissenschaftlicher Grundbegriffe zu verwenden, hat der Deutschunterricht in der DDR die Gattung als geeignetes Vehikel erzieherischer Werte erkannt."[77]

Das eingeschränkte didaktische Interesse in der BRD hat mehrere Gründe. Es besteht das Problem, daß die tradierten Anekdoten wegen ihrer fehlenden zeitgeschichtlichen Aktualität teilweise nicht mehr verstanden werden bzw. in ihrer eigentlichen Funktion einer erzieherischen, politischen, enzyklopädischen Belehrung nicht mehr realisierbar sind. Es wird immer wieder konstatiert, daß die Zeiten der Gattung als Form der Geschichtsdeutung und modellhafter Präsentation menschlicher Verhaltensweisen vorüber sind.

Ferner hat die Auflösung der Formen und der Funktionswandel der Literatur in der Gegenwart dazu beigetragen, daß Anekdoten als „antiquierte Form" erscheinen, „die man höchstens noch parodieren und verfremden kann."[78] Neuere Anekdoten werden entweder als klischeehafte Wiederholungen alter Stoffe und Motive empfunden, oder es sind literarisierte Erzählungen, die kaum noch etwas mit der Einfachen Form der Anekdote zu tun haben.

Andererseits wird gerade die Zeit- und Geschichtsbezogenheit der Gattung als Argument für die pädagogische Bedeutung der Form genannt. Es gibt kaum eine andere literarische Kurzform, die so lebendig und konkret historisches Bewußtsein bilden kann, wie es Anekdoten in den Geschichten um historische Persönlichkeiten, berühmte Künstler, Forscher, Entdecker und wichtige oder prägnante Zeitereignisse tun.

Es gibt unterschiedliche *Zielbestimmungen für den Umgang mit Anekdoten.* Anknüpfend an inhaltliche, formale oder funktionale Aspekte der Gattung werden Anekdoten als Einführung in heitere Literaturformen, als Vorbereitung für die Formen der Historiographie und Biographie, als Gegenstand literarischer Erziehung, als Einführung in Grundbegriffe literarischer Rede, als Einsicht in die mannigfaltigen Wirkfunktionen von Literatur und unter dem Aspekt einer ideologiekritischen Auseinandersetzung mit Literatur eingesetzt.

Die Frage, wann Anekdoten sinnvoll im Unterricht zu behandeln sind, ist unterschiedlich beantwortet worden. Es kommt auf die Textauswahl und die Zielsetzung an. Als Formen der witzigen Unterhaltung und der illustrierenden Darstellung bekannter und berühmter Persönlichkeiten können Anekdoten bereits in der Primarstufe erzählt werden. Sie „sollten zunächst als gesprochenes Erzählgut, und zwar aus dem Bereich der volkstümlichen Inhalte, die mündlich überliefert werden", „zur Geltung gebracht werden."[79] Da Anekdoten jedoch Verständnis für Geschichtlichkeit und die Sprachform des charakterisierenden Details voraussetzen, werden sie im allgemeinen als geeigneter Unterrichtsgegenstand der Sekundarstufe (ab dem siebten Schuljahr) angesehen.

Ausgehend von der Struktur der Form ergeben sich verschiedene im Unterricht zu vermittelnde Aspekte:

1) Die Anekdote als Erzählform zwischen mündlicher und schriftlicher Tradierung; Anekdoten zwischen Alltagskommunikation und literarischer Kunstform.

2) Die Gattungsstruktur der Anekdote: Anekdoten als Sprachformen des charakterisierenden Details (Handlungsaufbau, Zeit-, Raum- und Figurengestaltung, Wort- und Bildgebrauch).

3) Wirkabsichten der Gattung in Tradition und Gegenwart; Anekdoten als Mittel der Historiographie und Biographie, als Element in der Publizistik, als mündliches Erzählgut zur Unterhaltung, Erbauung und Belehrung usw.

4) Ideologiebildende und ideologiekritische Funktionen der Anekdote.

5) Anekdoten im Kontext anderer literarischer Formen; das Anekdotische als Erzählelement in Roman, Drama, Erzählungen usw.

6) Anekdoten im Kontext des literarischen Lebens.

Die Textrezeption kann sich auf verschiedene Weise vollziehen. So können Anekdoten selbst Unterrichtsgegenstand sein, oder sie können

Unterrichtsmittel in dem Sinn werden, daß sie im Geschichtsunterricht, Deutschunterricht, Physik-, Musikunterricht usw. erzählt werden, um Zeitepochen oder berühmte Dichter, Entdecker, Künstler zu charakterisieren.

Methodische Konzepte für den Umgang mit Anekdoten sind bisher erst ansatzweise entwickelt. Es lassen sich im wesentlichen drei *Formen des methodischen Zugangs* unterscheiden:

1) formalästhetische bzw. gattungstheoretische Analysen: dieser Betrachtungsweise geht es darum, die Strukturen der Gattung (Kürze, Pointierung, Verdichtung, Faktizität, Beispielcharakter, Wirkfunktionen, Publikumsbezug) zu ermitteln und die Form gegenüber anderen epischen Kurzformen abzugrenzen.

2) Sozio-historische Deutungsverfahren, durch die Anekdoten als Spiegel gesellschaftlicher Verhältnisse und als Dokument für Prozesse der Ideologiebildung thematisch werden und

3) text- bzw. sprachtheoretische Verfahren, die Anekdoten als bestimmte Formen des Sprachhandelns beschreiben.

Ein Modell der Textrezeption, das die häufig alternativ konzipierten Perspektiven der Behandlung von Anekdoten integrativ umgreift, ergibt sich in Anknüpfung an die Gegenstandsstruktur der Gattung: Der Umgang mit Anekdoten als Sprachformen der Charakteristik kann sich als Einführung in Wesen, Bedeutung und Funktion dieser Sprechweise auf verschiedenen Ebenen realisieren – durch die Analyse der Wirkabsicht (Anekdoten als Erzählgut), auf der Ebene der Formbestimmung (strukturelle Merkmale der Gattung als charakterisierende Sprechweise), auf der Ebene der Funktionsanalyse (ideologiebildende Bedeutung der Sprachform) usw.

Als die primäre, angemessene Rezeption von Anekdoten gilt nicht die rationale Analyse, sondern das Hören bzw. Erzählen. Die Gattung ist ursprünglich eine auf Wirkung angelegte Form, die ein elementares Bedürfnis des hörenden Publikums erfüllt: eine pointenhafte Darstellung eines charakteristischen Einzelfalls zu erleben. Im pointierten Erzählen erfüllt sich mithin die eigentliche Bedeutung der Form. Deshalb ist das gute Erzählen die Bedingung jeder Textrezeption. Die detaillierte Textanalyse birgt die Gefahr in sich, die auf spontanes Verstehen angelegte Wirkung zu zerstören. Deshalb sollte jede nähere Textanalyse im wesentlichen nur dazu dienen, die intendierten Wirkabsichten der Erzählform verstehbar und erlebbar werden zu lassen.

Als Einführung in Wesen und Funktion charakterisierenden Erzählens kann sich die Rezeption von Anekdoten in verschiedenen Phasen und auf verschiedenen Ebenen vollziehen. Es sind mindestens fünf Aspekte zu unterscheiden: der hermeneutische, der textanalytische, der ideologiekritische, der funktionale und der produktive Aspekt des Textverstehens.

1) Hermeneutische Fragestellung: Die Anekdote ist als Form gewordene Deutung des Wirklichen zu erschließen und zu beschreiben. In ihr realisiert sich ein bestimmter sprachlicher Zugriff auf Wirklichkeit, der durch die Absicht einer charakterisierenden Darstellung von Personen, Ereignissen und gesellschaftlichen Zuständen zu kennzeichnen ist. Von diesem Hintergrund der Erzählsituation her kann sinnvoll ermittelt werden, welche sprachlichen und textuellen Elemente eingesetzt werden, um die beabsichtigte Wirkung zu erreichen.

2) Textanalytischer Aspekt: Textanalytische Übungen zielen darauf ab zu untersuchen, in welcher Weise sich die spezifische Kommunikationssituation der Anekdote in den einzelnen Elementen des Textes (Handlungsaufbau, Figurenbestand, Zeit- und Raumdarstellung, Wortgebrauch, Metaphorik, Syntax usw.) verwirklicht. Ein geeignetes und häufig vorgeschlagenes Verfahren der Analyse ist die Gegenüberstellung von fiktionalen und nichtfiktionalen Texten. Als Sprachform der Charakteristik vergegenwärtigen Anekdoten einen sprachlichen Vorgang, in dem sich die berichtende Rede in der pointierten Darstellung eines Einzelfalls zur fiktionalen Erzählung transformiert. Anekdoten sind – bis in ihre einzelnen Textstrukturen hinein – in besonderer Weise geeignet, die Differenz zwischen fiktionaler und nicht-fiktionaler Rede deutlich werden zu lassen. Am Beispiel eines Vergleichs nichtfiktionaler und fiktionaler Bearbeitung des gleichen Stoffes – in der Form der Zeitungsnotiz einerseits und fiktionalisierender Erzählweise andererseits – kann die spezifische Erzählintention und -struktur der Anekdote deutlich werden. Es sei das Beispiel zitiert, das Jolles[81] für das kontrastive Verfahren vorschlägt:

Der Freitod des Kommerzienrats S.

„Der 62jährige Kommerzienrat Heinrich S. hat sich gestern abend in seiner Wohnung, Kaiserallee 203, erschossen. Er war in Turkestan geboren, besaß früher eine Wodka-Fabrik und hatte sie vor längerer Zeit verkauft. Er befand sich in pekuniären Schwierigkeiten und hatte schon oft Selbstmordabsichten geäußert. Er wählte zur Ausführung seines Plans einen Abend, da seine Frau abwesend war. Durch den Knall des Revolvers aufmerksam geworden, benachrichtigte eine Nachbarin die Polizei und den Arzt."[81a]. (Bericht).

„Das Motiv für den Selbstmord des Kommerzienrats Heinrich S., der sich gestern abend in seiner Wohnung, Kaiserallee 203 erschoß, ist in pekuniären Schwierigkeiten zu suchen. S., der aus Turkestan stammt, besaß früher eine Wodka-Fabrik, die er jedoch bereits vor längerer Zeit verkauft hatte. Der 62jährige hatte schon vor längerer Zeit Selbstmordabsichten geäußert und den gestrigen Abend, an dem seine Frau sich im Konzert befand, zur Ausführung benutzt. Der Knall des Revolvers wurde von Asta Nielsen gehört, die die daneben gelegene Wohnung innehat. Frau Nielsen benachrichtigte dann als Erste Arzt und Polizei."[81b]

176

Die Differenz nicht-fiktionaler Rede gegenüber dem fiktionalen Erzählstil der anekdotenhaften Erzählung (Memorabile) ist deutlich: der berichtende Stil summiert Einzelheiten, die einen historischen Ablauf festhalten und den konkreten Gang eines Geschehens nachzeichnen. Das fiktionale Erzählen bezieht sich zwar auch auf Tatsachen, organisiert diese durch den Textaufbau und die Situuierungselemente (Frau im Konzert, Mann zu Hause; Nachbarin Asta Nielsen) jedoch in einer Weise, daß das bloße Nebeneinander von Fakten zu einem Vorgang verdichtet wird, in dem die Einzelheiten in ein ursächliches Verhältnis zueinander gebracht werden (das Motiv für den Selbstmord ... ist zu suchen in ...). Im Fall des fiktionalen Erzählens sind die Geschehnisse auf eine intendierte Bedeutung hin komponiert, im Fall des Berichtstils ist der tatsächliche Verlauf mehr oder minder genau referiert. „Die historischen Tatsachen waren so geordnet, daß sie sich zwar aufeinander bezogen, aber daß aus ihrer Bezogenheit der Sinn dessen, was ihnen in ihrer Gesamtheit übergeordnet war, nicht hervorging."[82] Im fiktionalen Text dagegen sind die Realbezüge in „einer Weise angeordnet, daß sie einzeln, in ihren Beziehungen, in ihrer Gesamtheit erklärend, erörternd, vergleichend und gegenüberstellend den Sinn des Geschehens hervorheben."[83]

3) Ideologiekritischer Aspekt: Die textanalytischen Übungen zur Unterscheidung von fiktionaler und nicht-fiktionaler Sprachform können Basis für eine Auseinandersetzung mit der ideologiebildenden bzw. ideologiekritischen Funktion von Anekdoten sein. Literarische Erziehung mit Anekdoten wurde schon immer auch unter dem Aspekt „politisch-ideologischer Erziehung"[84] gesehen. In der DDR hat die Überbewertung dieses Aspekts der Gattung ihr hohes Ansehen bis in den gegenwärtigen Literaturunterricht gesichert.[85]

Anekdoten beinhalten immer eine Modellierung geschichtlicher bzw. gesellschaftlicher Realität. Diese Prinzipien der literarischen Transformation aufzuspüren, kann zugleich heißen, das Entstehen von Denkmodellen und Ideologien zu beobachten und kritisch zu analysieren.

Wesentliches Element der Anekdote ist ihr konkreter Wirklichkeitsbezug, sowie die Tendenz, Elemente des Geschichtlichen umzudeuten. Am Beispiel der Gegenüberstellung von historischen Fakten und anekdotischen Bearbeitungsweisen kann deutlich werden, welche geschichtlich-gesellschaftlichen Gegebenheiten vorzugsweise Anlaß der Anekdotenbildung werden und wie reale Wirklichkeit interpretiert und in neue Sinnzusammenhänge gestellt wird. Gegenstand ideologiekritischer Betrachtung sind die Auffassungen und Normvorstellungen gesellschaftlicher Realität, wie sie sich in Anekdoten spiegeln. So ist zu fragen, auf welche gesellschaftlichen Schichten sich das Interesse des Anekdotenerzählers richtet, wie sich dieses Interesse im Lauf der Geschichte verändert, welche Berufsstände, welche Sitten, Gebräuche und Wertvorstellungen jeweils aktualisiert sind. Es wird deutlich werden, daß die Stellung der Anekdote je nach zeitlichem Kontext variieren kann, insofern die Gattung einerseits herrschende Normen bestätigen oder selbst zur Ausbildung eines Wertbewußtseins beitragen kann (Hebel), andererseits jedoch gesellschaftliche Normen kritisiert oder in Frage stellt. (Moderne Anekdote, z. B. Böll).

4) *Funktionaler Aspekt:* Über den textanalytischen und ideologiekritischen Ansatz hinaus können Anekdoten auch unter der Perspektive ihrer funktionalen und wirkungsgeschichtlichen Bedeutung thematisiert werden. Stoffe, Formen und Inhalte der Anekdote sind jeweils durch die Art der Publikation und den Leserbezug bestimmt. So haben sich innerhalb der Tradition verschiedene Typen der Anekdote herausgebildet, je nachdem ob sie in Almanachen, in der Historiographie, in der Biographie, in der Tagespresse, in Kalendarien erschienen sind. Am Beispiel der Gattung sind somit die Zusammenhänge zwischen gesellschaftlichen Entstehungsbedingungen, Verbreitung und Rezeption zu verdeutlichen. Bereits der Blick auf Anekdoten innerhalb der verschiedenen publizistischen Organe der Gegenwart kann Differenzen in Wirkungsabsicht und literarischer Gestaltung erkennbar werden lassen. Die Behandlung von Anekdoten kann somit ein Beitrag zur Einsicht in die kommunikativen Funktionen von Literatur als Mittel der Unterhaltung, der Belehrung, der Information, der Vermittlung klischeehafter Wirklichkeitsbilder usw. sein. Die vielfältigen Erscheinungsformen der Anekdote (als Form mündlichen Erzählens, als Mittel der Alltagskommunikation, als Zweckform in der Geschichtsschreibung und als literarische Kunstform) können Aufschluß geben über die Zusammenhänge zwischen Literatur und Leben, zwischen literarischen und gesellschaftlichen Kommunikationsbedingungen.

5) *Formen der Textproduktion:* Als Sprachform der Charakteristik eignet sich die Anekdote in besonderem Maß für produktive Textgestaltung. Die verschiedenen Aspekte und Funktionen der charakterisierenden Sprechhaltung (hermeneutisch, strukturell, ideologiebildend, funktional) können am Beispiel der Textproduktion experimentell erprobt werden.

Es gibt verschiedene Möglichkeiten der Textproduktion: so können Anekdoten entweder nach Vorlage eines Paralleltextes in Veränderung der Person, der Zeit, des Raumes usw. geschrieben werden, oder es wird ein Stoff vorgegeben und eine Anekdote frei dazu erfunden, oder ein Bericht, d. h. ein nichtfiktionaler Text, wird in eine Anekdote, d. h. einen fiktionalen Text transformiert. Es gibt ferner die Möglichkeit, ein und dieselbe Anekdote auf verschiedene Wirkabsichten hin umzuschreiben – z. B. auf die Absicht der Belehrung, Erbauung, Unterhaltung usw.; oder es können

Anekdoten für bestimmte Publikationsorgane (Bildzeitung, Tagespresse, Geschichtswerk) entworfen werden.

Ein Beispiel für die produktive Auseinandersetzung mit Anekdoten findet sich bei Grothe. Er versucht, die Gattung „in ihren Abwandlungen zu einigen benachbarten Gattungen ‚durchzuspielen'."[86] Dabei können zugleich die unterschiedlichen Erzählsituationen anderer epischer Kurzformen und ihrer jeweiligen Stilmittel im Vergleich zur Anekdote deutlich werden. Die Transformation eines Stoffes als Anekdote, als Märchen, als Kalendergeschichte, als Witz (vgl. Grothe) kann sinnvoll Ausgangspunkt weiterer Verwandlungsübungen werden.

DIE EPISCHEN KURZFORMEN ALS MODELLE DER LITERARISIERUNG PRIMÄRER WIRKLICHKEITSERFAHRUNGEN*

	S a g e	M ä r c h e n
Modell der Wirklich- keitsdeutung	Wirklichkeit in der Spannung zwischen Alltag und Mythos	Welt als Raum der Verwandlung; Variation von Grundkonstellationen menschlicher Existenz unter dem Prinzip 'poetischer Gerechtigkeit'
Sprachform	mythisierende Erzählweise	'prinzipiell nicht auflösbare symbolische Rede'
Deutungs- verfahren	a) Dämonisierung des Fremden (bzw. Idealisierung) b) Personifizierung von Eigenschaften und natürlichen bzw. übernatürlichen Dingen c) Schematisierung (reale Gegebenheiten als Ausdruck guter oder böser Mächte) d) Spiritualisierung (natür- liche bzw. empirische Kausal- gesetze werden als Wirken übernatürlicher Mächte gedeutet) usw.	a) 'eindimensionaler' Erzählstil: reale und nicht-reale Gegebenheiten sind gleich wirklich und wahrschein- lich; keine Grenze zwischen 'Diesseits' und 'Jenseits' b) 'Sublimierung': Entindividuali- sierung, Entwirklichung ('Flächen- haftigkeit', 'Formelhaftigkeit', 'abstrakter Stil') c) Identität und Variation: bestimmte Grundkonstellationen (Aufbruch/ Rückkehr, Kampf/Sieg, Verzauberung/ Erlösung etc.) werden in mannig- fachen Variationen figuriert
Handlungs- modell	Einbruch des 'Numinosen' ('Ganz Anderen') in die Welt des Alltags skizzenhafte Handlungsführung ohne feste Formgesetze	Handlungsablauf nach stereotypen Mustern: Spannung/Lösung; Schwierig- keiten und ihre Bewältigung. Handlungsablauf unter dem Prinzip des Wunderbaren
Aktanten	Figuren im Spannungsverhältnis von 'Diesseits' und 'Jenseits' Figuren häufig aus dem einfa- chen Milieu; Figuren gleich- zeitig typisiert und indivi- dualisiert	Held als Medium der Realisation der Einheit von 'Diesseits' und 'Jenseits' (Protagonisten als Scheiternde bzw. als Gegner und Helfer); stereotype, abstrakte Figurendarstellung (Schwarzweiß- malerei)
Zeit	konkrete geschichtliche Situ- ierung einerseits, imaginäre unbestimmte Vergangenheits- formeln andererseits	zeitlos - es war einmal: imaginäre Vergangenheit (als Form einer immer- währenden Gegenwart); Aufhebung der Zeit
Raum	konkrete räumliche Situierung einerseits; Spannung zwischen realen und irrealen Räumen bzw. zwischen Nähe und Ferne andererseits	Vielheit von Räumen; keine Differenz zwischen realen und irrealen Räumen
Sitz im Leben	Welt in der Sicht vorratio- nalen Bewußtseins	Bild einer nicht von den Bedingungen raumzeitlicher Kausalität bestimmten Wirklichkeit (Gegenrealität)
Funktion	Erklären von Ereignissen und Zuständen Beispielsammlung von Verhal- tensweisen in Daseinskonflikten	Vergnügen an einer verwandelten Welt

	S c h w a n k	F a b e l
Modell der Wirklich-keitsdeutung	Wirklichkeit als Bereich komischer Situations-, Charakter- bzw. Sprach-konstellationen	Wirklichkeit als Bereich gesell-schaftlichen und individuellen Rollenverhaltens
Sprachform	Sprachform der Komik	'allegorische' Erzählweise
Deutungs-verfahren	Situations- und Charakter-komik: a) Formen komischer Opposi-tionsverhältnisse b) Formen der Tabuverletzung c) Störung normaler Abläufe (durch Aufhebung oder Verkeh-rung der Kausalitäten) d) Formen der Übertreibung der Quantität bzw. der Quali-tät bzw. der Zeit usw. Sprachkomik: a) inadäquate Semantik b) Wortverwechslung c) Verwechslung von metapho-rischem und lexikalischem Gebrauch der Sprache d) falsche Analogieschlüsse e) sprachliche Inkongruenzen f) Übertreibung/Untertreibung usw.	a) Abstraktion (Einkleidung eines allgemeinen Satzes in ein konkretes Bild: die konkrete Erzählung als 'Versinnlichung' eines allgemeinen, abstrakten Sachverhalts) b) Analogisierung (das konkrete Bild ist Beispiel für einen anderen, analogen Fall) c) Wechselverhältnis von Individuali-sieren und Typisieren (Veranschau-lichen eines Allgemeinen im Besonde-ren und umgekehrt)
Handlungs-modell	Handlung konzentriert um die Opposition von Parteien/Situa-tionen/Verhältnissen/Sprach-formen; Diskrepanz von 'Erwar-tung und Erfüllung'	Handlungsablauf unter dem Prinzip der Entgegensetzung von Verhaltens-weisen/Eigenschaften zum Aufweis von 'Regeln des Handelns'; stereotype Handlungsmuster
Aktanten	Figur als Antipode zu den Normen des Alltags bzw. als Träger der Spannung zwischen Norm und Normverletzung	Aktanten mit stereotypen, meist oppositiv strukturierten Verhaltens-mustern/Eigenschaften; Aktanten meist Tiere bzw. unbelebte Gegen-stände, da Reduktion auf fixierte Rollenmuster
Zeit	konkreter Zeit- und Alltags-bezug einerseits, Typisierung andererseits	zeitlicher Bezug beliebig: 'irgend-wann'; zeitliche Situierung punktuell
Raum	konkrete Situierung und Typisierung durch 'karikaturale Optik'	räumliche Lokalisierung beliebig: 'irgendwo'
Sitz im Leben	'Welt als Gegenstand des Lachens' 'Wo zeigt sich die Welt von der heiteren Seite'	Wirklichkeit unter dem Gesichts-punkt von möglichen 'Regeln des Handelns'
Funktion	heitere/pointierte Aufhebung der Normen des Alltags; Unter-haltung	Belehrung und Vergnügen an der 'bildlichen Einkleidung'

181

	P a r a b e l	A n e k d o t e
Modell der Wirklich- keitsdeutung	Welt als Gleichnis einer 'höheren, geistigen Ordnung'	Wirklichkeit als Bereich von denkwürdigen und außerordentlichen Ereignissen und Persönlichkeiten
Sprachform	'allegorische' Erzählweise	Sprachform der Charakteristik
Deutungs- verfahren	a) Analogisierung (ein 'Sonderfall' als Beispiel für ein Allgemeines) b) Reduktion (das konkrete 'Hier und Jetzt' als 'Bild' für ein 'räumlich und zeit- lich Fernes') c) Wechselverhältnis von Individualisieren und Typi- sieren (Veranschaulichen eines Allgemeinen im Beson- deren)	a) Pointierung b) Neigung zum Detail, zur Aus- schnitthaftigkeit und Punktualität der erzählten Begebenheiten c) repräsentative Erzählweise (das Einzelne als 'denkwürdiges' Ereignis usw.) (Spiegelung eines Bedeutsamen im unbedeutsamen, 'kleinen Ereignis')
Handlungs- modell	Aufhebung der bloß raumzeit- lichen bzw. empirischen Kausalität; Aufweis der Ver- weisungsstruktur der erzählten Abläufe	Aufweise einer pointierten Begeben- heit in einer Welt alltäglicher Ereignisse; auf die Pointe hin gerichteter Erzählablauf
Aktanten	Figur in der Spannung zwischen Faktizität und Sinnhaftigkeit (bzw. Sinnlosigkeit); Figuren im konkreten Alltagsbezug einerseits, als Repräsentanten allgemeingeltender Erfahrungs- möglichkeit andererseits	Bekannte oder berühmte Persönlich- keit als Urheber eines denkwürdigen Ereignisses; merkwürdige Ereignisse als Form der Charakterisierung der Figur
Zeit Raum	konkrete Zeit- und Raumsituie- rungen als Gleichnis für ein 'irgendwann einmal' und ein irgendwo 'da drüben'	Situierung des Erzählten in einem geschichtlich und räumlich konkre- ten Umfeld; Punktualität der Zeit- und Raumdarstellung
Sitz im Leben	Der Bereich des Alltäglichen als Erfahrungsraum für das Nicht-Alltägliche bzw. für Sinnhaftigkeit oder Sinnlosig- keit	Der Bereich des geschichtlich- gesellschaftlichen Umfeldes als Raum für Besonderheit und Denk- würdigkeit
Funktion	Erkenntnisvermittlung	Vermittlung von Wissen, Information und Erfahrung

Anmerkungen

1. Einleitung

1 A. Jolles (³1965) (¹1930)
2 vgl. zur Diskussion um den Schwank als volkspoetischer Form Kapitel 4.0
3 H. Bausinger (1968), S.202f.
4 Ders. ebd. S. 63; vgl. auch K. Ranke (1978), S.32–47
5 K. Ranke, ebd. S. 32
6 R. Jakobson (1979), S. 140ff.
7 Ders. ebd. S. 147
8 Ders. ebd. S. 146
9 Ders. ebd.
10 L. Schmidt (1963), S. 5
11 W. Seifert, in: B. Sowinski (Hrsg.) (1975), S.232–253
12 A. Jolles, ebd. S. 22
13 Ders. ebd.
14 Ders. ebd. S.21/22
15 Ders. ebd. S. 36ff.
16 Ders. ebd. S. 238ff.
17 Ders. ebd. S. 75ff.
18 K. Ranke (1978), S. 33
19 vgl. Ders. ebd.; dagegen K. V. Cistov, in: K. Ranke (Hrsg.), ‚Fabula' (1967), Bd. 9, S. 27–40
20 K. Ranke, ebd. S. 9
21 Zur Kritik an Jolles vgl. H. Bausinger (1968), S. 51ff.; H. R. Jauß (1977), S. 38ff.
22 vgl. H. R. Jauß, ebd.; K. Kanzog (1976); K. W. Hempfer (1973), S. 142ff.
23 A. Jolles, ebd. S. 10
24 K. W. Hempfer, ebd. S. 89ff., S. 222
25 Ders. ebd. S. 142f.; vgl. auch K. Stierle in: R. Koselleck/W.-D. Stempel (Hrsg.) (1973), S. 347–375
26 K. Stierle, ebd. S. 350
27 H. R. Jauß (I) (1977), S. 39
28 K. Ranke (1978), S. 33
29 Ders. ebd.
30 H. R. Jauß (I) (1977), S. 40
31 Ders. ebd.; vgl. auch Ders. (II) (1977)

184

1.1 Probleme gattungstheoretischer Klassifizierung

32 K. Ranke, in: K. Ranke (Hrsg.), Fabula 9 (1967), S. 4–13
33 H. Bausinger (1968), S. 212
34 K. Ranke (1978), S. 92–100
35 K. Ranke, in K. Ranke (Hrsg.) Fabula 9 (1967), S. 11
36 Ders. (1967), S. 11
37 Ders. ebd.
38 L. Röhrich (^{2}1964); F. Karlinger (1973) Vorwort, K. Ranke (1967)
39 K. Ranke (1967), S. 12
40 K. W. Hempfer (1973), S. 136 ff., S. 223
41 J. J. Engel (1971 Faksimiledruck der Ausgabe 1806), S. 45
41a Ders. ebd.
42 K. W. Kempfer (1973), S. 139 ff.
43 Ders., ebd. S. 141
44 Ders., ebd. S. 141
45 Th. W. Adorno (1965), Noten zur Literatur I, S. 61

1.2 Basiselemente narrativer Texte

46 H. R. Jauß (I) (1977), S. 113 ff.
47 J. Schulte-Sasse/R. Werner (1977), S. 137
48 vgl. dazu H. R. Jauß (I) (1977), S. 114; die folgenden Ausführungen lehnen sich an die von Jauß im Anschluß an die aristotelische Poetik entworfene Typologie narrativer Texte an.
49 J. Link, (1974), S. 256
50 vgl. Kahrmann/Reiß/Schluchter (1977), Bd. I, S. 138 ff., vgl. E. Lämmert (^{5}1972)
51 Diess. ebd. S. 129
52 J. Schulte-Sasse/R. Werner (1977), S. 159
53 vgl. Kahrmann/Reiß/Schluchter (1977), Bd. I, S. 129
54 vgl. Diess. ebd. S. 129 ff.
55 vgl. Diess. ebd. S. 146 ff., vgl. E. Lämmert (^{5}1972) (^{1}1955)
56 vgl. Diess. ebd. S. 154 ff.; vgl. auch J. Lotmann (1972), S. 311 ff.; vgl. E. Lämmert (^{5}1972) (^{1}1955)
57 H. R. Jauß (I) (1977), S. 47 Annex

1.3 Volkspoetische Formen als Forschungsproblem

58 vgl. H. Bausinger (1968), S. 9 ff.
59 vgl. R. Schmitz (1937)
60 R. Schmitz (1937), S. 55
61 vgl. dazu H. Bausinger, (1968) a.a.O. und H. Lohre (1902)
62 In seiner Abhandlung „Vom Geist der hebräischen Poesie" bezeichnet Herder die Lieder der morgenländischen Poesie als echte Naturpoesie; vgl. dazu E. Lichtenstein (1918); vgl. Grimm's Kleinere Schriften, I. Bd., S. 61–233

63 J. Grimm (1811), S. 5 f.
64 H. Bausinger, (1968), S. 18
65 J. Grimm (1811), S. 5 f.
66 E. R. Curtius (^{5}1965), S. 323 ff.
67 vgl. H. Bausinger (1968), S. 15 f.
68 A. W. Schlegel, zitiert aus H. Bausinger (1968), S. 26
69 vgl. H. Bausinger (1968), S. 17 ff.; vgl. W. Schoof (1969)
70 H. Naumann (1922)
71 Ders. ebd. S. 5 f.
72 Ders. ebd. S. 5
73 H. Bausinger (1968), S. 41/42
74 E. Hoffmann-Krayer (1903/1958) zitiert aus H. Bausinger, ebd. S. 40
75 R. Jakobson (1979)
76 R. Jakobson (1979), S. 149
77 Ders. ebd. S. 149
78 Ders. ebd. S. 140
79 H. Bausinger (1968), S. 45
80 R. Jakobson (1979), S. 140
81 Ders. ebd. S. 140
82 A. Jolles (^{3}1965)
83 A. Jolles (^{3}1965), S. 10
84 Ders. ebd. S. 22
85 H. R. Jauß (I) (1977), Alterität und Modernität, S. 39
86 H. Bausinger (1968), S. 9–27, S. 38–51
87 H. R. Jauß (I), (1977), Alterität und Modernität, S. 34
88 K. Ranke (1978), S. 32 ff., S. 47 ff., S. 92 ff.
89 W. Schoof (1959)
90 Bolte-Polívka (1913, 1915, 1918); Neudruck 1963
91 St. Thompson (^{2}1955–1958) und A. Aarne/St. Thompson (^{3}1961)
92 H. Bausinger (1968), S. 40
93 Ders. ebd. S. 24
94 Ders. ebd. S. 24
95 K. Ranke (1978), S. 56/57
96 R. Jakobson (1979), S. 149
97 Außer H. Naumann ferner Fr. Ranke, W. E. Peuckert, K. Ranke, M. Lüthi u. a.
98 Grimm, KHM 3. Bd. (1850/56); Grimm's Kleinere Schriften I. Bd., S. 61 ff.
99 W. Grimm, KHM, 3. Bd., S. 432
100 vgl. C. W. von Sydow, in: L. Petzoldt (1969), S. 66 ff. sowie H. Bausinger (1968), S. 29 f.
101 Zu den Variationen innerhalb der Theorien der Wanderung vgl. H. Bausinger (1968), S. 31 f.
102 A. Wesselski (1931)
103 W. Anderson (1934/40)
104 W. Grimm, Kleinere Schriften 1. Bd., Leipzig o. J., S. 201
105 vgl. dazu H. Bausinger (1968), S. 32 ff.

106 Ders. ebd. S. 36
107 Ders. ebd. S. 36
108 A. Aarne/St. Thompson (³1961)

2 Sage

1 J./W. Grimm (1893), Deutsches Wörterbuch, 8. Bd. Sp. 1647
2 H. Bausinger (1968), S. 171
3 Ders. ebd. S. 179; vgl. auch K. Pellens/L. Petzold (1978), S. 12
4 A. Jolles (³1965) gründet seine Definition der Volkssage bzw. der Sage als Einfacher Form auf die Analyse von Heldensagen bzw. nordischen Sagas.
5 vgl. Fr. Ranke (1925); vgl. L. Petzoldt (1969), Vergleichende Sagenforschung, S. VIIff.
6 vgl. A. Jolles (³1965), S. 62/63
7 vgl. L. Honko (1968), zit. aus L. Petzoldt (1969), S. IX
8 K. Ranke (1978), S. 107
9 vgl. Fr. Ranke (1925), sowie LVZ
10 vgl. L. Röhrich (²1971), S. 15
11 vgl. L. Röhrich (²1971) ebd. S. 17ff., der eine Bibliographie zu den zahlreichen Bearbeitungen des Teufelsmotivs gibt.
12 G.Emrich (1953); vgl. ferner die bibliographischen Hinweise L. Röhrichs (²1971), S. 15ff.
13 L. Petzoldt (1977), Deutsche Sagen, S. 70
14 vgl. Fr. Ranke (1971), S. 255–283
15 vgl. L. Röhrich (²1971), S. 23
16 Ders., ebd. S. 24ff. (mit bibliographischen Hinweisen)
17 L. Petzoldt, Der Tote als Gast. Volkssage und Exempel. Helsinki 1968 (FFC 200)
18 vgl. K. Ranke (1978), S. 135–162, der ein Variantenverzeichnis zum Motiv und bibliographische Hinweise gibt, vgl. auch L. Röhrich (²1971), S. 9ff.
19 L. Röhrich (²1971), S. 10
20 Ders. ebd. S. 11
21 K. Pellens/L. Petzoldt (1978), S. 13
22 L. Röhrich (²1971), S. 50
23 L. Petzoldt (Hrsg.) (1976/77); vgl. L. Röhrich (²1971), S. 49ff. mit bibliographischen Hinweisen zu den einzelnen historischen Sagentypen.
24 K. Ranke (1978), S. 110–134
25 L. Röhrich (²1971), S. 28ff. Ders. (²1964), S. 27ff.
26 vgl. Fr. Ranke (1971) S. 297ff; H. Bausinger (1968), S. 171ff.
27 vgl. Fr. Ranke (1971), S. 245ff.
28 H. Bausinger (1968), S. 172
29 Fr. Ranke (1971), S. 306
30 H. Bausinger (1968), S. 177 (Schaubild)

31 Ders. ebd. S. 178
32 L. Röhrich (²1971), S. 2
33 M. Lüthi, in: W. E. Peuckert (1965), S. 25
34 K. Ranke (1978), S. 103
35 H. Bausinger (1968), S. 172
36 K. Ranke (1978) S. 103
37 vgl. L. Röhrich (²1971), S. 2ff.
38 Ders. ebd. S. 2
39 C. W. von Sydow (1934) in: L. Petzoldt (1969), S. 66–89
40 C. W. von Sydow ebd. S. 78
41 Ders. ebd. S. 79
42 L. Röhrich (²1971), S. 7
43 Ders. ebd. S. 7
44 L. Röhrich (1958), in L. Petzoldt (1969), S. 225
45 Grimm (1916), Vorrede zu ‚Deutsche Sagen', 1. Bd.
46 Fr. Ranke (1971), S. 299
47 W. E. Peuckert (1938), in: L. Petzoldt (1969), S. 135
48 L. Röhrich (1958), in: L. Petzoldt (1969), S. 217
49 Fr. W. Schmidt (1929), in: L. Petzoldt (1969)
50 Fr. W. Schmidt, ebd. S. 65
51 vgl. oben S. 10f., sowie Anm. 40 (S. 212)
52 A. Jolles (³1965), S. 10
53 L. Röhrich (²1971), S. 7
54 Fr. Ranke (1971), S. 299
55 H. Bausinger (1968), S. 178
56 M. Lüthi (1965), in: W. E. Peuckert (1965), S. 18/19
57 L. Petzoldt (1976), S. Xf.; S. Beyschlag (1941), in: L. Petzold (1969), S. 189ff.
   usw. Das mythische Element kennzeichnet nicht nur die dämonologischen
   Sagen, sondern auch die geschichtlichen: „Denn gerade die historischen Sagen
   sind Erzählungen, die dem historischen Vorgang eine Dimension des Mythischen verleihen und ihn damit einer objektiven Beurteilung entziehen. In der
   historischen Sage steht nicht die numinose Begegnung, sondern die historische
   Persönlichkeit, das historische Ereignis im Mittelpunkt . . . die besondere
   Qualität des Mythischen (ist) eine „Weise des Bedeutens", die „geschichtlich
   und intentional determiniert ist"". Vgl. L. Petzoldt (1976), S. IX/X
58 S. Beyschlag (1941), ebd.
59 L. Petzold (1976), S. X
60 M. Lüthi (1965), in: W. E. Peuckert (1965), S. 16ff.
61 vgl. de Boor (1928), S. 578
62 L. Röhrich (1958), in: L. Petzoldt (1969), S. 225
63 Fr. W. Schmidt (1929), in: L. Petzoldt (1969), S. 21ff.
64 L. Röhrich (1958), ebd. S. 225
65 M. Lüthi (1965), in W. E. Peuckert (1965), S. 24
66 Fr. W. Schmidt (1929) ebd. S. 65
67 Ders. ebd. S. 65
68 L. Röhrich (1976), S. 32

69 vgl. dazu S. Beyschlag (1941), in: L. Petzoldt (1969), S. 189 ff., der eine Typologie der Oppositionsverhältnisse in Sagen gibt.
70 vgl. M. Lüthi (1965), in: W. E. Peuckert (1965), S. 22 ff.; H. Bausinger (1968), S. 180
71 vgl. H. Bausinger (1968), S. 180
72 M. Lüthi zitiert aus H. Bausinger (1968) ebd.
73 L. Röhrich (1958), in: L. Petzoldt (1969), S. 217
74 Grimm (1916), Vorrede zu ,Deutsche Sagen', 1. Bd.
75 L. Petzoldt (1976), S. IX
76 E. Cassirer (1969), S. 48
77 vgl. Fr. W. Schmidt (1929) ebd.
78 H. Bausinger (1968), S. 180; vgl. auch M. Lüthi (1965), in: W. E. Peuckert (1965), S. 23 ff.
79 vgl. M. Lüthi (^{3}1975), S. 22 ff.
79a L. Petzold (1976), S. X
80 vgl. u. a. S. Beyschlag (1941), In: L. Petzoldt (1969), S. 189 ff.
81 L. Petzoldt (1976), S. XI
82 G. Haas (^{2}1976), S. 165
83 L. Petzoldt (1976) S. X
84 W. Wackernagel (1873), S. 48
85 vgl. L. Röhrich (1976), S. 32; S. Beyschlag (1941), in: L. Petzoldt (1969), S. 189 ff.
86 vgl. M. Lüthi (^{3}1975), S. 22 ff.; Fr. Ranke (1971), S. 189 ff.
87 Fr. Ranke (1971), S. 197
88 Ders. ebd. S. 197
89 Pellens/Petzoldt (1978), S. 14
90 Ch. Bürger (1971/74), in: H. Ide (Hrsg.) (1971/74), S. 26 ff.
91 vgl. M. Lüthi (^{3}1975), S. 22 ff.; Fr. Ranke (1971), S. 189 ff. usw.
92 vgl. Anm. 91
93 M. Lüthi (1965) in: W. E. Peuckert (1965), S. 25
94 vgl. M. Lüthi (^{3}1975), S. 29: „Während der Sagenheld die entscheidensten geistigen Erlebnisse im selben Raum haben kann, in dem er auch sein profanes Leben führt, muß der Märchenheld wandern, um Abenteuern und Wundern zu begegnen. Was die Sage in einem einzigen Raume vielschichtig ineinander flicht, stellt das Märchen nebeneinander . . . Der Sagenheld . . . ist ein lauschender und schauender Mensch; der Märchenheld aber ist ein Wandernder . . .“
95 H. Bausinger (1968), S. 62
96 vgl. u. a. Fr. Ranke (1971), S. 245 ff.
97 G. Haas (^{2}1976), S. 165
98 z. B. M. Lüthi (^{3}1975), S. 23, der u. a. Folkers zitiert: „Grundpfeiler der Sage“ sei die „explikative Tendenz“.
99 L. Röhrich (1976), S. 40
100 W. E. Peuckert (^{2}1962), Sp. 1747
101 L. Petzoldt (1976), S. IX
102 G. Haas (^{2}1976), S. 165
103 R. Barthes (^{2}1970)

104 G. Haas (²1976), S. 165
105 Zur vergleichenden Analyse von Sage und Märchen vgl. die Literaturanga-
     ben bei M. Lüthi (³1975); vgl. ferner: Fr. Ranke (1971), S. 189ff.; W. E.
     Peuckert (1938); W. Berendsohn (1968); L. Schmidt (1963)
106 vgl. Anm. 105
107 W. Wackernagel (1873), S. 47
108 vgl. L. Röhrich (1976); W. E. Peuckert (1956, ²1962); M. Lüthi (³1975),
     S. 145ff.; L. Petzoldt (1969); K. Ranke (1978)
109 vgl. die bibliographischen Hinweise bei L. Röhrich (²1971), S. 58ff.; ferner
     vgl. Anm. 108
110 vgl. u. a. L. Röhrich (1976), S. 34
111 zu allen Fragen vgl. die in Anm. 108 angegebene Literatur
112 L. Röhrich (1976), S. 35
113 L. Röhrich (1976), S. 32
114 L. Petzoldt (1976), S. XI
115 vgl. L. Röhrich (1976); Ch. Bürger (1974), S. 28ff.
116 L. Röhrich (1976), S. 40
117 Ders. ebd. S. 37; M. Hain, DtPh.i.A.III ²1962, Sp. 2559–2563
118 M. Hain, DtPh.i.A.III ²1962, Sp. 2559ff.; W. E. Peuckert, ebd. Sp. 2662
119 S. Freud (1924), der in „Totem und Tabu" die Deutung eines Sagenstoffes
     (Teufelsbündner) gibt.
120 M. Hain, DtPh.i.A.III ²1962, Sp. 2559–2563; W. E. Peuckert, ebd. Sp.
     2662; C. G. Jung (1948)
121 S. Freud (1924)
122 L. Röhrich (1976), S. 37
123 Ders. ebd.
124 vgl. Fr. W. Schmidt (1929), in: L. Petzoldt (1969), S. 21ff.: Schmidts Auf-
     satz ist ein grundlegender Versuch einer Beschreibung der Formstruktur der
     Sage; vgl. ferner W. Berendsohn (1968), S. 101ff.; M. Lüthi (⁵1974), S. 7f.;
     Ders. (³1975), S. 22–56 sowie die dort angegebene Literatur
125 vgl. L. Röhrich (1976), S. 31
126 Ders. ebd.; sowie S. Beyschlag (1941), in L. Petzoldt (1969), S. 189ff.
127 L. Röhrich (1976), S. 42
128 vgl. H. J. Frank (1976)
129 Ders. ebd.
130 Zur Didaktik der Sage vgl. H. Bausinger (1956), DU 8, S. 37–43; A. C.
     Baumgärtner (1965), S. 5–14; Ch. Bürger (²1974): In H. Ide (²1974),
     S. 26–56; N. Hopster (²1969), S. 352–374; G. Haas (²1976), S. 164ff.; Pel-
     lens/Petzoldt (1978); L. Petzoldt (1977) sowie die dort angegebene Literatur
131 vgl. L. Petzoldt (1977), S. 154ff.; S. 174; Pellens/Petzoldt (1978)
132 P. L. Sauer (1973) WW 23. Jg. H. 4, S. 242
133 vgl. L. Röhrich (1976), S. 9
134 Pellens/Petzoldt (1978), S. 29
135 P. L. Sauer (1973) WW 23. Jg. H. 4, S. 243; vgl. auch G. Haas (²1976),
     S. 166
136 vgl. Ders. ebd.

137 Pellens/Petzoldt (1978), S. 35
138 vgl. dazu L. Röhrich (1976), S. 9ff.
139 vgl. Ch. Bürger (1974)
140 vgl. Pellens/Petzoldt (1978)
141 vgl. L. Petzoldt (1977); Pellens/Petzoldt (1978), S. 46ff.
142 vgl. dazu die Unterrichtsbeispiele von Pellens/Petzoldt, S. 72ff.
143 vgl. dazu die Beispiele in L. Petzoldt (1977)

3 Märchen

1 M. Lüthi (⁵1974), S. 1
2 Ders. ebd. S. 2
3 A. Jolles (³1965), S. 219
4 vgl. u. a. K. V. Cistov (1967), in K. Ranke (1967), S. 27ff.; K. Ranke (²1964), S. 62
5 vgl. K. Ranke (1967), S. 37
6 W. E. Peuckert (²1962), Dt. Phil. i. A. Sp. 2677–2726
7 vgl. M. Lüthi (⁵1974), sowie K. Ranke (1975ff.), vgl. LVZ
8 vgl. S. 22ff.
9 vgl. Fr. von der Leyen (1911), S. 25f.; H. Naumann (1922), in: F. Karlinger (1973), S. 62ff.
10 W. Grimm, Kleinere Schriften (1881), 1. Bd., S. 330
11 H. Naumann (1922), in: F. Karlinger (1973), S. 63
12 H. de Boor (1928), in: F. Karlinger (1973), S. 139
13 vgl. H. Naumann ebd.
14 vgl. Fr. von der Leyen (1911) ebd. und H. Naumann (1922) ebd.
15 A. Aarne/St. Thompson (³1961); St. Thompson (²1955–1958)
16 H. Bausinger (1968), S. 36
17 Zur Geschichte des Märchens vgl. u. a. M. Lüthi (⁵1974), S. 43ff. sowie die dort angegebene Literatur
18 vgl. L. Mackensen (Hrsg.) HdwDM I (1930/33), S. 24–46
19 Jan de Vries (1954), S. 84–98; M. Pieper (1936)
20 H. Gunkel (1917)
21 L. Mackensen (Hrsg.) HdwDM (1930/33), S. 81–90
22 G. Binder/R. Merkelbach (Hrsg.) (1968)
23 F. v. d. Leyen (1899); de Vries (1954), S. 45–48
24 A. Wesselski (1931), S. 180–95
25 Grimm's Kleinere Schriften, 1. Bd., S. 326; vgl. dazu R. Hagen (1954)
26 A. Jolles (³1965), S. 227f.
27 M. Lüthi (⁵1974), S. 48
28 Ders. ebd. S. 49
29 Die Sammlung erscheint unter dem Titel „Das Cabinet der Feen" und umfaßt 9 Bände

30 zur Literatur zur Entstehungsgeschichte der KHM vgl. M. Lüthi ([5]1974), S. 56f.; W. Schoof (1959)

31 vgl. M. Lüthi ([5]1974), S. 55

32 F. Karlinger (1963)

33 vgl. M. Lüthi ([5]1974)

34 K. Ranke (Hrsg.) ‚Fabula', seit 1957

35 A. Aarne/St. Thompson ([3]1961); St. Thompson ([2]1955–1958); zu Typologien neben und außer Aarne/Thompson vgl. M. Lüthi ([4]1974), S. 25ff.; vgl. auch V. Propp (1975)

36 vgl. V. Propp (1975)

37 L. Mackensen (1938), in: W. Peßler (1938), S. 305

38 W. Peuckert (1938), S. 10

39 A. Jolles ([3]1965), S. 241

40 M. Lüthi ([4]1974), S. 77

41 K. Ranke (1958), in: F. Karlinger (1973), S. 322

42 V. Propp (1975), S. 91

43 vgl. M. Lüthi ([5]1974), S. 2ff.

44 vgl. Anm. 4)

45 vgl. oben S. 10ff.; sowie K. W. Hempfer (1973)

46 W. Spanner (1939)

47 H. Bausinger (1968), S. 204; vgl. auch M. Lüthi ([4]1974) usw.

48 In dieser Deutung stimmen fast alle Märchenforscher überein; vgl. M. Lüthi ([5]1974), S. 4ff.; die Valenz der symbolischen Figuration einer Gegenrealität wird jedoch sehr unterschiedlich beurteilt, vgl. dazu das Kp. über die Diskussion um das Märchen. S. 82f., 89ff.

49 zur Rolle des ‚Wunderbaren' als Stilelement des Märchens vgl. M. Lüthi ([5]1974), S. 4; M. Lüthi ([4]1974), S. 77; vgl. auch H. R. Jauß (I) (1977), Alterität und Modernität, S. 46/47 Annex

50 zur Beschreibung des Märchens als Erzählform vgl. u. a. M. Lüthi ([4]1974); ders. ([3]1975); ders. ([5]1974); ders. (1969); A. Wesselski (1931); K. J. Obenauer (1959); verschiedene Aufsätze in: F. Karlinger (1973); L. Röhrich ([2]1964); ([3]1974); V. Propp (1975); F. v. der Leyen (1953/54) sowie die dort angegebene Literatur

51 vgl. A. Aarne/St. Thompson ([3]1961); V. Propp (1975)

52 zum Handlungsaufbau vgl. u. a. M. Lüthi ([5]1974), S. 28f.; V. Propp (1975), S. 91ff.

53 vgl. A. Olrik (1909), S. 1–12

54 vgl. V. Propp (1975) passim

55 vgl. zu typischen Formelementen A. Olrik (1909) ebd. und M. Lüthi, passim (Formelhaftigkeit, Wiederholung, Zahlensymbolik, abstrakter Stil usw.)

56 J. Lotmann (1972), S. 341ff.

57 Ders. ebd. S. 342/43

58a In seinem Artikel ‚epische Gesetze der Volksdichtung' im HdwDM (1930/33), Sp. 564ff. hat W. Berendsohn mögliche ‚Prinzipien der Veränderung' aufgezeigt (nach A. Aarne, Leitfaden der Märchenforschung): Sp. 567:
„1. Vergessen eines Zuges

2. Erweiterung durch ursprünglich nicht zugehörige Stoffe, auch durch Vereinigung verschiedener Märchen . . .
3. Analogiebildungen.
4. Spezialisierung . . .
5. Verbindung mit fremden Stoffen durch Vertauschung
6. Vermenschlichung der Tierabenteuer . . .
7. Dämonisierung der Tierabenteuer . . .
8. Umwandlung in die Ich-Form.
9. Umgestaltung in Folge der Veränderung eines Zuges.
10. Akklimatisierung bei Wanderung
11. Modernisierung"

58 vgl. H. de Boor (1928), in: F. Karlinger (1973), S. 144 ff. de Boor zitiert Bethe (1905): „Die Märchen lösen sich auf in Einzelmotive, die beliebig aneinandergesetzt, bald so, bald anders geordnet, eine unendliche Mannigfaltigkeit von Bildern hervorbringen wie die Glasstückchen eines Kaleidoskops". de Boor ebd. S. 145

59 M. Lüthi (^{3}1968); Ders. (1969)

60 M. Lüthi (^{5}1976), S. 34

61 vgl. M. Lüthi passim

62 M. Lüthi (^{5}1976), S. 13 ff.

63 M. Lüthi (^{3}1975), S. 45 ff.; M.

64 vgl. M. Lüthi (1969)

65 vgl. M. Lüthi (^{5}1976), S. 13 ff., S. 25 ff.; Ders. (^{5}1974), S. 30 f.

66 vgl. M. Lüthi (^{5}1976), S. 25 ff.; J. M. Lotmann (1972), S. 341 ff.

67 vgl. J. M. Lotmann, ebd.

68 vgl. M. Lüthi (^{3}1975), S. 29; Ders. (^{5}1976), S. 37 ff.; S. 13 ff.

69 M. Lüthi (^{5}1976), S. 49

70 Ders. ebd. S. 36

71 vgl. M. Lüthi (^{5}1974), S. 36 ff. sowie die dort angegebene Literatur; Fr. van der Leyen (^{4}1958) (unter Mitarbeit von K. Schier), S. 133–43; Fr. van der Leyen (1953), S. 181–216

72 L. Röhrich (^{2}1964), S. 200 ff.

73 M. Lüthi (1962), S. 31

74 M. Lüthi (^{5}1976), S. 20: „Schließlich fehlt in der flächenhaften Welt des Märchens auch die Dimension der Zeit . . .".

75 vgl. J. M. Lotmann (1972), S. 341 ff.

76 K. Ranke (1958), in: F. Karlinger (1973), S. 20

77 vgl. H. Bausinger (1968), S. 204: „Das Märchen ist charakterisiert durch geschlossene, nicht aufzulösende Symbolik". Vgl. R. Petsch (1935), S. 29 f.

78 vgl. auch M. Lüthi (^{5}1976), S. 76 ff. und passim

79 vgl. M. Lüthi (^{5}1976), S. 8 ff.

80 vgl. ders. ebd., S. 63 ff.

81 Ders. ebd. S. 69

82 Ders. ebd.

83 vgl. dazu K. H. Stierle in: Brackert/Lämmert (1977), S. 221; C. Lévi-Strauss (1969), S. 226 ff. Zitat aus Stierle ebd. S. 221 „Wir verdanken ihm (Lévi-Strauss)

die folgenreiche Entdeckung, daß bei mythischen Texten der narrative Verlauf selbst nicht schon die abschließende Sinnebene ist, sondern die hinter ihr liegende Ebene der Konzepte, und zwar gerade jener Konzepte, deren Oppositionsstruktur unaufhebbar und unvermittelbar zu sein scheint ...".

84 M. Lüthi ([5]1976), S. 25

85 Ders. ebd.

86 Ders. ebd. S. 25 ff.

87 Die Formelemente, die Lüthi als „Wesenszüge" des Märchens bezeichnet (Eindimensionalität, Flächenhaftigkeit, abstrakter Stil, Formelhaftigkeit, Isolation und Allverbundenheit, Sublimation und Welthaltigkeit) wurden in diesem Zusammenhang als Strukturierungsverfahren der symbolischen Rede in Märchen gedeutet.

88 Die Frage nach der Funktion von Märchen ist eine Grundfrage der Märchenforschung und wird als solche fast in allen Beiträgen (vgl. LVZ) mehr oder minder explizit thematisiert; vgl. u. a. M. Lüthi ebd.; K. Ranke (1958), in: F. Karlinger (1973), S. 320 ff.; A. Wesselski (1931); L. Mackensen (Hrsg.) (1930/33 und 1934/40).

89 M. Lüthi ([5]1976), S. 76

90 M. Lüthi ([5]1974), S. 34

91 J. Merkel (1974), in: S. Schödel (Hrsg.) (1977), S. 58

92 B. Wollenweber (1974), in: S. Schödel (1977), S. 65/66

93 J. Merkel (1974), in: S. Schödel (Hrsg.) (1977), S. 61

94 vgl. u. a. B. Bettelheim (1977), vgl. unten

95 H. R. Jauß (I) (1977), S. 46/47 Annex

96 M. Lüthi (1956), in: F. Karlinger (1973), S. 309

97 R. Petsch (1935), S. 6

98 M. Lüthi ([3]1975)

99 M. Lüthi (1956), in F. Karlinger (1973), S. 307

100 vgl. G. Wegmann (1944); M. Lüthi (1956) ebd., S. 295

101 A. Jolles ([3]1965), S. 240

102 Th. Vernaleken (1863), S. 6

103 K. Ranke (1978), S. 21

104 Ders. ebd., S. 21

105 Fr. Panzer (1926), in: F. Karlinger (1973), S. 114 (vgl. Theorie der Polygenese: Tylor, Lang)

106 Ders. ebd. S. 114

107 H. de Boor (1928), in: F. Karlinger (1973), S. 146

108 Th. Vernaleken (1863), S. 6; vgl. Bolte-Polivka (1963)

109 zur psychologischen Märchenforschung vgl. LVZ bei M. Lüthi ([5]1974), S. 105 ff. sowie W. Laiblin (1972); B. Bettelheim (1977)

110 M. Lüthi ([5]1976), S. 77

111 zur Märchenforschung vgl. K. Ranke (1975 ff.); L. Mackensen (1930/33, 1934/40); F. Karlinger (1973); M. Lüthi ([5]1974), S. 62 ff. sowie die dort angegebene Literatur; Bolte-Polivka (1963)

112 vgl. M. Hain DtPhiA III [2]1962, Sp. 2559–2563; W. E. Peuckert, ebd. 2677–2726

194

113 W. Anderson (1934/40), in: L. Mackensen (1934/40), S. 508–22; vgl. auch die in Anm. 111) genannte Literatur
114 vgl. LVZ
115 vgl. die Darstellung psychologischer Entstehungstheorie von Märchen bei M. Hain ebd.; vgl. W. Wundt (^{2}1908)
116 M. Hain ebd.
117 vgl. Anm. 109
118 L. Laistner (1889); vgl. F. van der Leyen/K. Schier (^{4}1958), S. 45–93
119 vgl. S. Freud, Gesammelte Werke, z. B. Bd. 10 (^{4}1967), S. 2 ff.
120 F. Riklin (1908); F. Riklin, in: W. Laiblin (1972)
121 F. Riklin ebd.
122 vgl. LVZ
123 B. Bettelheim (1977)
124 vgl. Anm. 119
125 vgl. W. Laiblin (1972)
126 vgl. u. a. M. Lüthi (^{5}1976), S. 102 ff.; Fr. van der Leyen (1954), in: F. Karlinger (1973), S. 290 ff.
127 C. G. Jung (1948) (Gesamtausgabe Bd. 9)
128 H. v. Beit (I^{4}1971, II^{2}1965, III^{2}1965); M. L. Franz (1961)
129 B. Bettelheim (1977)
130 M. Lüthi (^{5}1976), S. 104
131 vgl. unten: pädagogische Diskussion zum Märchen
132 vgl. LVZ
133 vgl. LVZ
134 vgl. LVZ
135 K. Ranke (Hrsg.) seit 1975
136 V. Propp (1975), S. 13
137 M. Pop (1967), in: F. Karlinger (1973), S. 430
138 V. Propp (1975), S. 25
139 u. a. vgl. M. Lüthi (^{5}1976), S. 115 ff.; vgl. zur Kritik am Formalismus des Strukturalismus: V. Propp (1975), S. 217 ff.
140 Qu. Gerstl (1964), H. J. Frank (1976)
141 vgl. M. Lüthi (^{5}1974), S. 44
142 Giambattista Basile nennt seine 1634/36 in Neapel postum veröffentlichte Märchensammlung ‚Lo cunto de li cunti, ouero Lo tratteniemento de‘ peccerille . . . (Das Märchen aller Märchen, oder Unterhaltung der Kinder)
143 vgl. die dt., im Verlag ‚Die Bibliothek‘ o. J. erschienene, von G. Doré übersetzte Ausgabe
144 I. Kant zitiert nach L. Mackensen (1930/34) Bd. I, S. 621
145 K. A. Musäus (Berlin o. J.), S. 155
146 Ders. ebd.
147 vgl. R. Schmitz (1937); E. Lichtenstein (1918)
148 Grimm's Kleinere Schriften, (1881), 1. Bd.; Vorrede zur 2. Aufl. 1819, S. 333
149 vgl. u. a. H. Moser (1967)
150 vgl. dazu S. Schödel (Hrsg.) (1977); H. Ide (Hrsg.) (1972); G. Haas (^{2}1976); M. Lüthi (^{5}1974), S. 89 ff. sowie die dort angegebene Literatur

151 vgl. u. a. O. Gmelin (1972)
152 H. J. Gelberg, in: Janosch (1972), S. 250
153 V. Klotz (1970), S. 29
154 O. Gmelin (1972), S. 24f.
155 E. Bloch (1962), S. 154, zit. nach G. Haas (²1976), S. 157
156 vgl. u. a. W. Woeller, in: H. Strobach (Hrsg.) (1979), S. 141ff.
157 Ch. Bürger, in H. Ide (Hrsg.) (1972), S. 26
158 B. Wollenweber (1972), in: S. Schödel (1977), S. 67
159 B. Wollenweber (1972), in S. Schödel (1977), S. 63
160 dazu vgl. u. a. O. Gmelin (1972), L. Röhrich (³1974), Ellwanger/Grömminger
    (1977), S. 19, S. 70ff.; Bühler/Bilz (³1971); W. Scherf (1960), S. 496–514
161 J. Merkel (1974), in: S. Schödel (1977), S. 61
162 B. Bettelheim (1977)
163 Ders. ebd. S. 12
164 vgl. Bühler/Bilz (³1971); Bettelheim (1977) passim usw.
165 vgl. H. v. Beit (I⁴1971, II²1965, III²1965)
166 Ellwanger/Grömminger (1977), S. 57
167 K. Ranke (1978), S. 106
168 vgl. H. J. Frank (1976)
169 vgl. N. Hopster (²1976), S. 352–374; G. Haas (²1976), S. 156ff.; W. Seifert, in:
    B. Sowinski (1975), S. 232ff.; S. Schödel (Hrsg.) (1977); Ellwanger/Grömmin-
    ger (1977); Psaar/Klein (1976) sowie die dort angegebene Literatur
170 L. Petzoldt (1977), S. 173
171 K. H. Spinner (Hrsg.) (1977), S. 171
172 B. Wollenweber (1974), in: S. Schödel (1977), S. 67f.; Ellwanger/Grömminger
    (1977)
173 vgl. Ellwanger/Grömminger (1977), S. 75ff.; Psaar/Klein (1976)
174 vgl. Ellwanger/Grömminger (1977), S. 70, 80
175 vgl. Psaar/Klein (1976), S. 211ff.
176 vgl. Ellwanger/Grömminger (1977), S. 117ff.; Psaar/Klein (1976), S. 256ff.
177 A. C. Baumgärtner (Hrsg.) (²1968), S. 11
178 B. Wollenweber (1972), in: S. Schödel (1977), S. 67
179 vgl. J. J. Frank (1976); vgl. E. Müller (1928), S. 154; Qu. Gerstl (1964)
180 vgl. Diskussion über die Funktion von Märchen
181 O. Gmelin (1972) zit. nach M. Lüthi (⁵1974), S. 90
182 B. Wollenweber ebd., S. 68
183 vgl. Kp. Richtungen der Märchenforschung
184 I. Fetscher (⁶1976); W. Mieder (Hrsg.) (1979) sowie die bei Mieder angegebene
    Literatur zur Um- und Weiterdichtung
185 vgl. H. Bausinger (1956)
186 vgl. dazu W. Mieder (Hrsg.) (1979)
187 vgl. u. a. die bei W. Mieder angegebene Literatur
188 W. Mieder ebd., S. 8
189 vgl. u. a. Psaar/Klein (1976), S. 163ff.
190 Ders. ebd., S. 196ff.; S. 178ff.; Ellwanger/Grömminger (1977), S. 85
191 vgl. dazu Anm. 184

192 vgl. M. Lüthi (1962)
193 vgl. Psaar/Klein ebd., S. 178 ff.

4 Schwank

1 E. Straßner (²1978), S. 1; vgl. G. Bebermeyer (²1977)
2 S. Neumann, in: H. Strobach (Hrsg.) (1979), S. 155
3 L. Weber (1904)
4 W. Berendsohn (²1968), S. 80
5 E. Straßner (²1978), S. 10
6 M. Lüthi (⁵1974), S. 15
7 vgl. Harkort (1967), S. 94
8 vgl. E. Straßner (²1978), S. 10 f.
9 E. Straßner ebd., S. 19
10 O. Hackmann (1904); L. Röhrich (1962)
11 vgl. E. Straßner (²1978), S. 21 sowie die dort angegebene Literatur
12 vgl. Ders. ebd., S. 26 ff.; J. Beyer (1969)
13 J. Müller (1934); J. Beyer (1969)
14 vgl. G. Köpf (1978)
15 vgl. E. Straßner (²1978), S. 26 ff. sowie die dort angegebene Literatur
16 zur Literatur zum Stricker vgl. E. Straßner ebd., S. 41
17 vgl. Ders. ebd., S. 60 ff.
18 vgl. Ders. ebd., S. 77 ff.
19 vgl. Ders. ebd., S. 66 ff.
20 Ders. ebd.
21 Ders. ebd., S. 84 ff.
22 Ders. ebd., S. 88 ff.
23 F. Harkort (1967); M. Lüthi (⁵1974)
24 G. Kuttner (1934), S. 7
25 F. Gerhard (1893), S. 10
26 Bolte/Polivka (²1963), S. 38
27 E. Straßner (²1978), S. 7
28 H. Rupp (1962), zitiert nach L. Petzoldt (1979), S. 352
29 W. Stammler (²1950), zit. nach L. Petzoldt (1979), S. 345
30 E. Straßner (²1978), S. 10
31 K. Ranke (1978), S. 33
32 Ders. ebd.
33 H. R. Jauß (I) (1977), S. 46/47 Annex
34 Ders. ebd.
35 H. Rupp (1962), zit. nach L. Petzoldt (1979), S. 352
36 E. Straßner (²1978), S. 6
37 K. Ranke (1978), S. 55
38 Ders. ebd., S. 57

39 R. Jakobson (1979), S. 140 ff.
40 E. Straßner (²1978), S. 6; H. Bausinger (1967), S. 136
41 W. E. Peuckert (1938), S. 153–175
42 H. Bausinger (1967), S. 118–136
43 W. E. Peuckert ebd., S. 166
44 H. Bausinger (1967) ebd.
45 M. Lüthi (⁵1974), S. 15
46 H. Bausinger (1968), S. 149
47 G. Bebermeyer (1977), S. 689
48 E. Loewenthal (1930), zit. nach E. Straßner (²1978), S. 3
49 W. E. Peuckert (1938), S. 160
50 F. Martini (1944), zit. nach L. Petzoldt (1978), S. 342
51 O. Marquardt (1976), in: Preisendanz/Warning (Hrsg.) (1976), S. 342
52 H. Fischer (²1968), zit. nach L. Petzoldt (1978), S. 358
53 H. R. Jauß (I) (1977), S. 46/47 Annex
54 H. Rupp (1962), zit. nach L. Petzoldt (1979), S. 353
55 S. Neumann (1964), S. 44
56 F. Martini (1944), zit. nach L. Petzoldt (1978), S. 342
57 Zur Komik im Schwank vgl. S. Neumann (1969), S. 137–148; H. Fromm
    (1962), S. 320–339; H. Bausinger (1967), S. 118 ff.; P. Jung (1973), S. 44 ff.
    allgemein: Th. Lipps (1898); Preisendanz/Warning (1977)
58 S. J. Schmidt, in: Preisendanz/Warning (1977), S. 173
59 H. Bausinger (1968), S. 150 f.
60 H. R. Jauß, in: Preisendanz/Warning (1977), S. 107
61 Ders. ebd.
62 H. Bergson (1948), S. 29
63 vgl. P. Jung (1973), S. 50 ff.
64 Ders. ebd., S. 54 f.
65 Ders. ebd., S. 54
66 Ders. ebd.
67 Ders. ebd. S. 48
68 Ders. ebd., S. 53 f.
69 vgl. G. Jäckel (1959)
70 vgl. P. Jung (1973), S. 57
71 P. Jung ebd., S. 62
72 H. R. Jauß (I) (1977), S. 46/47 Annex
73 zur Didaktik des Schwanks vgl. u. a. N. Hopster (1976), in: E. Wolfrum
    (²1976), S. 361 f.; W. Seifert, in: B. Sowinski (1975), S. 242 ff.; G. Haas
    (²1976), S. 166 ff.; N. Hopster (1969), S. 731 ff.; H. H. Hildebrandt, in: H. Ide
    (Hrsg.) (²1974), S. 104 f.; P. Jung (1973), S. 44 ff.; Ulshöfer (⁵1971); H. Bausinger (1958), S. 699; Ders. (1956), S. 37 ff.
74 H. H. Hildebrandt, in: H. Ide (²1974), S. 104 ff.
75 R. Ulshöfer (⁵1971); Ders. (1962)
76 P. Jung (1973), S. 44 ff.

5 Fabel

1 vgl. H. Bausinger (1968), S. 202 f.; K. Doderer (1977), S. 251 f. Nach der Vorstellung der Brüder Grimm sind Fabeln „unerfindbar". „Sie sind Träger einer überpersonalen Weisheit, einer Mythologie, sie halten „unerfundene Stoffe fest" (Doderer, ebd. S. 252)

2 J./W. Grimm (1862) Sp. 1213 f.

3 vgl. Gottfried von Straßburg (Tristan und Isold, v. 18463); Heinrich von dem Türlin (Krone, v2004)

4 vgl. E. Leibfried (³1976), S. 1

5 vgl. Ders. ebd. sowie die dort angegebene Literatur; vgl. LVZ

6 Ders. ebd., S. 11

7 G. Thiele (1910); vgl. Leibfried, ebd. S. 46 f.

8 Fr. Maurer (Hrsg.) (1967)

9 vgl. E. Leibfried, ebd., S. 63

10 K. Doderer unterscheidet innerhalb der Geschichte der Fabel Blütezeiten (Aktualisierungsphasen) und Zeiten, in denen die Gattung kaum eine Rolle spielte (Latenzphase), ebd., S. 289

11 Fr. Sengle (1972), S. 128

12 vgl. das Verzeichnis der Fabelliteratur im 19. Jahrhundert bei Leibfried, ebd. S. 94 f.

13 J. H. Pestalozzi (²1803), Fabeln; J. H. Campe (¹1806, 1975), Bilder Abeze. In 23 Fabeln; A. E. Fröhlich (1825), Hundert Neue Fabeln

14 J. Thurber (1967), 75 Fabeln für Zeitgenossen; H. Arntzen (1966), Kurzer Prozeß; H. Chr. Kleukens (1938), Fabeln; W. Schnurre (1957), Protest im Parterre; weitere Fabelliteratur im 20. Jahrhundert vgl. Leibfried, ebd. 99 ff.

15 K. Doderer (1977), S. 7

16 vgl. H. Lindner (1978), S. 17

17 G. E. Lessing, hrsg. von K. Lachmann, 3. Aufl. von K. F. Muncker (1891), Bd. VII, S. 446

18 J. G. Herder, Sämtliche Werke, hrsg. von B. Suphan (1888/1967), Bd. 15, S. 561

19 D. Sternberger (1950), S. 21

20 E. Leibfried (³1976), S. 16/17

21 J. J. Engel (1806), Faks. Druck (1971), S. 43–93

22 H. Lindner (1978), S. 23

23 J. J. Engel (1806/1971), S. 45

24 K. W. Hempfer (1973), S. 141

25 vgl. dazu H. Lindner (1978), S. 26 ff.; Im Anhang der ‚Fabeln der Neuzeit' gibt H. Lindner eine Sammlung von „Bausteine(n) zur Geschichte der Fabeltheorie", S. 215 ff.

26 J. J. Engel, S. 52 f.; vgl. Lindner ebd., S. 27

27 J. J. Breitinger (1740/1966), S. 183; vgl. Herder, ebd.

28 J. J. Engel ebd., S. 52

29 Ders. ebd., S. 51

30 G. E. Lessing, Sämtliche Schriften, hrsg. K. Lachmann und F. Muncker (³1891), Bd. 7, S. 429

31 Ders. ebd., S. 430

32 Th. Spoerri (1942), zit. aus: Leibfried/Werle (1978), S. 98

33 zu den verschiedenen Fassungen dieser Fabel vgl. H. Lindner (1978); R. Koch (1973), S. 239 ff.

34 Leibfried/Werle (1978), S. 98

35 vgl. dazu H. Lindner (1978), S. 39 f. „Auch die viel diskutierte Frage, ob jede Fabel eine explizit formulierte Moral vom Schema fabula docet . . . beinhalten müsse, erweist sich . . . als Scheinproblem. Die Art und Weise, wie die einzelnen Fabeldichter auf diese Frage reagierten, betrifft nämlich nicht die Fabelstruktur in ihrem gattungskonstitutiven Kern, sondern hängt allein davon ab, wie augenfällig und unmißverständlich der jeweilige Autor den erzählten mehrdeutigen Vorgang . . . zu einer eindeutigen ‚Lehre' zu konkretisieren gedachte."
Die Funktion der ‚Lehre' beschreibt Lindner wie folgt, ebd., S. 37 „Entscheidend für das Zustandekommen einer solchen ‚Lehre' ist vielmehr die Korrelierung des erzählten Vorgangs mit einem ganz bestimmten, weltanschaulichkonditionierten Wertsystem."

36 H. Lindner, ebd., S. 30

37 Th. Spoerri (1942), zit. aus Leibfried/Werle (1978), S. 97

38 Ders. ebd.

39 zur Literatur über La Fontaine vgl. H. Lindner ebd., S. 404 ff.

40 H. Lindner, ebd., S. 31

41 R. Dithmar (³1974), S. 113

42 G. E. Lessing, Sämtliche Schriften, hrsg. von K. Lachmann und F. Muncker (³1891) Bd. 7, S. 450

43 J. J. Engel (1740/1971), S. 58/59

44 Ders. ebd., S. 58

45 Phädrus über Äsop: zit. nach Th. Poser (1975), S. 50

46 Th. Spoerri (1942), zit. aus Leibfried/Werle (1978), S. 99

47 H. Lindner, ebd., S. 32

48 vgl. Doderer (1977), S. 48

49 Ders. ebd., S. 177

50 vgl. dazu Textsammlung ‚Texte zur Theorie der Fabel', hrsg. von Leibfried/ Werle (1978), und H. Lindner (1978), Anhang ‚Bausteine zur Geschichte der Fabeltheorie', S. 215 ff.

51 Die Allegorie (allegoria) „zeigt mit Worten etwas Anderes an als nach deren Sinn, oder sogar bisweilen das Gegenteil" (Quint. 8, 6, 44). „Sie kann . . . in ‚eigentlichen Worten deutlich' (Quint. 8, 6, 47) einen analogen Sachverhalt ausdrücken, der als Zeichen für das Gemeinte steht. Das Verfahren der Allegorie besteht darin, daß man eine „ähnliche Sache (meint) und die dieser Sache eigentümlichen Worte überträgt man dann . . . auf eine andere Sache" (Cic. de or. 3, 41, 167). . . .". vgl. G. Ueding (1976), Einführung in die Rhetorik, S. 246

52 vgl. dazu J. G. Herder, Sämtliche Werke, hrsg. von B. Suphan (1888/1967), Bd. 15, S. 552 ff.

200

53 E. Leibfried (³1976), S. 24
54 vgl. Anm. 35
55 H. Lindner (1978), S. 36/37
56 G. E. Lessing, Sämtliche Schriften, hrsg. von K. Lachmann und F. Muncker (³1891), Bd. 7, S. 440
57 J. G. Herder, Sämtliche Werke, hrsg. von B. Suphan (1888/1967), Bd. 15, S. 565 „Auch der äsopischen Fabel ist also Analogie die Mutter; nicht Abstraction, nicht eine leere Reduction vom Allgemeinen aufs Besondere . . ."
58 J. G. Herder, Sämtliche Werke, hrsg. von B. Suphan (1888/1967), Bd. 15, S. 561
59 Ders. ebd.
60 Ch. G. Bardili (1791), zit. aus Leibfried/Werle (1978), S. 65
61 E. Leibfried (³1976), S. 34 ff.
62 Ders. ebd., S. 35
63 E. Leibfried (³1976), S. 39
64 G. W. F. Hegel, Ästhetik Bd. I, hrsg. von Fr. Bassenge (1965), S. 374
65 Ders. ebd.
66 vgl. M. Staege (1929); W. Briegel-Florig (1965); K. Doderer (1977), S. 221 ff.; E. Leibfried (³1976), S. 45 ff.
67 Aristoteles, Rhetorik II 20.1393 b8
68 vgl. K. Doderer (1977), S. 221 f.
69 J. G. Herder, Sämtliche Werke, hrsg. von B. Suphan (1877/1967), Bd. 2, S. 197
70 Ders. ebd., Bd. XV, S. 557
71 vgl. H. Steinhöwel, Einleitung zum Esopus (1476), in: Steinhöwels Äsop, hrsg. von H. Österley (1873)
72 H. Lindner (1978), S. 23
73 M. G. Lichtwer (1748), zit. aus: Leibfried/Werle (1978), S. 52
74 H. R. Jauß (I) (1977), S. 46/47
75 K. Doderer (1977), S. 232
76 Ders. ebd., S. 223
77 J. G. Herder, Sämtliche Werke, ebd. Bd. XXIII, S. 252 ff.
78 Ders. ebd., S. 253
79 K. Doderer (1977), S. 224
80 J. Grimm (1834), Reinhart Fuchs (Vorwort, S. XIII)
81 D. Sternberger (1950), zit. aus Th. Poser (1975), S. 52
82 Th. Poser (1975), S. 62
83 O. Crusius (1913), Einleitung zu: Das Buch der Fabeln, hrsg. von Kleukens
84 vgl. E. Leibfried (³1976), S. 12/13
86 A. Schirokauer (1953), S. 181, zit. nach R. Koch (1973), S. 39
86 O. Crusius ebd., S. IX
87 vgl. K. Doderer (1977), S. 261 ff.
88 vgl. R. Dithmar (³1974), S. 133
89 Ders. ebd., S. 139
90 K. Doderer ebd., S. 261 ff.
91 E. Leibfried (³1976), S. 13
92 vgl. Ders. ebd., S. 104 ff.

93 vgl. auch M. Windfuhr (1960)
94 vgl. E. Leibfried (³1976), S. 17 sowie die dort angegebene Literatur
95 Ders. ebd.
96 Ders. ebd., S. 17f.; K. Doderer (1977), S. 175ff.
97 E. Leibfried ebd., S. 18
98 Ders. ebd., S. 20
99 vgl. dazu K. Doderer (1977), S. 194–210; R. Dithmar (³1974)
100 vgl. Anm. 67
101 W. Kayser (1931), S. 26
102 M. Luther (1530), zit. aus Leibfried/Werle (1978), S. 8
103 J. J. Breitinger (1740), Critische Dichtkunst Bd. I Faksimiledruck 1966, hrsg. von W. Bender, S. 178
104 Ch. F. Gellert (1744), zit. aus: Leibfried/Werle (1978), S. 51
105 vgl. G. E. Lessing (³1891), Sämtliche Schriften, hrsg. von K. Lachmann, 3. Aufl. F. Muncker, Bd. 7, S. 475ff.
106 J. J. Rousseau, Emile, hrsg. von L. Schmidt (²1974), S. 95
107 K. Doderer (1977), S. 204
108 Ders. ebd., S. 208
109 vgl. R. Dithmar (³1974), S. 170
110 zur reichhaltigen Literatur zur Fabeldidaktik vgl. LVZ
111 N. Hopster (²1976), in: E. Wolfrum (²1976), S. 365
112 R. Koch (1973), S. 173
113 E. Leibfried (³1976), S. 102
114 R. Koch (1973), S. 173ff.
115 Diess. ebd., S. 187
116 K. Doderer (1977), S. 213/14
117 vgl. Th. Pelster (1976); Th. Poser (1975); F. H. Payrhuber (1978)
118 vgl. K. Doderer (1977), S. 187ff.
119 J. H. Campe (1778), Sammlung einiger Erziehungsschriften, S. 63ff.
120 vgl. Anm. 106
121 Chr. F. Gellert (1744), zit. aus: K. Doderer (1977), S. 302
122 M. Luther, Etliche Fabeln aus dem Esopo verdeudscht: Vorrede. In: Weimarer Ausgabe Bd. 50 (1914, Neudruck 1967), (S. 452–455), S. 454
123 J. G. Herder, Sämtliche Werke, hrsg. von B. Suphan (1885/1967) Bd. 23, S. 258
124 K. Doderer (1977), S. 196
125 Ders. ebd., S. 204
126 vgl. F. J. Payrhuber (1978), S. 42ff.
127 E. Essen (⁸1969), S. 198
128 P. Nentwig (⁴1969), S. 318
129 F. J. Payrhuber (1978), S. 43
130 K. Doderer (1977), S. 192
131 Ders. ebd.; vgl. auch F. J. Payrhuber (1978) ebd.
132 vgl. Piaget/Inhelder (⁴1971), La psychologie de l'enfant
133 K. Doderer (1977), S. 193
134 H. R. Jauß (I) (1977), S. 46/47
135 Ders. ebd.

202

136 F. J. Payrhuber/A. Weber (Hrsg.) 1978, S. 94
137 K. Doderer (1977), S. 216 ff.
138 Ders. ebd., S. 216
139 vgl. Ders. ebd., S. 217
140 vgl. F. J. Payrhuber (1978); vgl. auch R. Dithmar (³1974), S. 191 ff.
141 G. E. Lessing, sämtliche Schriften, hrsg. von K. Lachmann (³1891) (Fr. Muncker), S. 478
142 Ders. ebd. S. 477
143 Ders. ebd.
144 R. Koch (1973), Anhang S. 239 ff.
145 A. C. Baumgärtner (1974)
146 G. Kleinschmidt (²1971)
147 Th. Poser (1975); vgl. auch F. J. Payrhuber (1978), S. 51 ff.
148 vgl. F. J. Payrhuber (1978), S. 66 ff. sowie die dort angegebene Literatur
149 vgl. J. Greil/A. Kreuz (1976), S. 222 ff.
150 vgl. F. J. Payrhuber (1978), S. 72 ff.
151 vgl. 1. Arbeitsreihe
152 vgl. F. J. Payrhuber (1978), S. 108 ff.; vgl. R. Ulshöfer (I, 1976) (⁹1972)
153 vgl. Anm. 144–147; D. Sternberger (1975); vgl. Anm. 144; vgl. F. J. Payrhuber (1978), S. 88 ff.
154 W. Klose (1973), S. 91 ff.; F. J. Payrhuber (1978), S. 105 ff.
155 vgl. H. Müller-Michaels (1976); F. J. Payrhuber (1978), S. 97 ff. sowie die dort angegebene Literatur

6 Parabel

1 vgl. H. Lindner (1978), S. 34 ff.; R. Dithmar (³1974), S. 93 ff.; Th. Poser (Hrsg.) (1978); vgl. auch J. G. Herder, Sämtliche Werke, hrsg. v. B. Suphan (1888/1967), Bd. 15, S. 557 ff.
2 vgl. J. und W. Grimm, Deutsches Wörterbuch, Bd. VII, S. 1452 „eine fabel ist eine parabol, und eine parabol ist eine fabel“.
3 Spieler/Thamm (1968), S. 116; vgl. W. Kayser (1948), S. 123
4 K. Doderer (1977), S. 179
5 H. Lindner (1978), S. 34 ff.
6 J. G. Herder, Sämtliche Werke, ebd. Bd. 16, S. 164
7 G. W. F. Hegel, Ästhetik, hrsg. von Fr. Bassenge (1965), Bd. 1, S. 380
8 E. Linnemann (⁶1975), zit. aus Th. Poser (1978), S. 54
9 G. E. Lessing, Sämtliche Schriften, hrsg. von K. Lachmann und F. Muncker (³1891), Bd. 7, S. 441
10 vgl. W. Brettschneider (1971), S. 16 ff.
11 Cl. Heselhaus (²1966), S. 7–12
12 I. Braak (⁵1974), S. 164 f.
13 Ders. ebd.

14 Das gleiche trifft für den Begriff der Fabel zu, der, wie bereits Lessing betont, ebenfalls durch Polysemie gekennzeichnet ist.

15 W. Brettschneider, ebd., S. 26

16 N. Miller (1959)

17 vgl. W. Brettschneider (1971), S. 26

18 vgl. H. Lindner (1978), S. 36

19 vgl. Anm. 6

20 H. R. Jauß (I) (1977), S. 46/47 Annex

21 W. Scherer, Poetik, hrsg. von G. Reiss (1977), S. 164

22 vgl. G. E. Lessing, Sämtliche Schriften, ebd. S. 429

23 vgl. Anm. 6; J. G. Herder, ebd. S. 164

24 vgl. G. Schneider (Hrsg.) (1966), zit. aus: Th. Poser (Hrsg.) (1978), S. 56

25 vgl. Text in der Textauswahl von Th. Poser (Hrsg.) (1978), S. 16

26 vgl. Text in der Textauswahl von Th. Poser (Hrsg.) (1978), S. 25

27 Spieler/Thamm (1968), S. 116

28 E. Linnemann (⁷1975), zit. aus: Th. Poser (Hrsg.) (1978), S. 54

29 G. W. F. Hegel, Ästhetik, hrsg. von Fr. Bassenge (1965), Bd. 1, S. 379

30 Ders. ebd.

31 W. Wackernagel, Poetik, Rhetorik und Stilistik, hrsg. von L. Sieber (1873), S. 111

32 Ders. ebd.

33 Ders. ebd.

34 Goethes Werke, hrsg. von E. Trunz (⁸1973), Bd. 8, S. 162

35 Ders. ebd.

36 W. Brettschneider (1971), S. 28

37 Fr. Dürrenmatt, zit. aus Th. Poser (Hrsg.) (1978), S. 36f.

38 W. Wackernagel (1873), ebd. S. 111

39 Th. Poser (Hrsg.) (1978), S. 64

40 W. Brettschneider (1971), S. 9f.

41 J. G. Herder, ebd. Bd. 16, S. 164

42 G. W. F. Hegel, ebd. Bd. 1, S. 379

43 G. Schneider (Hrsg.) (1966), zit. aus Th. Poser (1978), S. 56

44 H. R. Jauß (I) (1977), S. 46/47 Annex

45 Ders. ebd.

46 Ders. ebd. S. 43; vgl. auch H. Bausinger (1968), S. 204 „Die wirkliche Besonderheit des Falles wirkt dabei eindringlicher vorbildhaft; es ist charakteristisch, daß der moralische Appell der Parabel zugleich differenzierter und entschiedener ist als in der Fabel . . .“

47 G. Schneider (Hrsg.) (1966), zit. aus: Th. Poser (1978), S. 56

48 J. G. Herder, ebd. Bd. 16, S. 164

49 K.-D. Müller (Hrsg.) (1976), zit. aus: Th. Poser (1978), S. 58

50 H. R. Jauß (I) (1977), ebd.

51 K.-D. Müller, ebd.

52 vgl. Th. Poser (Hrsg.), 1978; R. Dithmar (³1974); N. Hopster (²1976), S. 360, 262f.; W. Seifert, in: B. Sowinski (1975), S. 240f.

53 Th. Poser (Hrsg.) (1978), S. 6

54 Diess. ebd.
55 K. H. Spinner (Hrsg.) (1977), S. 133
56 vgl. Ders. ebd. S. 144ff.
57 Ders. ebd. S. 143
58 vgl. G. E. Lessing, Sämtliche Werke, ebd. Bd. 7, S. 58
59 vgl. Th. Pelster (1976); Th. Poser (Hrsg.) (1978)
60 vgl. K.-P. Philippi (1969), S. 297–332
61 W. Hinck (1973); W. Keller (Hrsg.) (1976)
62 A. Jülicher (1899); E. Linnemann (⁶1975)

7 Anekdote

1 H. Grothe (1971), S. 4
2 Ders. ebd., S. 6
3 J. Hein (Hrsg.) (1976), S. 355
4 Ders. ebd., S. 374
5 M. Dalitzsch (1922)
6 vgl. H. Grothe ebd., S. 38
7 Ders. ebd. S. 51
8 J. Hein (1976), S. 8
9 W. Schäfer, zit. aus H. Grothe (1971), S. 66
10 H. Frank, zit. aus H. Grothe, ebd. S. 70
11 Ders. ebd., S. 69/70
12 J. Hein (Hrsg.), (1976), S. 382/83
13 S. von Radecki, zit. aus H. Grothe, ebd. S. 78
14 vgl. dazu J. Hein (Hrsg.) (1976), S. 333ff.
15 vgl. K. Doderer (⁵1977), S. 14ff.
16 vgl. J. Hein (Hrsg.) (1976), S. 358
17 H. Grothe ebd., S. 17
18 Novalis, Schriften, hrsg. von R. Samuel (²1965) Bd. II, S. 567
19 M. Dalitzsch, zit. aus H. Grothe, ebd. S. 7
20 V. Lange, zit. aus H. Grothe, ebd. S. 9
21 K. Lerbs (1944), zit. aus J. Hein, ebd. S. 338
22 A. von Gleichen-Rußwurm (1929), zit. aus J. Hein, ebd. S. 336
23 M. Dalitzsch (1922), zit. aus J. Hein ebd.
24 H. P. Neureuter (1973); vgl. auch J. Hein (1976), S. 370f.
25 J. Hein, ebd. S. 361
26 H. P. Neureuter, ebd. S. 462f.
27 F. C. Weiskopf (1954), zit. aus J. Hein, ebd. S. 341
28 P. Ernst (1919), zit. aus J. Hein, ebd. S. 335
29 A. von Gleichen-Rußwurm (1929), zit. aus J. Hein, ebd. S. 336
30 I. Braak (⁵1974), S. 179
31 K. Doderer (⁵1977), S. 23f.

32 Ders. ebd.
33 Ders. ebd., S. 24
34 C. F. W. Behl (1935), zit. aus: H. Grothe, ebd. S. 14
35 F. C. Weiskopf (1951), zit. aus J. Hein (1976), S. 382
36 Ders. ebd.
37 K. Doderer (⁵1977), S. 30f.
38 G. Kopp (1949), zit. aus J. Hein (1976), S. 339/40
39 K. Doderer (⁵1977), S. 20
40 Ders. ebd.
41 J. Hein (1976), S. 343
42 Anekdotenlexikon für Leser von Geschmack (1784), S. XI
43 Fr. Schlegel (1801), zit. aus J. Hein (1976), S. 334
44 F. C. Weiskopf (1954), zit. aus J. Hein ebd., S. 341
45 K. Lerbs (1944), zit. aus J. Hein ebd. S. 338
46 H. P. Neureuter (1973)
47 Ders. ebd., S. 467
48 A. Jolles (³1965), S. 209
49 J. Hein (1976), S. 371
50 Plutarch, zit. aus J. Hein ebd. S. 371
51 J. Hein ebd. S. 361
52 Ders. ebd. S. 359
53 G. Branstner/W. Sellhorn (1969), zit. aus J. Hein ebd. S. 343
54 Diess. ebd. S. 344
55 Diess. ebd.
56 Diess. ebd. S. 343
57 Novalis, Schriften, hrsg. R. Samuel (²1965), Bd. II, S. 567
58 P. Ernst (1919), zit. aus J. Hein ebd. S. 335
59 vgl. H. Grothe (1971), S. 9
60 J. Hein (1976), S. 382
61 vgl. H. Grothe (1971), S. 86ff.
62 Ders. ebd. S. 87
63 Ders. ebd.
64 Ders. ebd. S. 89
65 Ders. ebd. S. 90
66 E. Straßner (²1978), S. 15
67 Spieler/Thamm (1968), S. 123/24
68 H. Grothe (1971), S. 27
69 A. Jolles (³1965), S. 249
70 Ders. ebd.
71 Ders. ebd.
72 Ders. ebd. S. 251
73 vgl. K. Doderer (⁵1977)
74 R. Kilchenmann (⁴1975)
75 vgl. K. Doderer (⁵1977), S. 23f., S. 49f.
76 vgl. N. Hopster (²1976), in E. Wolfrum (²1976), S. 360f.; W. Seifert, in
B. Sowinski (1975), S. 241f.; A. C. Baumgärtner (²1968)

77 W. E. Schäfer (1973), S. 253
78 J. Hein ebd. S. 383
79 Th. Rutt, in: A. C. Baumgärtner (Hrsg.) (^{2}1968), S. 29
80 A. Jolles (^{3}1965), S. 200f. Obwohl das Beispiel von A. Jolles sich nicht auf die
    Anekdote bezieht, sondern die Genese fiktionalen Erzählens am Beispiel des
    Memorabile beschreibt, kann es als Vorlage benutzt werden, weil das Memora-
    bile die Keimform der Anekdote ist.
81a A. Jolles, ebd. S. 201
81b A. Jolles, ebd. S. 200
82 A. Jolles (^{3}1965), S. 202
83 Ders. ebd. S. 203
84 J. Hein (Hrsg.) (1976), S. 384
85 vgl. W. E. Schäfer (1973)
86 H. Grothe (1971), S. 35
*   vgl. auch H. R. Jauß (1977) (I), S. 46 Annex

Anhang

(Quelle: G. E. Lessing, Sämtliche Schriften, hg. von K. Lachmann/Fr. Muncker, Bd. 7; Stuttgart 1891; ³1968 Berlin)

V.

Von einem besondern Nutzen der Fabeln in den Schulen. 10

Ich will hier nicht von dem moralischen Nutzen der Fabeln reden; er gehöret in die allgemeine praktische Philosophie: und würde ich mehr davon sagen können, als Wolf gesagt hat? Noch weniger will ich von dem geringern Nutzen itzt sprechen, den die alten Rhetores in ihren Vorübungen von den Fabeln zogen; indem sie ihren Schülern 15 aufgaben, bald eine Fabel durch alle casus obliquos zu verändern, bald sie zu erweitern, bald sie kürzer zusammenzuziehen ꝛc. Diese Uebung kann nicht anders als zum Nachtheil der Fabel selbst vorgenommen werden; und da jede kleine Geschichte eben so geschickt dazu ist, so weis ich nicht, warum man eben die Fabel dazu mißbrauchen 20 muß, die sich, als Fabel, ganz gewiß nur auf eine einzige Art gut erzehlen läßt.

Den[1] Nutzen, den ich itzt mehr berühren als umständlich erörtern[2] will, würde man den heuristischen Nutzen der Fabeln nennen können. — Warum fehlt es in allen Wissenschaften und Künsten so 25 sehr an Erfindern und selbstdenkenden Köpfen? Diese Frage wird am besten durch eine andre Frage beantwortet: Warum werden wir nicht besser erzogen? Gott giebt uns die Seele; aber das Genie müssen wir durch die Erziehung bekommen. Ein Knabe, dessen gesammte Seelenkräfte man, so viel als möglich, beständig in einerley Verhält= 30 nissen ausbildet und erweitert; den man angewöhnet, alles, was er täglich zu seinem kleinen Wissen hinzulernt, mit dem, was er gestern bereits wußte, in der Geschwindigkeit zu vergleichen, und Acht zu haben,

---

[1] Der [1759]   [2] erörten [1759a]

ob er durch diese Vergleichung nicht von selbst auf Dinge kömmt, die
ihm noch nicht gesagt worden; den man beständig aus einer Scienz
in die andere hinüber sehen läßt; den man lehret sich eben so leicht
von dem Besondern zu dem Allgemeinen zu erheben, als von dem All-
5 gemeinen zu dem Besondern sich wieder herab zu lassen: Der Knabe
wird ein Genie werden, oder man kann nichts in der Welt werden.

Unter den Uebungen nun, die diesem allgemeinen Plane zu Folge
angestellet werden müßten, glaube ich, würde die Erfindung aesopischer
Fabeln eine von denen seyn, die dem Alter eines Schülers am aller
10 angemessensten wären: nicht, daß ich damit suchte, alle Schüler zu
Dichtern zu machen; sondern weil es unleugbar ist, daß das Mittel,
wodurch die Fabeln erfunden worden, gleich dasjenige ist, das allen
Erfindern überhaupt das allergeläufigste seyn muß. Dieses Mittel ist
das Principium der Reduction, und es ist am besten, den
15 Philosophen selbst davon zu hören: Videmus adeo, quo artificio
utantur fabularum inventores, *principio* nimirum *reductionis*: quod
quemadmodum ad inveniendum in genere utilissimum, ita ad
fabulas inveniendas absolute necessarium est. Quoniam in arte
inveniendi principium reductionis amplissimum sibi locum vindicat,
20 absque hoc principio autem nulla effingitur fabula; nemo in du-
bium revocare poterit, fabularum inventores[1] inter inventores
locum habere. Neque est quod inventores abjecte de fabularum
inventoribus sentiant: quod si enim fabula nomen suum tueri.
nec quicquam in eadem desiderari debet, haud exiguae saepe
25 artis est eam invenire, ita ut in aliis veritatibus inveniendis
excellentes hic vires suas deficere agnoscant, ubi in rem prae-
sentem veniunt. Fabulae aniles nugae sunt, quae nihil veritatis
continent, et earum autores in nugatorum non inventorum veritatis numero sunt. Absit autem ut hisce aequipares inventores
30 fabularum vel fabellarum, cum quibus in praesente nobis nego-
tium est, et quas vel inviti in Philosophiam practicam admittere
tenemur, nisi praxi officere velimus*.

Doch dieses Principium der Reduction hat seine grossen Schwierigkeiten. Es erfordert eine weitläuftige Kenntniß des Besondern und

35   * Philosophiae practicae universalis pars posterior §. 310.

   [1] fabularum autores [Originalausgabe der Philosophia practica von Wolff]

V. Von einem besondern Nutzen der Fabeln in den Schulen.   477

aller individuellen Dingen, auf welche die Reduction geschehen kann.
Wie ist diese von jungen Leuten zu verlangen? Man müßte dem
Rathe eines neuern Schriftstellers folgen, den ersten Anfang ihres
Unterrichts mit der Geschichte der Natur zu machen, und diese in der
niedrigsten Classe allen Vorlesungen zum Grunde zu legen*. Sie ent= 5
hält, sagt er, den Saamen aller übrigen Wissenschaften, sogar die
moralischen nicht ausgenommen. Und es ist kein Zweifel, er wird mit
diesem Saamen der Moral, den er in der Geschichte der Natur ge=
funden zu haben glaubet, nicht auf die bloßen Eigenschaften der Thiere,
und anderer [1] geringern Geschöpfe, sondern auf die Aesopischen Fabeln, 10
welche auf diese Eigenschaften gebauet werden, gesehen haben.

Aber auch alsdenn noch, wenn es dem Schüler an dieser weit=
läuftigen Kenntniß nicht mehr fehlte, würde man ihn die Fabeln An=
fangs müssen mehr **finden**, als **erfinden** lassen; und die allmäligen
Stuffen von diesem **Finden** zum **Erfinden**, die[2] sind es eigentlich, 15
was ich durch verschiedene Versuche meines **zweyten** Buchs habe zeigen
wollen. Ein gewisser Kunstrichter sagt: „Man darf nur im Holz und
„im Feld, insonderheit aber auf der Jagd, auf alles Betragen der
„zahmen und der wilden Thiere aufmerksam seyn, und so oft etwas
„sonderbares und merkwürdiges zum Vorschein kömmt, sich selber in 20
„den Gedanken fragen, ob es nicht eine Aehnlichkeit mit einem gewissen
„Charakter der menschlichen Sitten habe, und in diesem Falle in eine
„symbolische Fabel ausgebildet werden könne**." Die Mühe mit seinem
Schüler auf die Jagd zu gehen, kann sich der Lehrer ersparen, wenn
er in die alten Fabeln selbst eine Art von Jagd zu legen weiß; in= 25
dem er die Geschichte derselben bald eher abbricht, bald weiter fort=
führt, bald diesen oder jenen Umstand derselben so verändert, daß sich
eine andere Moral darinn erkennen läßt.

3. E. Die bekannte Fabel von dem Löwen und Esel fängt sich
an: *Λεων και ονος, κοινωνιαν θεμενοι, εξηλθον επι θηραν* — 30
Hier bleibt der Lehrer stehen. Der Esel in Gesellschaft des Löwen?
Wie stolz wird der Esel auf diese Gesellschaft gewesen seyn! (Man
sehe die achte Fabel meines zweyten Buchs) Der Löwe in

* Briefe die neueste Litteratur betreffend 1 Theil S. 58.
** Critische Vorrede zu M. v. K. neuen Fabeln.   35

[1] andern [1759]   [2] die [fehlt im 70. Litteraturbrief]

Gesellschaft des Esels? Und hatte sich denn der Löwe dieser Gesellschaft nicht zu schämen? (Man sehe die siebende) Und so sind
zwey Fabeln entstanden, indem man mit der Geschichte der alten Fabel
einen kleinen Ausweg genommen, der auch zu einem Ziele, aber zu
5 einem andern Ziele führet, als Aesopus sich dabey gesteckt hatte.

    Oder man verfolgt die Geschichte einen Schritt weiter: Die Fabel
von der Krähe, die sich mit den ausgefallenen Federn andrer Vögel
geschmückt hatte, schließt sich: και ο κολοιος ην παλιν κολοιος. Vielleicht war sie nun auch etwas schlechters, als sie vorher gewesen war.
10 Vielleicht hatte man ihr auch ihre eigene glänzenden Schwingfedern
mit ausgerissen, weil man sie gleichfalls für fremde Federn gehalten?
So geht es dem Plagiarius. Man ertappt ihn hier, man ertappt ihn
da; und endlich glaubt man, daß er auch das, was wirklich sein eigen
ist, gestohlen habe. (S. die sechste Fabel meines zweyten
15 Buchs.)

    Oder man verändert einzelne Umstände in der Fabel. Wie wenn
das Stücke Fleisch, welches der Fuchs dem Raben aus dem Schnabel
schmeichelte, vergiftet gewesen wäre?[1] (S. die funfzehnte) Wie
wenn der Mann die erfrorne Schlange nicht aus Barmherzigkeit,
20 sondern aus Begierde ihre schöne Haut zu haben, aufgehoben und in
den Busen gesteckt hätte? Hätte sich der Mann auch alsdenn noch über
den Undank der Schlange beklagen können? (S. die dritte Fabel.)

    Oder man nimmt auch den merkwürdigsten Umstand aus der
Fabel heraus, und bauet auf denselben eine ganz neue Fabel. Dem
25 Wolfe ist ein Bein in dem Schlunde stecken geblieben. In der kurzen
Zeit, da er sich daran würgte, hatten die Schafe also vor ihm Friede.
Aber durfte sich der Wolf die gezwungene Enthaltung als eine gute
That anrechnen? (S. die vierte Fabel.) Herkules wird in den
Himmel aufgenommen, und unterläßt dem Plutus seine Verehrung
30 zu bezeigen. Sollte er sie wohl auch seiner Todfeindin, der Juno,
zu bezeigen unterlassen haben? Oder würde es dem Herkules an-
ständiger gewesen seyn, ihr für ihre Verfolgungen zu danken? (S. die
zweyte Fabel.)

    Oder man sucht eine edlere Moral in die Fabel zu legen; denn
35 es giebt unter den griechischen Fabeln verschiedene, die eine sehr nichts-

---

[1] wär? [1759 a. 1777]

würbige haben. Die Esel bitten den Jupiter, ihr Leben minder
elend seyn zu lassen. Jupiter antwortet: τοτε αντους απαλλαγησεσθαι
της κακοπαθειας, οταν ουρουντες ποιησωσι ποταμον. Welch eine[1]
unanständige Antwort für eine Gottheit! Ich schmeichle mir, daß ich
den **Jupiter** würdiger antworten lassen, und überhaupt eine schönere 5
Fabel daraus gemacht habe. (S. die **zehnte Fabel**.)

— Ich breche ab! Denn ich kann mich unmöglich zwingen, einen
Commentar über meine eigene Versuche zu schreiben.

---

[1] Welche eine [1759]

Literaturverzeichnis (Auswahlbibliographie)

I Allgemeine Literatur (soweit in der Einleitung und im Anmerkungsteil zitiert)

Th. W. Adorno, Noten zur Literatur I. Frankfurt/M. 1958

Aristoteles, Poetik, übersetzt von O. Gigon, Stuttgart 1967

Aristoteles, Rhetorik. hrsg. von P. Gohlke, Paderborn 1959

R. Barthes, Mythen des Alltags. Frankfurt ²1970

H. Bergson, Das Lachen. Meisenheim am Glan 1948

I. Braak, Poetik in Stichworten. Kiel ⁵1974

H. Brackert/E. Lämmert, Funkkolleg Literatur I. Frankfurt/M. 1977

E. Cassirer, Philosophie der symbolischen Formen (3 Bde), 2. Bd. Das mythische Denken, Darmstadt ⁵1969

E. R. Curtius, Europäische Literatur und lateinisches Mittelalter, Bern 1967

J. W. Goethe, Werke, Kommentare und Register. hrsg. von E. Trunz (14 Bde.), Bd. 8, Hamburg ⁸1973

G. W. F. Hegel, Ästhetik (2 Bde), hrsg. von Fr. Bassenge, Band I ²1965, Berlin/ Weimar

K. W. Hempfer, Gattungstheorie. Information und Synthese, München 1973

J. G. Herder, Sämtliche Werke, hrsg. von B. Suphan. Reprografischer Nachdruck der Ausgabe Berlin 1877ff. Hildesheim 1967

R. Jakobson, Poetik. Ausgewählte Aufsätze 1921–1971, hrsg. von Holenstein/ Schelbert. Frankfurt 1979

H. R. Jauß, Alterität und Modernität der mittelalterlichen Literatur, München 1977 (I)

H. R. Jauß, Ästhetische Erfahrung und literarische Hermeneutik, München 1977 (II)

C. Kahrmann/G. Reiß/M. Schluchter, Erzähltextanalyse (2 Bde), Kronberg/Ts. 1977

K. Kanzog, Erzählstrategie. Heidelberg 1976

R. Koselleck/W.-D. Stempel (Hrsg.), Geschichte – Ereignis und Erzählung. Poetik und Hermeneutik Bd. V, München 1973

E. Lämmert, Bauformen des Erzählens. Stuttgart 1955

H. Lausberg, Handbuch der literarischen Rhetorik, München 1960

C. Lévi-Strauss, Die Struktur der Mythen. In: Strukturale Anthropologie, 1969

J. Link, Literaturwissenschaftliche Grundbegriffe. München 1974

Ju. M. Lotmann, Die Struktur literarischer Texte. München 1972

W. Müller-Seidel, Probleme der literarischen Wertung. Stuttgart ²1969

Novalis, Schriften. Hrsg. von R. Samuel, Bd. 2, Stuttgart 1965

W. Preisandanz/R. Warning (Hrsg.), Das Komische. Poetik und Hermeneutik VII, München 1976

W. Scherer, Poetik. Hrsg. von G. Reiß, Tübingen 1977

S. J. Schmidt, Komik im Beschreibungsmodell kommunikativer Handlungsspiele. In: W. Preisendanz/R. Warning (Hrsg.), Das Komische. München 1976, S. 165–190

J. Schulte-Sasse/R. Werner, Einführung in die Literaturwissenschaft. München 1977

K. H. Spinner (Hrsg.), Zur Semiotik des literarischen Verstehens. Göttingen 1977

K. Stierle, Geschehen, Geschichte, Text der Geschichte. In: Geschichte – Ereignis und Erzählung. Poetik und Hermeneutik V, hrsg. von R. Koselleck/W. D. Stempel, München 1973. S. 530 ff.

K. Stierle, Komik der Handlung, Komik der Sprachhandlung, Komik der Komödie. In: Das Komische. Poetik und Hermeneutik VII, München 1976, S. 237 ff.

G. Ueding, Einführung in die Rhetorik. Stuttgart 1976

W. Wackernagel, Poetik, Rhetorik und Stilistik. Hrsg. von L. Sieber. Halle 1873

H. Weinrich, Linguistik der Lüge. Stuttgart ⁴1971

H. Weinrich, Erzählstrukturen des Mythos. In: Literatur für Leser, Stuttgart 1971. S. 137–149

II Allgemeine (und z. T. mehrere volkspoetische Formen) umgreifende Literatur zur Kurzepik

A. Aarne/St. Thompson, The Types of the Folktale. Helsinki ³1961

W. Anderson, Geographisch-historische Methode. In: Handwörterbuch des deutschen Märchens, hrsg. von L. Mackensen, 2. Bd. Berlin 1934/40, S. 508–522

H. Bausinger, Formen der Volkspoesie. Berlin 1968

W. Berendsohn, Grundformen volkstümlicher Erzählerkunst in den KHM der Brüder Grimm 1921, ²1968

W. Berendsohn, Epische Gesetze der Volksdichtung. In: Handwörterbuch des deutschen Märchens, hrsg. von L. Mackensen, S. 566–572

J. Bolte/G. Polivka, Anmerkungen zu den Kinder- und Hausmärchen der Brüder Grimm. 5 Bde. 1913–1932

Fabula, Zeitschrift für Erzählforschung, hrsg. von K. Ranke. Seit 1957

W. Grimm, Kleinere Schriften, hrsg. von G. Hinrichs, 4 Bde., Berlin 1881

M. Hain, Die Volkskunde und ihre Methoden. In: Deutsche Philologie im Aufriß, hrsg. von W. Stammler. Bd. 3 (²1962), Sp. 2547–2570

R. Jakobson, Poetik. Frankfurt 1979

A. Jolles, Einfache Formen. Tübingen ³1965; ⁴1968

E. Lichtenstein, Die Idee der Naturpoesie bei den Brüdern Grimm und ihr Verhältnis zu Herder. In: DVJs, 6, 1918, S. 513–547

H. Naumann, Grundzüge der deutschen Volkskunde, Leipzig 1922
A. Olrik, Epische Gesetze der Volksdichtung. In: ZfdA 51, 1909, S. 1–12
R. Petsch, Wesen und Formen der Erzählkunst. ²1942
W.-E. Peuckert, Deutsches Volkstum in Märchen und Sage, Schwank und Rätsel 1938
Fr. Ranke, Kleinere Schriften. Hrsg. von H. Rupp und E. Studer, Bern/München 1971
K. Ranke, Die Welt der Einfachen Formen. Berlin/New York 1978
K. Ranke (Hrsg.), Enzyklopädie des Märchens. Handwörterbuch zur historischen und vergleichenden Erzählforschung, Berlin seit 1975
L. Schmidt, Die Volkserzählung. Märchen, Sage, Legende, Schwank. 1963
R. Schmitz, Das Problem ‚Volkstum und Dichtung‘ bei Herder. Berlin 1937
W. Schoof, Zur Entstehungsgeschichte der Grimmschen Märchen. Hamburg 1959
H. Strobach (Hrsg.), Deutsche Volksdichtung. Eine Einführung. Frankfurt/M. 1979
N. Voorwinden/M. de Haan (Hrsg.), Oral Poetry. Wege der Forschung Bd. 555 Darmstadt 1979

Lexikonartikel

K. Ranke, Einfache Formen. In: Fischer Lexikon, Literatur 2/1, Frankfurt/M. 1965, S. 184–200; auch in: K. Ranke, die Welt der Einfachen Formen. Berlin/New York 1978
W. Mohr, Einfache Formen. In: Reallexikon der deutschen Literaturwissenschaft (RL) ²1958, S. 321–328
W. F. Berendsohn, Einfache Formen. In: Handwörterbuch des deutschen Märchens (HdwDM) I, hrsg. von L. Mackensen (1930/33), S. 484–498

III Allgemeine, mehrere Formen umgreifende Sekundärliteratur zur Didaktik der Kurzprosa

A. C. Baumgärtner (Hrsg.), Literarische Erziehung in der Grund- und Hauptschule. Frankfurt/M., Berlin, Bonn, München ²1968
A. C. Baumgärtner, Literarische Erziehung mit dem Lesebuch ‚Auswahl‘, Bochum ⁵1971
M. Behrendt, Epische Kurzformen im Unterricht. In: Westermanns Pädagogische Beiträge, 13. Jg. 1961, H. 11, S. 1–11
H. J. Frank, Dichtung, Sprache, Menschenbildung. Geschichte des Deutschunterrichts von den Anfängen bis 1945, 2 Bde, München 1976
J. Greil/A. Kreuz, Umgang mit Texten in Grund- und Hauptschule. Donauwörth 1976
G. Haas, Märchen, Sage, Schwank, Legende, Fabel und Volksbuch als Kinder- und

Jugendliteratur. In: G. Haas (Hrsg.), Kinder- und Jugendliteratur. Stuttgart 1974, S. 144–177

H. Helmers (Hrsg.), Moderne Dichtung im Unterricht. Braunschweig ²1972

W. Helmich, Die erzählende Volks- und Kunstdichtung in der Schule. In: A. Beinlich (Hrsg.), Handbuch des Deutschunterrichts, Bd. 2, Emsdetten ⁴1966, S. 945–1040

N. Hopster, Epische Kurzformen. In: E. Wolfrum, Taschenbuch des Deutschunterrichts. Baltmannsweiler ²1976, S. 352–374

H. Ide, Projekt Deutschunterricht Bd. 1: Kritisches Lesen – Märchen. Sage. Fabel. Volksbuch. Stuttgart ⁴1974

G. Kleinschmidt, Theorie und Praxis des Lesens in der Grund- und Hauptschule. Frankfurt ²1971

H. Müller-Michaels (Hrsg.), Arbeitsmittel und Medien für den Deutschunterricht. Kronberg/Ts. 1976

Th. Pelster, Epische Kleinformen – Methoden der Interpretation (Sekundarstufe II). Düsseldorf 1976

H. Reger, Prosaformen im Literaturunterricht der Primarstufe, Ratingen 1973

H. Scherl, Kleine epische Formen. In: D. Boueke (Hrsg.), Deutschunterricht in der Diskussion. Paderborn 1974, S. 334–361

W. Seifert, Literarische Prosaformen im Unterricht. In: B. Sowinski (Hrsg.), Fachdidaktik Deutsch, Köln/Wien 1975, S. 232–253

A. Spieler/M. Thamm, Literaturunterricht im 5.–11. Schuljahr. Esslingen 1968

K. Stocker (Hrsg.), Taschenlexikon der Literatur- und Sprachdidaktik. Kronberg/Ts. 1976

R. Ulshöfer, Methodik des Deutschunterrichts I. Unterstufe. Stuttgart 1976

R. Ulshöfer, Methodik des Deutschunterrichts II. Mittelstufe I. 1972

R. Ulshöfer, Methodik des Deutschunterrichts III. Mittelstufe II. 1974

Die Auswahlbibliographie zu den einzelnen Kurzformen ist zu ergänzen durch die Literaturhinweise in der genannten Sekundärliteratur sowie durch die Literaturangaben in den monographischen Darstellungen der einzelnen Formen in der Sammlung Metzler; vgl. ferner ‚Fabula', Zeitschrift für Erzählforschung, hrsg. von K. Ranke, seit 1957; ‚Enzyklopädie des Märchens', Handwörterbuch zur historischen und vergleichenden Erzählforschung, hrsg. von K. Ranke u. a., Berlin 1975 ff. Zur Frage der Textausgaben und -sammlungen sei ebenfalls auf die erwähnte Sekundärliteratur verwiesen.

IV Sage

W. Anderson, Volkserzählungen in Tageszeitungen, in: Rhein. Jb. f. VkdeX, 1959, S. 163–175

H. Bausinger, Lebendiges Erzählen. Diss. Tübingen 1952

H. Bausinger, Sage, in: Formen der „Volkspoesie", 1968; S. 170 ff.

H. Bächtold-Stäubli/H. und E. von Hoffmann-Krayer, (Hrsg.) Handwörterbuch des deutschen Aberglaubens. 10 Bde. Berlin/Leipzig 1927–1942

S. Beyschlag, Weltbild der Volkssage (1941). In: L. Petzoldt (Hrsg.), Vergleichende Sagenforschung, Darmstadt 1969

H. Burkhardt, Zur Psychologie der Erlebnissage. Diss. Zürich 1951

G. Emrich, Formen und Grundlagen gegenwärtigen Hexenglaubens. Diss. Mainz 1953

J. Grimm, Deutsche Mythologie, 3 Bde, ⁴1875–1878

J. und W. Grimm, Deutsche Sagen, ³1891 (1816/1818)

L. Laistner, Nebelsagen. 1897

Fr. von der Leyen, Deutsches Sagenbuch, 5 Bde. München 1920–24

Fr. von der Leyen/V. Höttges, Lesebuch der deutschen Volkssage. Berlin 1933

M. Lüthi, Volksmärchen und Volkssage, Zwei Grundformen erzählender Dichtung. Bern/München ³1975

M. Lüthi, Gehalt und Erzählweise der Volkssage. In: Sagen und ihre Deutung, hrsg. von W.-E. Peuckert, Göttingen 1965

W.-E. Peuckert (Hrsg.), Sagen und ihre Deutung, Göttingen 1965

W.-E. Peuckert, Sagen. Geburt und Antwort aus der mythischen Welt. Berlin 1965

W.-E. Peuckert, Deutsches Volkstum in Märchen und Sage, Schwank und Rätsel. Berlin 1938

W.-E. Peuckert, Sage. In: Deutsche Philologie im Aufriß, Bd. III ²1962, herausgegeben von W. Stammler, Sp. 2641–2676

W.-E. Peuckert, Handwörterbuch der Sage. Göttingen 1961

W.-E. Peuckert/O. Lauffer, Volkskunde. Quellen und Forschungen seit 1940, Bern 1951

L. Petzoldt (Hrsg.), Vergleichende Sagenforschung. Darmstadt 1969

L. Petzoldt (Hrsg.), Historische Sagen I/II; Bd. I München 1976

L. Petzoldt, Der Tote als Gast. Volkssage und Exempel (FFC 200), Helsinki 1968

L. Petzoldt, Wege und Probleme der vergleichenden Sagenforschung. In: Studium Generale 22, 1969, S. 913–929

Fr. Ranke, Volkssagenforschung. Vorträge und Aufsätze, Breslau 1935; wieder abgedruckt in:

Fr. Ranke, Kleinere Schriften, hrsg. von H. Rupp und E. Studer. Bern/München 1971

K. Ranke, Die Sage vom Räuber Pape Döne. In: K. Ranke, Die Welt der Einfachen Formen. Berlin/New York 1978, S. 110–134

K. Ranke, Die Sage vom Toten, der seinem eigenen Begräbnis zuschaut. Ein Beitrag zur Methodik der Sagenforschung. In: K. Ranke, Die Welt der Einfachen Formen, ebd.

L. Röhrich, Die deutsche Volkssage. Ein methodischer Abriß. In: Studium Generale, 11. Jg. 1958, S. 664–691

L. Röhrich, Sage. Stuttgart, Sammlung Metzler, ²1971

L. Röhrich, Sage und Märchen. Erzählforschung heute. Freiburg 1976

L. Röhrich, Teufelsmärchen und Teufelssagen. In: Sagen und ihre Deutung, hrsg. von W.-E. Peuckert, Göttingen 1965, S. 28–58

Fr. W. Schmidt, Die Volkssage als Kunstwerk. Eine Untersuchung über die

Formgesetze der Volkssage. In: L. Petzoldt, Vergleichende Sagenforschung, Darmstadt 1969, S. 21–65

L. Schmidt, Die Volkserzählung. Märchen, Sage, Legende, Schwank, 1963

L. Schmidt, Von einer neuen Ära der Sagenforschung (1965). In: L. Petzoldt (Hrsg.), Vergleichende Sagenforschung, 1969, S. 348–373

C. W. Sydow, Kategorien der Prosa-Volksdichtung (1934). In: L. Petzoldt (Hrsg.), Vergleichende Sagenforschung, 1969, S. 66–89

K. Wehrhahn, Die Sage, 1908

P. Zaunert, Sage und Legende. In: Handbuch der deutschen Volkskunde, hrsg. von W. Peßler, Bd. 2, 1936, S. 326 ff.

Die deutschen Volkssagen, hrsg. von Fr. Ranke, ²1924

Deutsche Volkssagen, hrsg. von L. Petzoldt, München 1970

Deutsche Sagen, hrsg. von W.-E. Peuckert, 1961 ff.

Zur Didaktik der Sage (vgl. Abschn. III)

A. C. Baumgärtner, Märchen und Sage. Grundzüge ihrer Struktur und ihrer Behandlung im Unterricht, in: Literarische Erziehung in der Grund- und Hauptschule. Frankfurt/M. 1965, S. 5–14

H. Bausinger, Sage – Märchen – Schwank, in: Der Deutschunterricht, 8. Jg. 1956, H. 6, S. 37–43

Ch. Bürger, Die soziale Funktion volkstümlicher Erzählformen. In: Projekt Deutschunterricht, hrsg. von H. Ide, Bd. 1, Stuttgart ⁴1974, S. 26–56

Ch. Bürger, Deutschunterricht – Ideologie oder Aufklärung. Frankfurt ²1973

M. Brauneck, Der Rattenfänger von Hameln, in: Der Deutschunterricht 1968, H. 6, S. 28–41

L. Petzoldt (Hrsg.), Deutsche Sagen. Arbeitstexte für den Unterricht, Stuttgart 1977

K. Pellens/L. Petzoldt, Historische Sagen im Unterricht. Freiburg 1978

L. Röhrich, Sage und Märchen. Erzählforschung heute. Freiburg 1976

P. L. Sauer, Märchen und Sage. Didaktische Analyse anstelle ideologischer Betrachtung. In: Wirkendes Wort 23. Jg. 1973, H. 4, S. 228–246

V Märchen

A. Aarne/St. Thompson, The Types of the Folktale, Helsinki ³1961

A. Aarne, Leitfaden der vergleichenden Märchenforschung, 1913 (FFC 13)

H. Bausinger, ‚Märchen', in: Formen der „Volkspoesie", 1968, S. 154–170

H. Bausinger, ‚Historisierende' Tendenzen im deutschen Märchen seit der Romantik. Requisiterstarrung und Requisitverschiebung. In: Wirkendes Wort 10, 1960, S. 279–286

H. von Beit, Symbolik des Märchens, 3 Bde, I⁴1971, II²1965, III²1965

H. von Beit, Das Märchen. Sein Ort in der geistigen Entwicklung, Bern/München 1965

Th. Benfey, Pantschatantra. Fünf Bücher indischer Fabeln, Märchen und Erzählungen, 2 Bde, 1859

W. A. Berendsohn, Grundformen volkstümlicher Erzählerkunst in den KHM der Brüder Grimm, ²1968

W. A. Berendsohn, Epische Gesetze der Volksdichtung. In: Handwörterbuch des deutschen Märchens, hrsg. von L. Mackensen, S. 566–572

J. Bolte/G. Polivka, Anmerkungen zu den Kinder- und Hausmärchen der Brüder Grimm, 5 Bde 1913–1932, Neudruck 1963

O. Böckel, Psychologie der Volksdichtung, Berlin 1913

H. de Boor, Märchenforschung (1928), in: F. Karlinger (Hrsg.), Wege der Märchenforschung, Darmstadt 1973, S. 129–154

B. Bettelheim, Kinder brauchen Märchen, Stuttgart 1977

K. V. Cistov, Das Problem der Kategorien mündlicher Volksprosa nichtmärchenhaften Charakters. In: Fabula, Zeitschrift für Erzählforschung, hrsg. von K. Ranke, 9 1967, S. 27 ff.

Enzyklopädie des Märchens, Handwörterbuch zur historischen und vergleichenden Erzählforschung, hrsg. von K. Ranke u. a., 1975 ff.

I. Fetscher, Wer hat Dornröschen wachgeküßt? Das Märchen-Verwirrbuch, Frankfurt/M. ⁶1976

M.-L. von Franz, Das Problem des Bösen im Märchen, in: Das Böse, 1961

S. Freud, Gesammelte Werke, hrsg. von A. Freud u. a. London/Frankfurt/M. Bd. X ⁴1967

H. E. Giehrl, Volksmärchen und Tiefenpsychologie, 1970

J. und W. Grimm, Kinder- und Hausmärchen, (1812/15), ²1819/1822; Neudruck

R. Hagen, Der Einfluß der Perraultschen Contes auf das volksümliche deutsche Erzählgut und besonders auf die KHM der Brüder Grimm. Diss. Göttingen 1954

M. Hain, Die Volkserzählung. Ein Forschungsbericht über die letzten Jahrzehnte (etwa 1945–1970), in: Forschungsreferate, Sonderheft der Deutschen Vierteljahresschrift für Literaturwissenschaft und Geistesgeschichte, 1971, S. 243–274

Handwörterbuch des deutschen Märchens, hrsg. von L. Mackensen, 2 Bde, 1930/33; 1934/40

G. Huet, Les contes populaires, Paris 1923

B. Jöckel, Der Weg zum Märchen, 1939

A. Jolles, Einfache Formen, ³1965, ⁴1968 Darmstadt

C. G. Jung, Symbolik des Geistes, 1948 (Gesamtausgabe Bd. 9)

F. Karlinger (Hrsg.), Wege der Märchenforschung, Darmstadt 1973

K. Krohn, Die folkloristische Arbeitsmethode, Oslo 1926

K. Krohn, Übersicht über einige Resultate der Märchenforschung, FFC 96, 1931

V. Klotz, Das Märchen als Weltordnung, in: Deutsche Rundschau 1970, S. 73 ff.

W. Laiblin (Hrsg.), Märchenforschung und Tiefenpsychologie, Darmstadt ²1972

von der Leyen/K. Schier, Das Märchen. Heidelberg 1958

F. von der Leyen, Die Welt der Märchen, 2 Bde, 1953/54

F. von der Leyen, Das deutsche Märchen und die Brüder Grimm, Düsseldorf 1964

220

F. Lenz, Bildsprache der Märchen. Stuttgart 1971

M. Lüthi, Märchen, Stuttgart ⁵1974, ⁶1980, Sammlung Metzler

M. Lüthi, Das europäische Volksmärchen. Form und Wesen. München ⁵1976

M. Lüthi, Volksmärchen und Volkssage. Zwei Grundformen erzählender Dichtung. Bern/München ³1975

M. Lüthi, Volksliteratur und Hochliteratur. Menschenbild-Thematik-Formstreben, 1970 Bern/München

M. Lüthi, So leben sie noch heute. Betrachtungen zum Volksmärchen, 1969 Göttingen

M. Lüthi, Es war einmal ... Vom Wesen des Volksmärchens, Göttingen ⁴1973

M. Lüthi, Das Volksmärchen als Dichtung und als Aussage (1956). In: F. Karlinger (Hrsg.), Wege der Märchenforschung, Darmstadt 1973, S. 295–310

M. Lüthi, Das Volksmärchen als Dichtung. Ästhetik und Anthropologie. Düsseldorf 1975

W. Mieder (Hrsg.), Grimms Märchen – modern. Prosa, Gedichte, Karikaturen. Stuttgart 1979

V. Mönckeberg, Das Märchen und unsere Welt. Düsseldorf 1972

J. C. A. Musäus, Volksmärchen der Deutschen, Gotha 1782–1786

H. Naumann, Sage und Märchen (1922). In: F. Karlinger (Hrsg.), Wege der Märchenforschung, 1973, S. 61–73

K. J. Obenauer, Das Märchen. Dichtung und Deutung. Frankfurt/M. 1959

Fr. Panzer, Märchen, in: F. Karlinger (Hrsg.), Wege der Märchenforschung 1973, S. 84–128

Ch. Perrault, Feenmärchen aus alter Zeit. Aus dem Französischen von H. Groß, München o. J.

W. E. Peuckert, Deutsches Volkstum in Märchen und Sage, Schwank und Rätsel. Berlin 1938

W. E. Peuckert, Märchen. In: Deutsche Philologie im Aufriß, hrsg. von W. Stammler. Berlin ²1962, Sp. 2677–2726

M. Pop, Neue Methoden zur Erforschung der Struktur der Märchen. In: F. Karlinger (Hrsg.), Wege der Märchenforschung, 1973, S. 428–39

V. Propp, Morphologie des Märchens, hrsg. von K. Eimermacher, 1975

F. Ranke, Märchenforschung, Ein Literaturbericht (1920–34). DVjs. 14, 1936, S. 246–304

K. Ranke, Betrachtungen zum Wesen und zur Funktion des Märchens (1958). In: K. Ranke, Die Welt der Einfachen Formen, 1978, S. 1–31

K. Ranke, Grenzsituationen des volkstümlichen Erzählgutes (1963). In: K. Ranke, ebd. S. 92–100

K. Ranke, Der Einfluß der Grimmschen Kinder- und Hausmärchen auf das volkstümliche deutsche Erzählgut (1955). In: K. Ranke, ebd. S. 79

F. Riklin, Wunscherfüllung und Symbolik im Märchen, 1908 Wien/Leipzig

L. Röhrich, Märchen und Wirklichkeit. Wiesbaden ³1974

L. Röhrich, Sage und Märchen, Freiburg 1976

L. Röhrich, Die Grausamkeit im deutschen Volksmärchen. In: Rheinisches Jahrbuch für Volkskunde 6, 1955, S. 176–224

L. Röhrich, Neue Wege der Märchenforschung. In: Der Deutschunterricht 8, 1956, H. 6, S. 92–116

L. Schmidt, Die Volkserzählung. Märchen, Sage, Legende, Schwank. Berlin 1963

W. Schoof, Zur Entstehungsgeschichte der Grimmschen Märchen. Hamburg 1959

K. Schier, Praktische Untersuchungen zur mündlichen Weitergabe von Volkserzählungen. Diss. 1955

K. Schmidt, Die Entwicklung der Grimmschen Kinder- und Hausmärchen. Wiesbaden 1973

W. Spanner, Das Märchen als Gattung. Gießen 1938

v. Sydow, Märchenforschung und Philologie. In: Universitas 3, 1948, S. 1047f.

St. Thompson, The Folktale, New York ²1951

St. Thompson, Motif-Index of Folk-Literature. A Classification of Narrative Elements in Folktales, Ballads, Myths, Fables ..., 6 Bde, Kopenhagen ²1955–1958

J. de Vries, Betrachtungen zum Märchen, besonders in seinem Verhältnis zu Heldensage und Mythos, 1954

K. Wagner, Märchen. In: Reallexikon der deutschen Literaturwissenschaft, hrsg. von P. Merker/W. Stammler. Berlin ²1960, Bd. 2, S. 262–271

A. Wesselski, Versuch einer Theorie des Märchens. Reichenberg 1931, Neudruck Hildesheim 1974

O. Graf Wittgenstein, Märchen, Träume, Schicksale. Düsseldorf 1965

W. Woeller, Der soziale Gehalt und die soziale Funktion der deutschen Volksmärchen. Berlin/Ost 1955

W. Wundt, Völkerpsychologie III (Die Kunst) ²1908; V (Mythus und Religion), ²1914 (Das Mythenmärchen)

Zur pädagogischen/didaktischen Bedeutung des Märchens (vgl. Abschn. III)

W. Bachmann, Das Märchen im gymnasialen Unterricht. In: Der Deutschunterricht 8. Jg. 1956, H. 6

E. Bauer, Märchen erzählen und spielen. München 1974

A. C. Baumgärtner, Märchen und Sage. In: Literarische Erziehung in der Grund- und Hauptschule, Frankfurt/M. ²1968

A. C. Baumgärtner, Erzählung und Abbild. Zur bildnerischen Umsetzung literarischer Vorlagen. In: A. C. Baumgärtner (Hrsg.) Aspekte der gemalten Welt, Weinheim/Berlin 1968

H. Bausinger, Sage – Märchen – Schwank. In: Der Deutschunterricht 8. Jg. 1956, H. 6, S. 37–43

Ch. Bühler/J. Bilz, Das Märchen und die Phantasie des Kindes. München ³1971

Ch. Bürger, Die soziale Funktion volkstümlicher Erzählformen – Sage und Märchen. In: H. Ide (Hrsg.), Projekt Deutschunterricht Bd. 1 Stuttgart ⁴1974, S. 26–56

Ch. Bürger, Deutschunterricht – Ideologie oder Aufklärung. Frankfurt ²1973, S. 69–79 Einfache Formen, soziologisch gedeutet

G. Clauser, Märchen als Rollenspiel. In: H. Stolze (Hrsg.), Festschrift für E. Speer, 1959

W. Ellwanger/A. Grömminger, Märchen – Erziehungshilfe oder Gefahr? Freiburg 1977

Ch. Federspiel, Vom Volksmärchen zum Kindermärchen. Diss. Wien 1968

Qu. Gerstl, Die Brüder Grimm als Erzieher. Pädagogische Analyse des Märchens, 1964

O. F. Gmelin, Böses kommt aus Kinderbüchern. München 1972

J. und W. Grimm, Vorreden zu den Kinder- und Hausmärchen. Vorrede zum 1. Bd. 1812; Vorrede zum 2. Bd. 1815. Vorrede zur 2. Aufl. der KHM 1819

A. Gutter, Märchen und Märe. Psychologische Deutung und pädagogische Wertung. Solothurn 1968

G. Haas, Märchen. In: G. Haas (Hrsg.), Kinder- und Jugendliteratur, Stuttgart, 1974, S. 156–164

U. Heise, Das Volksmärchen als Spielgut in Sexta und Quinta. In: Der Deutschunterricht, 8. Jg. 1956 H. 6

Janosch erzählt Grimm's Märchen und zeichnet für Kinder von heute. Weinheim 1972

J. Jung (Hrsg.), Bilderbogengeschichten, Märchen, Sagen, Abenteuer. Neu erzählt von Autoren unserer Zeit, München 1976

K. E. Maier, Jugendschrifttum. Bad Heilbrunn [7]1973, S. 69–96

W. Mieder (Hrsg.), Grimms Märchen – modern. Prosa, Gedichte, Karikaturen, Stuttgart 1979

I. Moellers, Märchen als Rollenspiel. Diss. Freiburg i. Br. 1967

I. K. A. Musäus, Volksmärchen der Deutschen, Berlin o. J.

J. Piaget/B. Inhelder, Die Psychologie des Kindes. Olten 1972

W. Psaar/M. Klein, Wer hat Angst vor der bösen Geiß? Zur Märchendidaktik und Märchenrezeption, Braunschweig 1976

D. Richter/J. Vogt (Hrsg.), Die heimlichen Erzieher. Reinbek/Hamburg 1974

D. Richter/J. Merkel, Märchen, Phantasie und soziales Lernen. Berlin 1974

L. Röhrich, Deutschunterricht und Volkskunde. In: Der Deutschunterricht 13, 1961 H. 1 S. 77–112

L. Santucci, Das Kind, sein Mythos und sein Märchen. Hannover 1964

P. L. Sauer, Märchen und Sage. In: Wirkendes Wort 23. Jg. 1973, H. 4, S. 228 ff.

W. Scherf, Kindermärchen in dieser Zeit? Die psychologischen Seiten der Volksmärchen und ihr erzieherischer Wert. München 1961

W. Scherf, Was bedeutet dem Kind die Grausamkeit der Volksmärchen? Zur aktuellen Polemik gegen das Volksmärchen, in: Jugendliteratur 6. 1960 H. 11, S. 496–514

S. Schödel (Hrsg.), Märchenanalysen. Stuttgart 1977

B. Wollenweber, Märchen und Sprichwort. In: Projekt Deutschunterricht, hrsg. H. Ide, Bd. 6, S. 12–92. Stuttgart 1974

B. Wollenweber, Thesen zum Märchen. In: S. Schödel (Hrsg.), S. 62–70

VI Schwank

G. Albrecht (Hrsg.), Deutsche Schwänke. Berlin ⁴1969

H. Bausinger, Schwank, in: Formen der „Volkspoesie". 1968, S. 142–153

H. Bausinger, Bemerkungen zum Schwank und seinen Formtypen. In: Fabula 9, 1967, S. 118–136

H. Bausinger, Schildbürgergeschichten. Betrachtungen zum Schwank, in: Deutschunterricht 13, 1961 H. 1, S. 18–44

H. Bausinger, Schwank und Witz. In: Studium Generale 11, 1958, S. 699–710

G. Bebermeyer, Schwank. In: Reallexikon der deutschen Literaturgeschichte Bd. 3, ²1977, S. 689–708

G. Bebermeyer, Narrenliteratur. In: ebd. Bd. 2, ²1965, S. 592–598

W. Berendsohn, Grundformen volkstümlicher Erzählerkunst in den KHM der Brüder Grimm. 1921, ²1968

P. Böckmann, Formgeschichte der deutschen Dichtung, Bd. I, 1949

J. Bolte/G. Polivka, Anmerkungen zu den KHM der Brüder Grimm, 5 Bde, 1913–32, ²1963

E. R. Curtius, Ernst und Scherz in mittelalterlicher Dichtung. In: Romanistische Forschungen 53 (1939), S. 1–26

O. Debus, Till Eulenspiegel in der deutschen Volksüberlieferung. Diss. Marburg 1951

W. Deufert, Narr, Moral und Gesellschaft. Grundtendenzen im Prosaschwank des 16. Jahrhunderts, Bern 1975

St. Ertz, Schilda und die Schildbürger. In: Euphorion 59 (1965), S. 386–400

H. Fromm, Komik und Humor in der Dichtung des deutschen Mittelalters. In: DVjs 36, 1962, S. 320–339

F. Harkort, Tiervolkserzählungen. In: Fabula 9, 1967, S. 87–99

W. F. Haug, Die Einübung bürgerlicher Verkehrsformen bei Eulenspiegel. In: Das Argument 3, 1976, Sonderband 3, 1976, S. 4–27

G. Henßen, Der Deutsche Volksschwank, 1934

G. Henßen, Volk erzählt. Münsterländische Sagen, Märchen und Schwänke. Münster 1935

G. Köpf, Märendichtung. Stuttgart 1978 (Sammlung Metzler)

G. Kuttner, Wesen und Formen der deutschen Schwankliteratur des 16. Jahrhunderts. Berlin 1934

Th. Lipps, Komik und Humor. Eine psychologisch-ästhetische Untersuchung. Hamburg/Leipzig 1898

F. Martini, Das Bauerntum im deutschen Schrifttum von den Anfängen bis zum 16. Jahrhundert. Halle 1944

J. Möckelmann, Sprache und Sprachhandeln, 1974

H. Moser, Schwäbischer Volkshumor, Stuttgart 1950

E. Moser-Rath, Predigtmärlein der Barockzeit. Exempel, Sage, Schwank und Fabel in geistlichen Quellen des oberdeutschen Raumes. 1964

J. Müller, Das Märchen vom Unibos. Jena 1934

S. Neumann, Volksprosa mit komischem Inhalt. In: Fabula 9, 1967, S. 137–148

S. Neumann, Den Spott zum Schaden. München 1977

L. Petzoldt (Hrsg.), Deutsche Schwänke. Stuttgart 1979

L. Petzoldt, Eulenspiegel, der paradoxe Held. In: Eulenspiegel-Jahrbuch 13, 1973, S. 1–13

W.-E. Peuckert, Deutsches Volkstum in Märchen und Sage, Schwank und Rätsel. Berlin 1938

K. Ranke, Schwank und Witz als Schwundstufe. In: K. Ranke, Die Welt der Einfachen Formen, Berlin 1968, S. 61–78; vgl. ebd. mehrere Aufsätze zum Schwank

H. Rupp, Schwank und Schwankdichtung in der deutschen Literatur des Mittelalters. In: Deutschunterricht 14, 1962, H. 2, S. 29–48

L. Schmidt, Die Volkserzählung. Berlin 1963

E. Straßner, Schwank. Stuttgart ²1978 (Sammlung Metzler)

H. Stroszek, Pointe und poetische Dominante. Deutsche Kurzprosa im 16. Jahrhundert. Diss. Frankfurt/M. 1970

von Sydow, Kategorien der Prosa-Volksdichtung. In: L. Petzoldt (Hrsg.), 1969

St. Thompson, The Folktale, ²1951

L. F. Weber, Märchen und Schwank. Diss. Kiel 1904

Zur Didaktik des Schwanks (vgl. III)

H. Bausinger, Sage – Märchen – Schwank. In: Deutschunterricht 8, 1956, H. 6, S. 37–43

H. Bausinger, Schildbürgergeschichten. In: Deutschunterricht 13, 1961, H.1 S. 18–44

E. Bender, Schwank und Anekdote. In: Deutschunterricht 9, 1957, H. 1, S. 55–67

H.-H. Hildebrandt, Sozialkritik in der List Till Eulenspiegels. In: H. Ide (Hrsg.), Projekt Deutschunterricht Bd. I, Stuttgart 1974, S. 104–117

N. Hopster, Der Schwank im Unterricht. In: Die deutsche Schule 61. 1969, S. 731–738

P. Jung, Strukturtypen der Komik. Ein Beitrag zur formalen Analyse der ‚lustigen Geschichten' (z. B. Münchhausen). In: Deutschunterricht 25, 1973, H. 1, S. 44–66

W. Popp, Zur Frage der Beziehung zwischen didaktischer Analyse und methodischer Gestaltung des Literaturunterrichts. Dargestellt am Beispiel der Eulenspiegelgeschichten und Schildbürgergeschichten. In: Deutschunterricht 22, 1970, H. 3, S. 97–110

R. Ulshöfer, Lustige Geschichten im Deutschunterricht der Unterstufe. In: Deutschunterricht 14, 1962, H. 5

R. Ulshöfer, Methodik des Deutschunterrichts. Unterstufe. Stuttgart ⁵1971

VII Fabel

L. L. Albertsen, Zur Theorie und Praxis der didaktischen Gattungen im deutschen 18. Jahrhundert. In: Deutsche Vierteljahresschrift für Literaturwissenschaft und Geistesgeschichte 45, 1971, S. 181–192

J. J. Bodmer, Kritische Briefe, 1746. Brief 9 und 10, S. 146–189

H. de Boor, Über Fabel und Bîspil. München 1966

J. J. Breitinger, Critische Dichtkunst, 2 Bde (1740). Fotomech. Neudruck 1966. Bd. 1, S. 164–262

W. Briegel-Florig, Geschichte der Fabelforschung in Deutschland. Diss. Freiburg i. Br. 1965

O. Crusius, Aus der Geschichte der Fabel. In: C. H. Kleukens, Buch der Fabeln (Einleitung). Leipzig ²1920

G. Diestel, Bausteine zu der deutschen Fabel. Dresden 1871

R. Dithmar, Die Fabel. Geschichte, Struktur, Didaktik. Paderborn ³1974

R. Dithmar (Hrsg.), Fabeln, Parabeln, Gleichnisse. München 1970 (Einleitung)

K. Doderer, Fabeln. Formen, Figuren, Lehren. München ²1977

K. Doderer/K. Müller, Das Bilderbuch. Weinheim/Basel 1973

J. J. Engel, Poetik 1783, in: Schriften, Bd. XI, 1806. Faksimiledruck Frankfurt/M. 1971

Th. Etzel (Hrsg.), Fabeln und Parabeln der Weltliteratur. Leipzig 1907

Chr. F. Gellert, Fabeln und Erzählungen. Schriften zur Theorie und Geschichte der Fabel, bearb. von S. Scheibe, 2 Bde 1966

H. Gottwald, Lessings Fabel als Kunstwerk. Diss. Bonn 1950

J. Grimm, Reinhart Fuchs. Berlin 1834

H. U. Gumbrecht, Marie de France, Äsop. München 1973 (Einleitung)

P. Hasubek (Hrsg.), Die Fabel. Wege der Forschung Bd. 572, Darmstadt 1980

G. W. F. Hegel, Ästhetik, hrsg. Fr. Bassenge. Berlin/Weimar 1965, Bd. I, S. 372–379

J. G. Herder, Sämtliche Werke, hrsg. von B. Suphan (1877–1888) Neudruck 1967, Bd. 2 (S. 188–199), Bd. XV (S. 523–568), Bd. XIII (S. 252–273), Bd. XVI

W. Kayser, Das sprachliche Kunstwerk. Bern/München ¹⁵1971

W. Kayser, Die Grundlagen der deutschen Fabeldichtung des 16. und 18. Jahrhunderts. In: Archiv für das Studium der neueren Sprachen Jg. 86. Bd. 160, Braunschweig/Berlin Hamburg 1931, hrsg. von A. Brandl und G. Rohlfs

Chr. H. Kleukens (Hrsg.), Das Buch der Fabeln, 1913

E. Leibfried, Fabel. Stuttgart ³1976 (Sammlung Metzler)

E. Leibfried/J. M. Werle (Hrsg.), Texte zur Theorie der Fabel. Stuttgart 1978

G. E. Lessing, Sämtliche Schriften, hrsg. von K. Lachmann/Fr. Muncker. Stuttgart ³1891. Neudruck 1968, Bd. 7, S. 415–479

H. Lindner (Hrsg.), Fabeln der Neuzeit. England, Frankreich, Deutschland. Ein Lese- und Arbeitsbuch. München 1978

L. Mackensen, ‚Fabel‘, in: Handwörterbuch des deutschen Märchens, hrsg. von L. Mackensen. Bd. 2 Berlin 1934/40, S. 1–3

L. Mader, Antike Fabeln. Zürich 1951, München 1973

H. L. Markschies, ‚Fabel'. In: Reallexikon der deutschen Literaturgeschichte ²1958, hrsg. W. Kohlschmidt/W. Mohr, S. 433–441

K. Meuli, Herkunft und Wesen der Fabel. In: Schweizerisches Archiv für Volkskunde, 50. Jg., Basel 1954, H. 1, S. 65–88

Fr. Maurer (Hrsg.), Der altdeutsche Physiologus. 1967

H. Österley (Hrsg.), Steinhöwels Äsop. Stuttgart 1873

H. J. Pestalozzi, Fabeln, ²1803

Pantschatantra, übertragen von Th. Benfey (1859), bearb. von Fr. Geißler Berlin 1962

L. Röhrich, ‚Fabel'. In: Die Religion in Geschichte und Gegenwart, ³1958 Bd. 2, Sp. 851–53

Fr. Sengle, Biedermeierzeit, 3 Bde, bisher Bd. 1 (1971), Bd. 2 (1972), Bd. 3 (1980), Stuttgart; Bd. II, 1972, S. 128–138

Fr. Sengle, Die literarische Formenlehre, Stuttgart 1966

Th. Spoerri, Der Aufstand der Fabel. In: Trivium 1, 1942, S. 31–62

M. Staege, Die Geschichte der deutschen Fabeltheorie. Bern 1929

D. Sternberger, Figuren der Fabel. Frankfurt/M. 1950, S. 7–24

F. Stein, La Fontaines Einfluß auf die deutsche Fabeldichtung des 18. Jahrhunderts. Aachen 1889

A. Schirokauer, Die Stellung Äsops in der Literatur des Mittelalters. In: Festschrift für W. Stammler. Bielefeld/Berlin 1953

E. Thiele (Hrsg.), Luthers Fabeln nach seiner Handschrift und den Drucken, ²1911

L. Vindt, Die Fabel als literarisches Genre. In: Poetica 9 (1977), S. 98–115

H. Weinrich, Wenn ihr die Fabel vertreibt. In: Information und Imagination. Vorträge von C. F. Weizsäcker u. a. München 1973

M. Windfuhr (Hrsg.), Deutsche Fabeln des 18. Jahrhunderts. Stuttgart 1975

W. Wackernagel, Poetik, Rhetorik und Stilistik, hrsg. von L. Sieber. Halle 1873, S. 109 ff.

Aesop: Corpus fabularum Aesopicarum, hrsg. von A. Hausrath I⁴1970; II²1959

Babrios: Babrii fabulae, C. Lachmannus et amici emendarunt . . . 1854; hrsg. von O. Crusius 1897

Phaedrus: Liber Fabularum. Fabelbuch (lat/dt.), hrsg. und erläutert von O. Schönberger 1975

Romulus: Der lateinische Aesop des Romulus und die Prosafassungen des Phaedrus, hrsg. von G. Thiele, 1910

Aesopische Fabeln, hrsg. von A. Hausrath, 1940

H. Arntzen, Kurzer Prozeß. Aphorismen und Fabeln. 1966

J. H. Campe, Bilder Abeze. In 23 Fabeln . . ., ¹1806, 1975

A. E. Fröhlich, Hundert neue Fabeln, 1825; Fabeln 1853

W. Hey, Fünfzig Fabeln für Kinder, in Bildern gezeichnet von O. Speckter 1833; Noch fünfzig Fabeln, 1853

W. Schnurre, Protest im Parterre, München 1957

J. Thurber, 75 Fabeln für Zeitgenossen. Hamburg 1967

Zur pädagogischen/didaktischen Bedeutung der Fabel (vgl. III)

H. Arntzen, Satire und Deutschunterricht, in: Der Deutschunterricht, Jg. 18, H. 3, Stuttgart 1966

D. Ader/A. Kress, Ein Fabeltext als Gegenstand textlinguistischer Beschreibung in der Sekundarstufe I. In: Der Deutschunterricht 29, 1977, H. 6, S. 7–21

G. Bauer, Der Bürger als Schaf und als Scherer. Sozialkritik, politisches Bewußtsein und ökonomische Lage in Lessings Fabeln. In: Euphorion 67, 1973, S. 24–51

A. C. Baumgärtner, Literaturunterricht mit dem Lesebuch. 30 didaktische Modelle. Bochum 1974

A. C. Baumgärtner, Fabel. In: A. C. Baumgärtner (Hrsg.), Literarische Erziehung mit dem Lesebuch ‚auswahl‘, ⁵1971

M. Behrendt, Epische Kurzformen im Unterricht. Westermanns Pädagogische Beiträge 13, 1961, S. 1–11

J. H. Campe, Über den Gebrauch der äsopischen Fabeln bey der Erziehung. In: J. H. Campe, Sammlung einiger Erziehungsschriften, Leipzig 1778, 2. Teil, S. 55 ff.

R. Dithmar, Die humoristische Fabel im Unterricht. Wilhelm Busch: Ein dikker Sack. In: Die Schulwarte 22, 1969, S. 375–379

R. Dithmar, Parabolische Rede – Sprachform des kritischen Denkens. In: Die Schulwarte 23, 1970, H. 8, S. 30–40

K. Doderer, Didaktische Überlegungen zur Fabel und Kurzgeschichte. In: Literarische Erziehung in der Grund- und Hauptschule, hrsg. von A. C. Baumgärtner, ²1968, ³1971

K. Doderer, Über das „betriegen zur Wahrheit". Die Fabelbearbeitungen Martin Luthers. In: Wirkendes Wort 14, 1964, H. 6, S. 379–388

M. Eschbach, Die Fabel im modernen Deutschunterricht. Paderborn 1967

A. Grömminger, Bilderbücher in Kindergarten und Grundschule. Freiburg 1977

W. Helmich, Die erzählende Volks- und Kunstdichtung in der Schule. In: A. Beinlich (Hrsg.), Handbuch des Deutschunterrichts. Bd. 2 Emsdetten ⁴1966

G. Kleinschmidt, Theorie und Praxis des Lesens in Grund- und Hauptschule. Frankfurt ²1971

R. Koch, Theoriebildung und Lernzielentwicklung in der Literaturdidaktik – Ein Entwurf gegenstandsorientierter Lernzielentwicklung am Beispiel der Fabel. Weinheim 1973

R. Kreis, Die Fabel im Deutschunterricht des 6. Schuljahres. Von der historisch-soziologischen Analyse bis zur eigenen Gestaltung. In: Diskussion Deutsch 2, 1971, H. 4, S. 115–130

R. Kreis, Fabel und Tiergleichnis. In: Projekt Deutschunterricht I, hrsg. von H. Ide, Stuttgart ⁴1974, S. 57–103

W. Lehmann, Fabel und Parabel als literarisches Bildungsgut. In: Pädagogische Rundschau 15, 1961

G. E. Lessing, Sämtliche Werke, hrsg. von K. Lachmann/F. Muncker. 1891/1968 Bd. 7, S. 475–479: Von einem besonderen Nutzen der Fabeln in den Schulen.

F. J. Payrhuber, Wege zur Fabel. Didaktisches Konzept für eine variationsreiche Behandlung. Freiburg 1978

F. J. Payrhuber/A. Weber (Hrsg.), Literaturunterricht heute – Warum und wie? Freiburg 1978 (Beiträge zu einer integrativen Literaturdidaktik)

F. J. Payrhuber, Die Fabel. Texte und Materialien als Bausteine eines Leistungskurses. In: F. J. Payrhuber (Hrsg.) Kommunikation-Sprache-Literatur. Mainz 1976

Th. Pelster, Epische Kleinformen – Methoden der Interpretation. Düsseldorf 1976

Th. Poser (Hrsg.), Fabeln. Arbeitstexte für den Unterricht. Stuttgart 1975

W. Psaar, Die Höflichkeit der Stachelschweine. Ein Text aus Schopenhauers „Gleichnissen, Parabeln, Fabeln" (Parerga und Paralipomena § 400) und seine Bedeutung für den Unterricht. In: Pädagogische Rundschau 24, 1970, S. 916–933

J. J. Rousseau, Emile oder über die Erziehung. Deutsch von L. Schmidts. Paderborn 1971, S. 95 ff.

W. Schäfer, Die Fabel im Dienste der Spracherziehung. In: Der Deutschunterricht 7 (1955), H. 5, S. 69–79

A. Spieler/N. Thamm, Literaturunterricht im 5.–11. Schuljahr. Esslingen 1968

L. Stern, Von der Grille und der Ameise. In: Das Prinzip der Ganzheit im Deutschunterricht, hrsg. von E. Weißer. Darmstadt 1967. S. 293–306

O. Watzke, Das Nachgestalten literarischer Formen durch Schüler. Ein Versuch im Anschluß an die Besprechung der Fabel „Der junge Krebs" in einem 7./8. Schuljahr. In: Lebendige Schule 24, 1969, S. 147–156

Zu einer Auswahl von Fabel- und Bilderbüchern für Kinder vgl. F. J. Payrhuber (1978), Wege zur Fabel, S. 128

VIII Parabel

B. Allemann/H. Arntzen, Franz Kafka, Von den Gleichnissen. In: Zeitschrift für deutsche Philologie 83 (Sonderheft 1964), S. 97–113

A. Bourck, Geste und Parabel. In: Akzente 6, 1959, S. 214–220

I. Braak, Poetik in Stichworten. Kiel ⁵1974, S. 164 f.

W. Brettschneider, Die moderne deutsche Parabel. Entwicklung und Bedeutung, Berlin 1971

W. Briegel-Florig, Geschichte der Fabelforschung in Deutschland. Diss. Freiburg 1965

R. Dithmar, Fabeln, Parabeln und Gleichnisse. München 1970

R. Dithmar, Die Fabel. Paderborn 1974

R. Dithmar, Parabolische Rede – Sprachform des kritischen Denkens. In: Die Schulwarte 8/1970

K. Doderer, Fabeln. Formen, Figuren, Lehren. München 1977, S. 175 ff.

Th. Etzel, Fabeln und Parabeln der Weltliteratur. Leipzig 1907

J. W. Goethe, Wilhelm Meisters Wanderjahre, 2. Buch, 2. Kap. In: Goethes Werke, hrsg. von E. Trunz, Bd. 8, ⁸1973

G. W. F. Hegel, Ästhetik. Bd. 1, hrsg. von Fr. Bassenge. Berlin/Weimar ²1965, S. 379

J. G. Herder, Sämtliche Werke, hrsg. von B. Suphan. Berlin 1888/1967 Neudruck Hildesheim (z. B. Bd. XVI) (vgl. Fabel)

W. Heldmann, Die Parabel und die parabolischen Erzählformen bei Franz Kafka. Diss. Münster 1953

Ch. Heselhaus, Artikel ‚Parabel‘. In: Reallexikon der deutschen Literaturgeschichte, hrsg. von W. Kohlschmidt/W. Mohr, Berlin 1966 3. Bd.

Cl. Heselhaus, Kafkas Erzählformen. In: DVjs 26, 1952

W. Hinck, Das moderne Drama in Deutschland. Göttingen 1973

J. Jeremias, Die Gleichnisse Jesu. Göttingen ⁵1958

A. Jülicher, Die Gleichnisreden Jesu. Darmstadt 1963

W. Kayser, Das sprachliche Kunstwerk. München ¹³1968

E. Leibfried, Fabel. Stuttgart ³1976

G. E. Lessing, Sämtliche Schriften, hrsg. von K. Lachmann/Fr. Muncker. Stuttgart 1891, Neudruck Berlin 1968, Bd. 7

H. Lindner (Hrsg.), Fabeln der Neuzeit. München 1978 (Einleitung)

E. Linnemann, Gleichnisse Jesu. Göttingen ⁶1975

N. Miller, Moderne Parabel? In: Akzente 6, 1959, S. 200–213

K.-D. Müller, Das Ei des Kolumbus? Parabel und Modell als Dramenform bei Brecht, Dürrenmatt. Frisch. Walser. In: W. Keller (Hrsg.) Beiträge zur Poetik des Dramas. Darmstadt 1976, S. 432–461

K. P. Philippi, Parabolisches Erzählen. In: DVjs 43, 1969, S. 297–332

G. Schneider, Die Parabel. In: Die pädagogische Provinz, H. 7/8, 1968

G. Schneider (Hrsg.), Die Wiederkehr der Parabel. Frankfurt/M. 1966

M. Staege, Die Geschichte der deutschen Fabeltheorie. Bern 1929

H. Turk, Die Wirklichkeit der Gleichnisse. Überlegungen zum Problem der objektiven Interpretation am Beispiel Kafkas. In: Poetica 8, 1976, H. 2, S. 208–225

W. Wackernagel, Poetik, Rhetorik und Stilistik, hrsg. von L. Sieber. Halle 1873

W. Wienert, Die Typen der griechisch-römischen Fabel. Helsinki 1925

vgl. auch Literatur zur Fabel

Zur Didaktik der Parabel (vgl. III)

D. Arendt, Eine Parabel von Heinrich von Kleist im Unterricht. Ein literaturdidaktischer Versuch. In: Westermanns Pädagogische Beiträge 23, 1971, S. 112–119

R. Dithmar, Parabolische Rede – Sprachform des kritischen Denkens. In: Die Schulwarte 23, 1970, H. 8, S. 30–40

N. Hopster, Individuum und Gesellschaft in Brechts ‚Geschichten vom Herrn Keuner‘. In: Diskussion Deutsch H. 13, 1973, S. 235–243

230

W. Lehmann, Fabel und Parabel als literarisches Bildungsgut. In: Pädagogische
    Rundschau 15, 1961, S. 696–707
Th. Pelster, Epische Kleinformen – Methoden der Interpretation. Düsseldorf 1976,
    S. 89–111
K. P. Philippi, Parabolisches Erzählen. In: DVjs 43, 1969, S. 297–232
Th. Poser (Hrsg.), Parabeln. Arbeitstexte für den Unterricht. Stuttgart 1978
A. Spieler/N. Thamm, Literaturunterricht im 5.–11. Schuljahr. Esslingen 1968,
    S. 116–119
W. Thomas, Opus supererrogatum. Didaktische Skizze zur Interpretation von
    Lessings „Nathan der Weise". In: Der Deutschunterricht 11, 1959, H. 3,
    S. 41–70
W. Zimmermann, Dürrenmatts „Tunnel". In: W. Zimmermann, Deutsche Prosa-
    dichtungen unseres Jahrhunderts. Interpretationen für Lehrende und Lernen-
    de. Bd. 2 Düsseldorf 1969, S. 60–66
vgl. auch Literatur zur Fabel

IX Anekdote

P. Alverdes/H. Rinnn (Hrsg.), Deutsche Anekdotenbuch. München ³1940
H. Bausinger, Bemerkungen zum Schwank und seinen Formtypen. In: Fabula 9,
    1967, S. 118–136
H. Bausinger, Formen der Volkspoesie. Berlin 1968
C. W. F. Behl, Über das Anekdotische. In: Die Literatur 38, 1935/36, H. 1
K. H. Berger/W. Püschel (Hrsg.), Die Schaubude. Deutsche Anekdoten, Schwänke
    und Kalendergeschichten aus sechs Jahrhunderten. Berlin 1964
H. Beyer, Anekdote. In: Reallexikon der deutschen Literaturgeschichte Bd. I,
    1925/26
G. Branstner/W. Sellhorn (Hrsg.), Anekdoten. Berlin 1962
M. Dalitzsch, Studien zur Geschichte der deutschen Anekdote. Diss. Freiburg 1922
K. Doderer, Die Kurzgeschichte in Deutschland. Ihre Form und ihre Entwicklung.
    Darmstadt ⁵1977
P. Ernst, Novelle, Anekdote, Romankapitel. In: P. Ernst, Der Weg zur Form.
    München ³1928, S. 427–434
G. K. Eten, Die Anekdotenkunst Wilhelm Schäfers, Stil und Weltbild. Diss.
    Marburg 1938
H. Franck, Deutsche Erzählkunst. Trier 1922
H. Franck, Mein Leben und Schaffen, 1954
H. Franck, Ein Dichterleben in 111 Anekdoten, 1961
H. A. Ebing, Die deutsche Kurzgeschichte. Wurzel und Wesen einer neuen
    literarischen Kunstform. Diss. Münster 1936
A. von Gleichen-Rußwurm, Weltgeschichte in Anekdoten und Querschnitten.
    Berlin 1929
W. Grenzmann, Anekdote. In: Reallexikon der deutschen Literaturgeschichte,
    Bd. I. Berlin ²1958, S. 63–66

H. Grothe, Anekdote. Stuttgart 1971 (Sammlung Metzler)

H. Grothe (Hrsg.), Das neue Narrenschiff. Schwänke und Anekdoten aus vier Jahrhunderten. Stuttgart 1968

J. Hein (Hrsg.), Deutsche Anekdoten. Stuttgart 1976

R. Hoffmann, Eine Deuterin der Weltgeschichte. 1934

A. Jolles, Einfache Formen. [3]1965, [4]1968, S. 200–217

W. Kayser, Anekdote. In: Kleines literarisches Lexikon, [3]1961, S. 20–21

R. J. Kilchemann, Die Kurzgeschichte. Formen und Entwicklung. Stuttgart [3]1971

H. Kindermann/M. Dietrich, Lexikon der Weltliteratur. 1951

P. Kirn, Das Bild des Menschen in der Geschichtsschreibung von Polybios bis Ranke. Göttingen 1955

J. Klein, Novelle und Anekdote. In: J. Klein, Geschichte der deutschen Anekdote. [4]1960

G. Kopp, Geschichte der deutschen Anekdote in der Neuzeit. Diss. Tübingen 1949

V. Lange, Epische Gattungen. In: Fischers Literaturlexikon, II, 1965

E. Leibfried, Kleist, Thomas Mann und die Anekdote. In: E. Leibfried, Kritische Wissenschaft vom Text. Stuttgart 1971, S. 262ff.

K. Lerbs (Hrsg.), Die deutsche Anekdote. Berlin 1944

H. Lorenzen, Typen deutscher Anekdotenerzählung. Kleist, Hebel, Schäfer. Diss. Hamburg 1935

H. Mayer, Weiskopf, der Mittler. Anmerkung zu drei Büchern. In: Erinnerungen an einen Feund. Ein Gedenkbuch für F. C. Weiskopf. Berlin 1963

H. P. Neureuter, Zur Theorie der Anekdote. In: Jahrbuch des Freien Deutschen Hochstifts 1973, S. 458–480

Novalis, Schriften, hrsg. von R. Samuel. Stuttgart [2]1965, Bd. 2, S. 567f. und S. 569

R. Petsch, Wesen und Formen der Erzählkunst [2]1942 (Neudruck 1961). Darin: Die Anekdote und der Schwank, S. 425–437

H. Pongs, Die Anekdote als Kunstform zwischen Kalendergeschichte und Kurzgeschichte. In: Deutschunterricht 9, 1957, H. 1, S. 5–20

S. von Radecki, Die Anekdote. In: Die Rose und der Ziegelstein, 1938

S. von Radecki, Das ABC des Lachens. Ein Anekdotenbuch zur Unterhaltung und Belehrung, Hamburg 1933 (= Neuaufl. Die Rose und der Ziegelstein 1938)

L. Rohner, Theorie der Kurzgeschichte. Frankfurt/M. 1973

H. Rinn/P. Alverdes, Deutsches Anekdotenbuch. 1927

Roda-Roda, Schummler, Bummler, Rossetummler. Frankfurt 1970

Roda-Roda, Das große Roda-Roda-Buch, 1949

W. Schäfer, Wie entstanden meine Anekdoten? In: Mitteilungen der Literaturhistorischen Gesellschaft, Bonn 1910, S. 203–225

W. Schäfer, Warum und wie J. P. Hebel mein Lehrmeister wurde. In: Der Ausritt, 1937/38, S. 87–101

W. Schäfer, Die schönsten Anekdoten, 1948

F. Stählin, Hebel und Kleist als Meister der Anekote. Berlin 1940

E. Straßner, Schwank. Stuttgart [2]1978

G. Strauß, Die Anekdoten Franz Carl Weiskopfs. Diss. Leipzig 1965

H. Tille, Die Kunst der Charakterisierung im epischen Schaffen F. C. Weiskopfs. Diss. Halle–Wittenberg 1967

F. C. Weiskopf, Das Anekdotenbuch. 1954

A. Zweig, Über die Anekdote. In: A. Zweig, Früchtekorb. Rudolphstadt 1957

J. P. Hebel, Anekdoten, hrsg. von H. Franck 1924

J. P. Hebel, Geschichten und Anekdoten, hrsg. von H. Franck, 1954

Kleists Berliner Abendblätter. Faks.-Ausg., hrsg. von G. Minde-Pouet 1925 Foto-mechan. Neudruck, hrsg. von H. Sembdner, 1959

H. von Kleist, Werke, hrsg. von G. Minde-Pouet, 1928 (bes. Bd. 6 und 7)

Didaktik der Anekdote (vgl. III)

E. Ackermann, Das Komische in der Anekdote. Ein Unterrichtsversuch. In: Der Deutschunterricht 18, 1966, H. 3, S. 10–28

E. Bender, Schwank und Anekdote. In: Der Deutschunterricht 9, 1957, H. 1 S. 55–67

H. Pongs, Die Anekdote als Kunstform zwischen Kalendergeschichte und Kurzge-schichte. In: Der Deutschunterricht 9, 1957, H. 1, S. 5–20

W. Popp, Eine Anekdote und ihre dichterische Formung durch Heinrich von Kleist und Johann Peter Hebel. Ein Beitrag zur Frage der Anekdote als literarischer Form und als Unterrichtsgegenstand. In: Die Spur 8. 1968, S. 133–142

H. Riemenschneider, Literaturkritik in der Hauptschule. Unterrichtsmodell zur Behandlung einer Kleist-Anekdote. In: Unterricht heute 22. 1971, S. 123–132

Th. Rutt, Anekdote und Novelle. In: A. C. Baumgärtner (Hrsg.), Literarische Erziehung in Grund- und Hauptschule, ²1968

W. E. Schäfer, Die Anekdote im Literaturunterricht der Bundesrepublik und der Deutschen Demokratischen Republik. In: Wirkendes Wort 23, 1973, S. 252–266

A. Spieler/N. Thamm, Literaturunterricht im 5.–11. Schuljahr, Esslingen 1968

L. Steffke, Zwei heitere Anekdoten für Unter- und Mittelstufe. In: Der Deutschun-terricht 14, 1962, H. 5, S. 49–55